Die schönsten Touren

Premiumwanderwege

Schwäbische Alb

29 ausgezeichnete Wege mit Qualitätsgarantie

J. BERG

Inhalt

Tourenüberblick

Tour			Länge in km	Höhenunterschied in m	Gehzeit in Std.	Einkehr	kindergeeignet	Sehenswürdigkeit	wintergeeignet	viel Sonne	eher schattig	öffentliche Verkehrsmittel
1	Mittel	hochgehfestigt	9,5	350	3	●	●	●	●			●
2	Mittel	hochgehflogen	14,4	330	4	●	●	●			●	●
3	Schwer	Wasserfallsteig	9,5	510	3.30	●	●	●			●	●
4	Mittel	Hohenurachsteig	7,5	490	2.30	●	●	●			●	●
5	Schwer	Hohenwittlingensteig	6,5	420	2.30	●	●	●			●	●
6	Schwer	Dreifürstensteig	13,3	560	5	●	●	●				
7	Mittel	Firstwaldrunde	9,6	205	3	●	●		●			●
8	Leicht	Mössinger Leisawegle	4,8	115	1.30	●	●		●	●		●
9	Leicht	Mössinger Streuobstwegle	3,6	75	1	●	●		●		●	●
10	Mittel	hochgehkämpft	4,9	280	2	●	●	●	●			●
11	Mittel	hochgehsprudelt	8,7	290	3	●	●	●	●			●
12	Leicht	hochgehhütet	4	80	1.30	●	●		●	●		●
13	Mittel	hochgehswiggert	6,4	210	2.30	●	●	●				●
14	Mittel	hochgehschätzt	9,2	200	3	●	●	●	●			●
15	Mittel	Traufgängerle Hexenküche	4,1	130	1.30	●	●				●	
16	Schwer	Zollernburg-Panorama	15,5	410	5	●						●
17	Schwer	Felsenmeersteig	17	720	6	●		●				●
18	Mittel	Wiesenrunde	10,5	300	3.30		●					●
19	Leicht	Schneewalzer	5,2	100	2	●	●	●	●	●		
20	Leicht	Wintermärchen	7,5	170	2.30	●	●		●	●		●
21	Mittel	Tieringer Hörnle	10,5	360	4		●			●		●
22	Schwer	Hossinger Hochalb	14	420	5.30	●		●				●
23	Mittel	Wacholderhöhe	9,5	300	3	●	●				●	●
24	Mittel	Ochsenbergtour	10	370	3.30	●	●				●	●
25	Leicht	Hirschauer Spitzbergwegle	6,1	190	2	●	●		●			●
26	Leicht	Wurmlinger Kapellenwegle	5,5	140	1.30	●	●	●	●	●		●
27	Leicht	Schönbuchspitzrunde	8	130	2.30	●	●		●			●
28	Leicht	Gigeleswegle	4,8	90	1.30	●	●		●			●
29	Schwer	Herzog-Jäger-Pfad	13,7	230	4.30	●			●			●

● Leicht
● Mittel
● Schwer

Länge in km
Höhenunterschied in m
Gehzeit in Std.

Einkehr
kindergeeignet
wintergeeignet
viel Sonne

eher schattig
Sehenswürdigkeit
öffentliche Verkehrsmittel

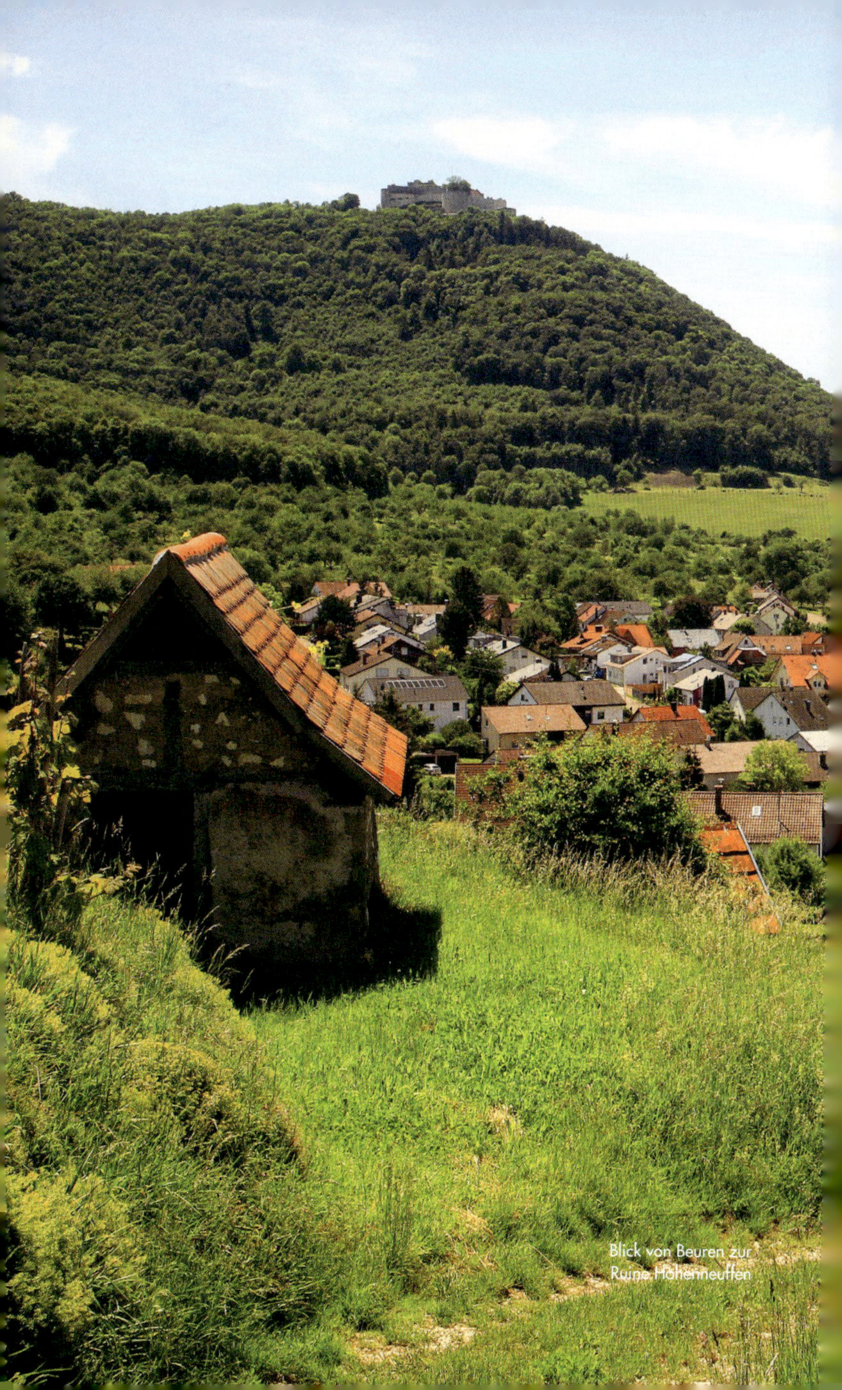

Blick von Beuren zur Ruine Hohenneuffen

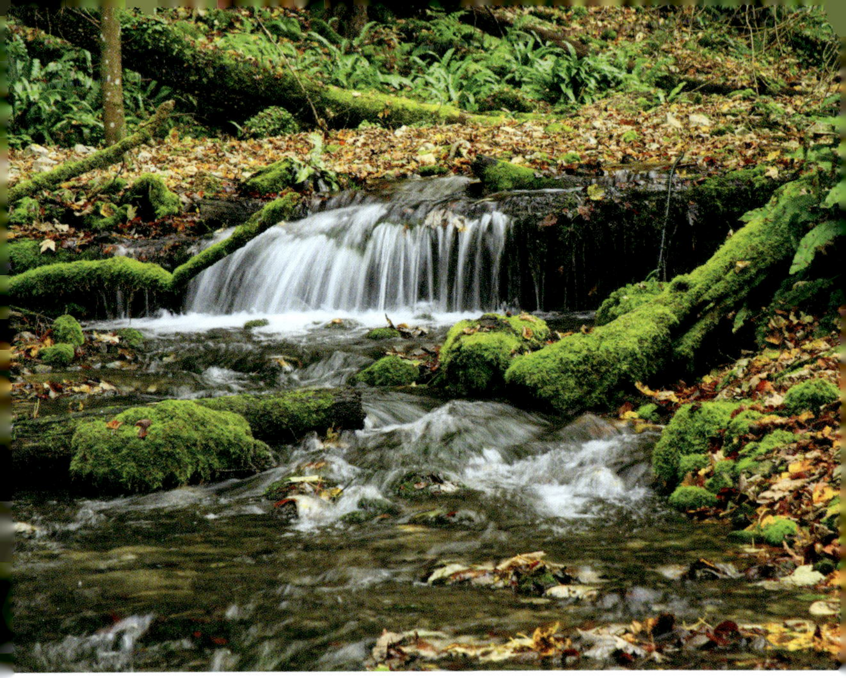

Bereits auf dem Weg zum Uracher Wasserfall bildet der Brühlbach kleine Fälle und Kaskaden.

Vorwort

Liebe Leserinnen, liebe Leser,

nicht nur Wandern ist »in«, sondern auch »Premiumwandern«. Doch was bedeutet das? Premiumwanderwege sind vom Deutschen Wanderinstitut e.V. nach zahlreichen strengen Kriterien geprüfte und zertifizierte Wanderwege. Ein umfangreicher Katalog beinhaltet über 30 Kriterien, nach denen für jeden Wegkilometer rund 200 Merkmale des Weges zu prüfen sind. Dazu gehören die Wegbeschaffenheit, Abwechslung in den Landschaftsformen, beste Wegmarkierungen, kulturelle Sehenswürdigkeiten und auch Besonderheiten der Natur wie Ausblicke, Wasserläufe und Felsen. Für positive Merkmale gibt es Punkte, für negative – etwa einen Wegverlauf auf einer Asphaltstraße – Abzüge.

Hat es ein Weg zum Premiumwanderweg »geschafft«, gilt diese Auszeichnung aber nicht für alle Zeiten: Um zu gewährleisten, dass der Weg ständig seinen hohen Qualitätsstandard behält, wird er laufend nachgeprüft. So kann sich der Wanderer darauf verlassen, dass ein Premiumwanderweg auch stets erstklassige Wandererlebnisse bietet.

In diesem Buch sind Premiumwanderwege auf der Schwäbischen Alb, im Ammertal und im Schönbuch beschrieben. Dabei sind auch zwei Winterpremiumwanderwege, die bei ausreichender Schneelage auf gewalzten Bahnen verlaufen, sowie ein Kinderpremiumspazierweg. Einige Wanderungen sind eher kurze, einfache Unternehmungen, es gibt aber auch gestandene Touren mit 17 km Länge und großem Höhenunterschied sowie Spaziergänge – es ist also für alle etwas dabei.

Ich wünsche Ihnen beim Abwandern dieser Premiumwanderwege viele schöne Erlebnisse, allzeit gutes Wetter und viele nette Begegnungen.

Dieter Buck

In den Wäldern der Schwäbischen Alb sind immer wieder mächtige Kalkfelsen zu finden.

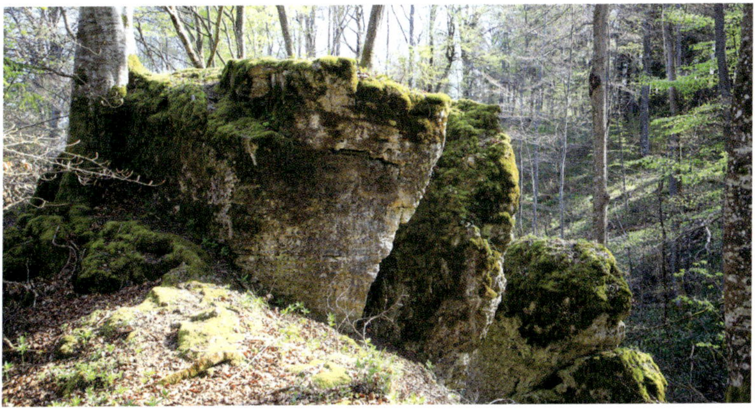

Einleitung

Über das Wandern auf Premiumwanderwegen

Grundsätzlich unterscheidet sich das Wandern auf Premiumwanderwegen nicht von einer normalen Wanderung. Es ist aber zu beachten, dass bei Premiumwanderwegen ein Kriterium die Wegbeschaffenheit ist. Bevorzugt werden Naturpfade, Abzüge gibt es für Asphaltwege. Das heißt aber auch, dass der Wanderer auf einem Naturpfad bei feuchter Witterung damit rechnen muss, auf aufgeweichten Wegen zu gehen. Das bedeutet Rutschgefahr. Und da manche der Wege auch an Steilabfällen verlaufen, ist hier äußerste Vorsicht geboten. Deshalb eignen sich die Premiumwanderwege – außer die beiden Winterpremiumwege – auch nicht für Winterwanderungen bei Eis und Schnee. Ist man im Zweifel, sollte man beim Betreiber nachfragen. Die Internetadresse ist jeweils aufgeführt.

Man sollte auf jeden Fall beim Abwandern der Premiumwanderwege wirklich feste Wanderstiefel anziehen.

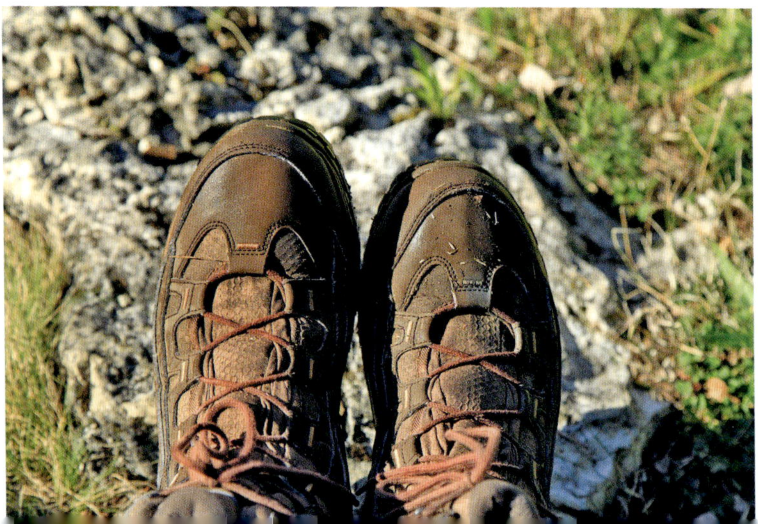

Wer schwindelfrei ist, kann bei einer Rast am Abhang die Beine baumeln lassen.

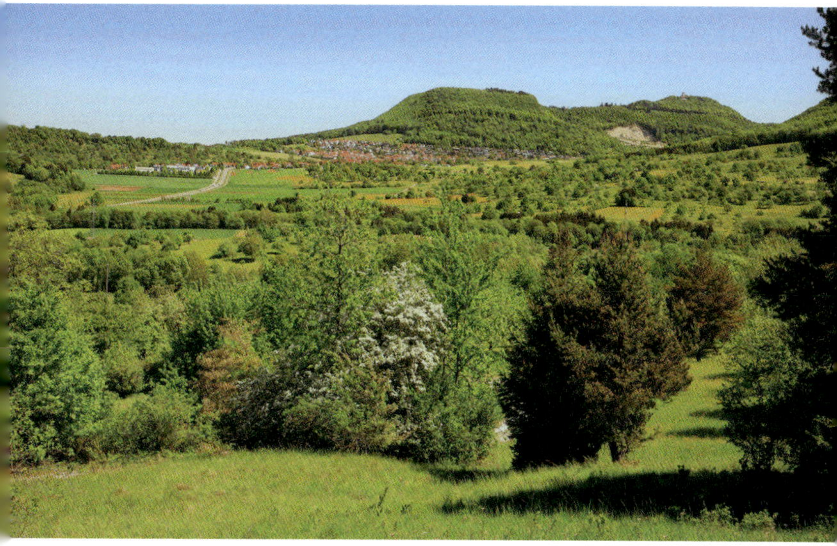

Frühsommer auf der Westalb

Empfehlenswert sind auch Teleskopstöcke. Da nicht bei allen Wanderungen damit gerechnet werden kann, dass es unterwegs Einkehrmöglichkeiten gibt, sollte man ausreichend zu essen und vor allem zu trinken mitnehmen.

Gut ist allerdings, dass die Wege vorbildlich beschildert sind. Verirren kann sich dort also eigentlich niemand.

Ausreichend Informationen über die Premiumwanderwege findet man im Internet, die Namen der Seiten sind bei den jeweiligen Touren angegeben. Dort kann man in der Regel auch schriftliches Informationsmaterial mit Angaben zu den technischen Bedingungen und den Einkehrmöglichkeiten sowie Kartenausschnitten anfordern. Empfehlenswert ist es auch, sich vor einer Tour dort zu erkundigen, ob es irgendwelche Sperrungen wegen Waldarbeiten oder nach Unwettern gibt.

Tipp

Informationen über die Anfahrt mit dem ÖPNV finden Sie hier: www.efa-bw.de

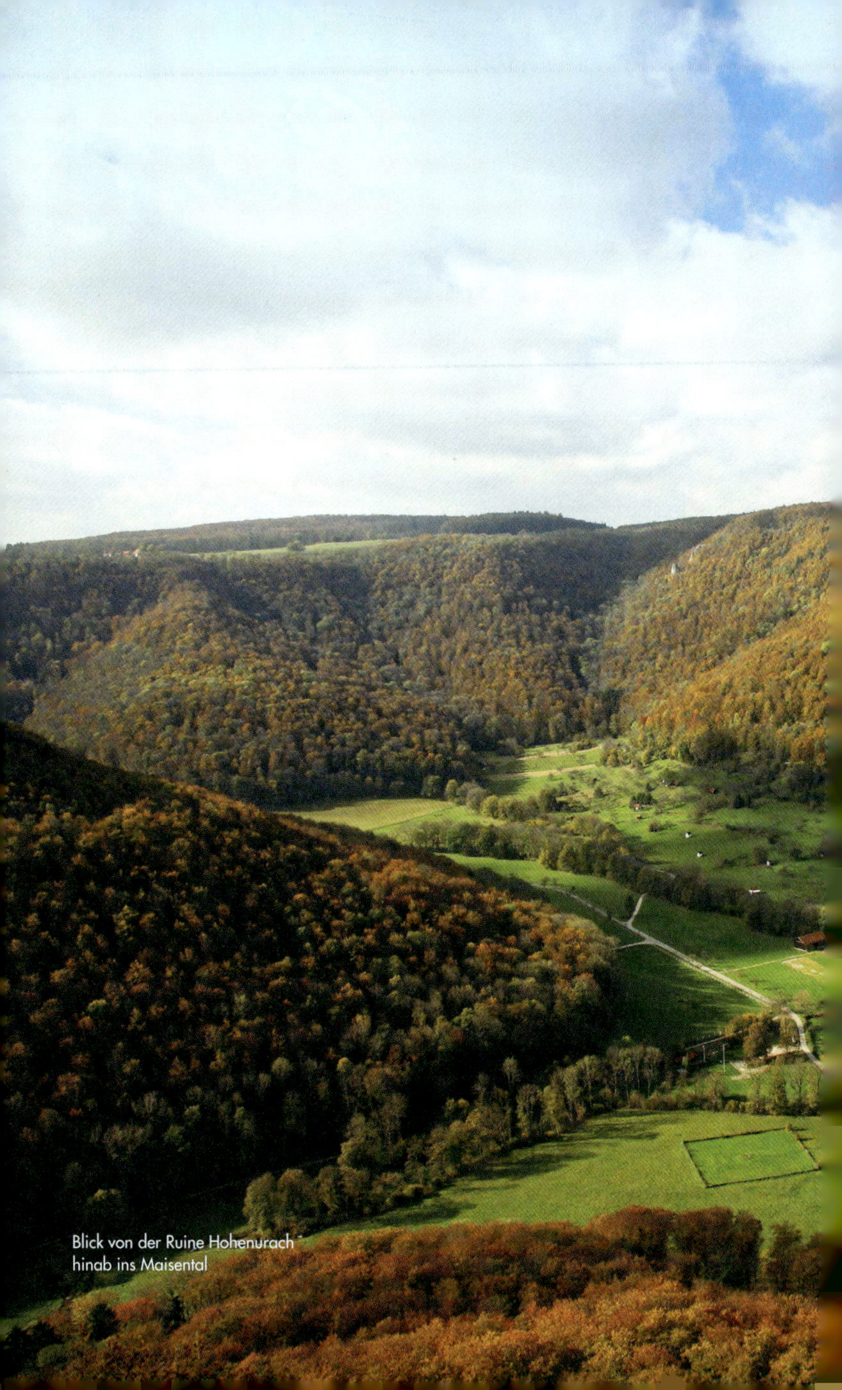

Blick von der Ruine Hohenurach hinab ins Maisental

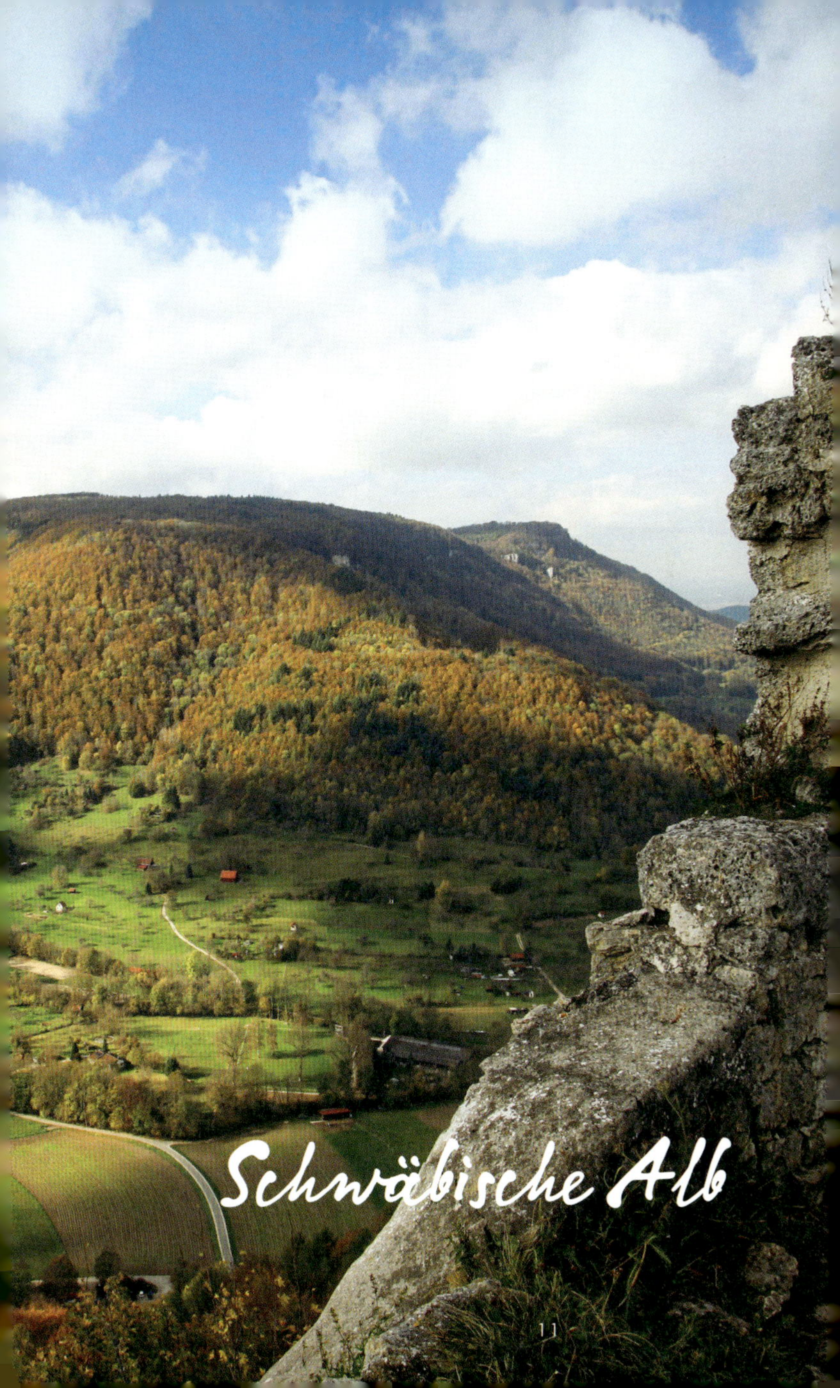
Schwäbische Alb

1 hochgehfestigt

Vom Thermalbad zur größten Burgruine der Alb

Mittel | 9,5 km | 350 Hm | 3 Std.

Tourencharakter: Wir wandern auf festen Wegen und Pfaden.

Tourenverlauf: Beuren – Hohenneuffen – Panoramaweg – Tobelsee – Weinberge – Hohbölle – Beuren

Ausgangspunkt: Beuren (Am Thermalbad)

Anfahrt: ÖPNV: Bahn bis Nürtingen oder Kirchheim/Teck, Bus bis Beuren Panoramatherme. Auto: A8 bis Ausfahrt Kirchheim unter Teck Ost, weiter auf B465 bis Owen. Rechts ab nach Beuren, Am Thermalbad. GPS: 48.566613, 9.396751

Einkehr: Beuren, Hohenneuffen

Karte: Wanderkarte Kirchheim unter Teck, 1:25000, Hrsg.: Schwäbischer Albverein e.V., Kartografie: Landesamt für Geoinformation und Landentwicklung Baden-Württemberg (LGL)

Information: www.hochgehberge.de

Mit der Ruine Hohenneuffen, der größten Burgruine der Schwäbischen Alb, hat man bei dieser Wanderung natürlich ein hervorragendes Ziel vor Augen. Nach der Wanderung kann man sich im Thermalbad in Beuren entspannen. Dazwischen wandern wir oft durch Streuobstwiesen, teilweise durch Weinberge und eine Zeitlang auf einem herrlichen Panoramawanderweg, der uns eine fantastische Fernsicht hinab nach Beuren, zum Albtrauf und ins Albvorland ermöglicht.

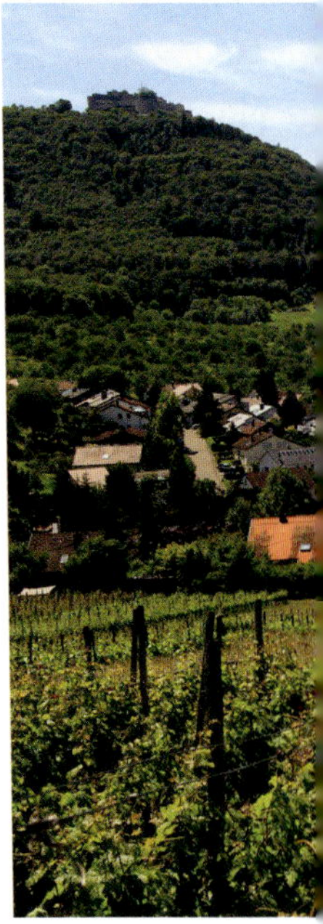

Man folgt am **Parkplatz** der Straße Am Thermalbad bis zu einem querenden Weg, in den man rechts einbiegt, sich aber gleich danach links hält. Zuerst wandern wir entlang des **Friedhofs**, dann an einem Spiel- und Bolzplatz vorbei. Danach geht es auf einem Grasweg weiter. Nach links haben wir über die Streuobstwiesen einen schönen Blick zum Hohenneuffen.
Bald führt der Weg links des kleinen Bächleins weiter; mit den Kopfweiden und dem Schilf ist dies eine recht idyllische Szenerie. Vor einem **Haus** (1) biegen wir in Richtung »Hohenneuffen« links ab und wandern durch die Streuobstwiesen zu

den Häusern. Dort gehen wir geradeaus zwischen den Gebäuden hindurch und spazieren weiter durch die Baumwiesen bis zu einem Asphaltweg, hinter dem sich ein **Biotop** 2 befindet.

Wir zweigen erst rechts ab und biegen dann hinter dem Biotop und an der Tafel mit der Landkarte und der Bezeichnung Schlossgasse (435 m) scharf links ab. Nun steigt der Weg geradeaus wieder an bis zum Waldrand. Dort gehen wir mit dem Wanderzeichen blaues Dreieck geradeaus in den Wald hinein. Wo der Weg nach links zieht, steigen wir mit dem Zeichen geradeaus steil empor, nun auf einem **Naturpfad** 3. Wir queren einen breiten Forstweg und erreichen danach nach einer Rechtskurve einen Querweg. Diesem folgen wir, ab jetzt nur noch mäßig ansteigend, nach links.

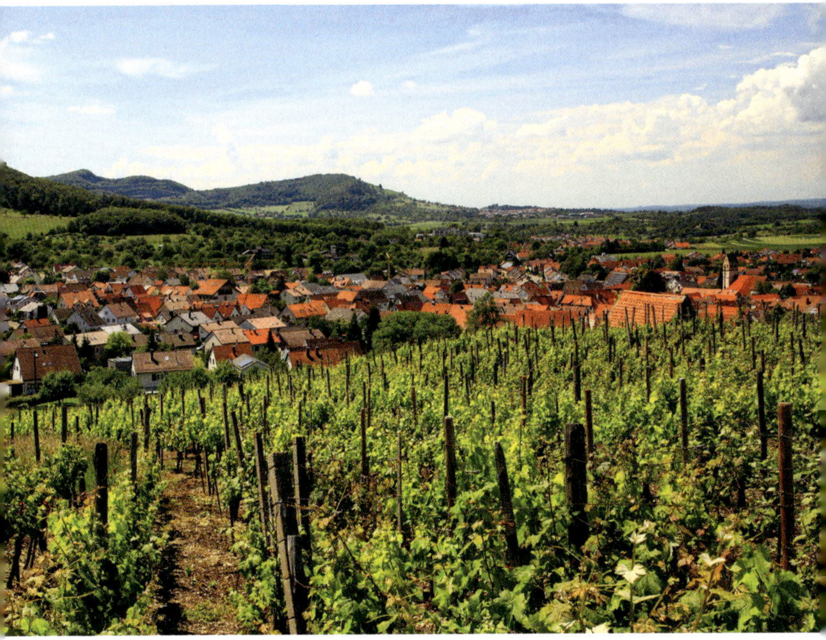

Beuren liegt zwischen Weinbergen und der Ruine Hohenneuffen.

Alternativer Startpunkt

Es gibt zwei Ausweichparkplätze. Wenn man die Tour am Parkplatz direkt unterhalb des Hohenneuffen startet, spaziert man erst in Richtung Ruine. Im Sattel vor den Mauern folgt man dem Wanderzeichen der hochgehberge beziehungsweise dem blauen Dreieck nach rechts abwärts in Richtung »Beuren«. Kurz darauf biegt man scharf rechts ab und erreicht gleich danach die Kreuzung, zu der die anderen Wanderer kommen. Jetzt wandert man wie oben beschrieben mit dem blauen Dreieck in Richtung »Beuren« weiter bergab. Wenn man am Freilichtmuseum Beuren startet, geht man vom Parkplatz aus kurz nach links, dann biegt man rechts ab in die nach Erkenbrechtsweiler führende K 1262. Man wandert auf dem Gehweg, bis rechts die Alte Steige abgeht, hält sich aber hinter dieser Straße auf dem rechten der beiden weiterführenden Wege in Richtung »Tobelsee«. In der Lücke zwischen den Weinbergen biegt man rechts ab. Nun ist man auf dem beschriebenen Wanderweg.

Der Weg beschreibt eine sanfte Rechtskurve, dann treffen wir auf einen breiten Forstweg. Hier gehen wir noch geradeaus weiter, doch kurz danach knickt der markierte Wanderweg mit dem Schild **Hohenneuffen** ❹ rechts ab, die Mauern sieht man bereits von hier aus. Wer am Hohenneuffen-Parkplatz mit der Tour begonnen hat, trifft von oben kommend ebenfalls hier ein.

Nun müssen wir uns entscheiden. Wer nicht zum Hohenneuffen will, biegt hier links ab. Zum **Hohenneuffen** ❺ hält man sich rechts, dann knickt der Weg links ab zum Sattel, bevor er nach rechts steil hinauf in die Ruine führt. Zurück gehen wir denselben Weg bis zu der

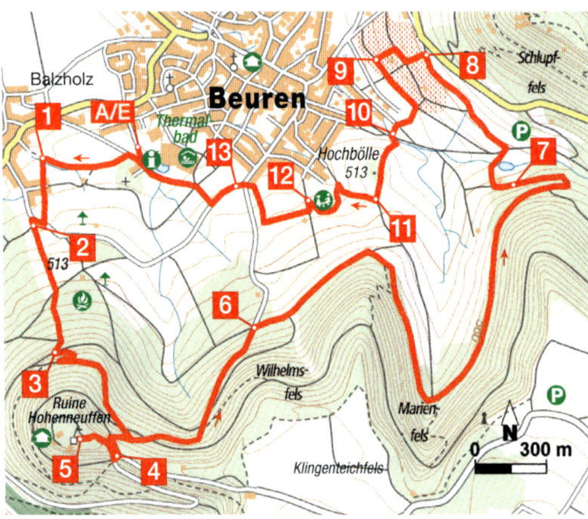

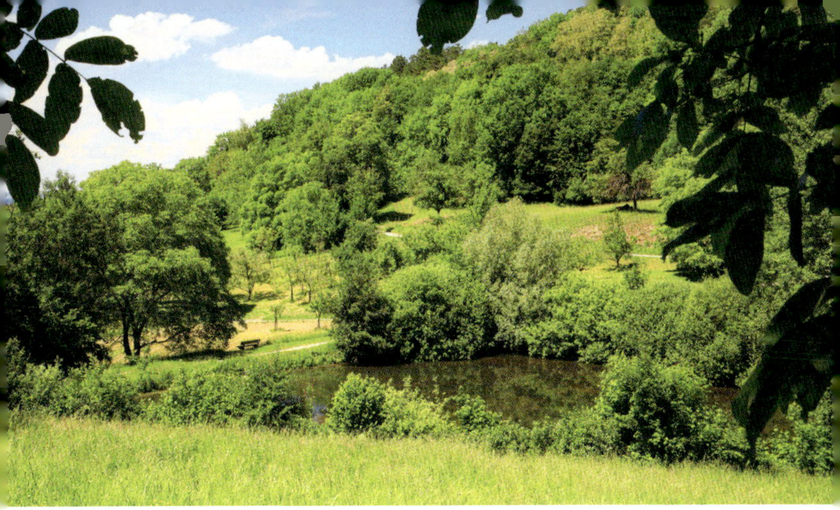

Angenehmer Rastplatz unterwegs: der kleine Tobelsee

Kreuzung. Nun geht es mit dem blauen Dreieck in Richtung »Beuren« steil bergab. Wir überqueren den Weg, von dem wir vorhin abgezweigt sind, und treffen etwas später auf einen Forstweg, den wir mit dem Zeichen ebenfalls überqueren. Es geht weiter abwärts bis zu einer **Kreuzung** 6, hinter der wir schon den Waldrand sehen. Hier biegen wir, ab jetzt ohne Wanderzeichen, rechts ab.

Gleich darauf erreichen wir das Waldende, wo wir dem Weg nach rechts folgen. Nun wandern wir eine ganze Weile auf einem wunderschönen Panoramaweg (Philosophenweg) am Waldrand entlang, später auch durch den Wald hindurch. Wir passieren einige Bänke, von denen man wunderbar die Aussicht nach Beuren genießen kann, sowie die Tafeln eines Lehrpfads. Zur Rast bietet sich auch die **Albert-Ege-Hütte** an.

Nach einem Waldstück marschieren wir auf die kleine **Seehütte** 7 zu. Rechts unterhalb von ihr liegt der als Naturdenkmal geschützte **Tobelsee**. Wir gehen zu diesem hinab und links an ihm vorbei bis zu einem Asphaltweg, dem wir nach rechts bis zu einem querenden Weg folgen. Auf diesem wandern wir nach links in Richtung »Museum«.

An dieser Bezeichnung orientieren wir uns nun eine Weile. Schließlich liegt links des Wegs ein **Weinberg** 8, an dessen Ende wir links abbiegen und einen Querweg erreichen. Auf diesem gehen wir kurz nach rechts, biegen dann aber links ab und spazieren auf die bereits sichtbaren zwei **Weinberghütten** zu. Nach der ersten, einem alten **Unterstand** 9, biegen wir links ab und folgen dem Grasweg bis zu einem asphaltierten Weg. Hier halten wir uns kurz rechts, dann biegen wir wieder links ab.

Nach ein paar Minuten wenden wir uns an einem Asphaltweg nach rechts und gehen abwärts. Nachdem wir einen **Bach** überquert haben, nehmen wir an der **Kreuzung** 10 den zweiten Weg von links. Es folgt ein kurzer Anstieg, dann werden wir nach rechts in Richtung »Hohbölle« verwiesen. Es geht kurz bergauf, dann zweigt der Weg links und gleich danach nach rechts ab. Wir wandern nun links des »Gipfels« des **Hohbölle** und treffen etwas später auf einen Schotterweg. Ihm folgen wir nach rechts abwärts in Richtung

Links: Eines der am schönsten gestalteten Wappen der Württemberger ist in der Ruine Hohenneuffen zu sehen.

Rechts: Blick von der Ruine Hohenneuffen ins Albvorland

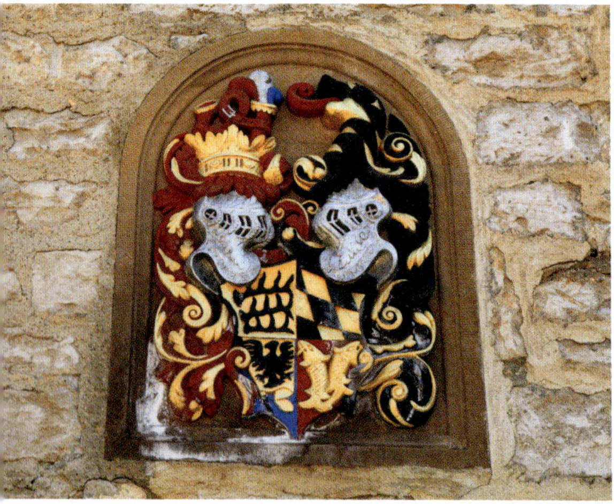

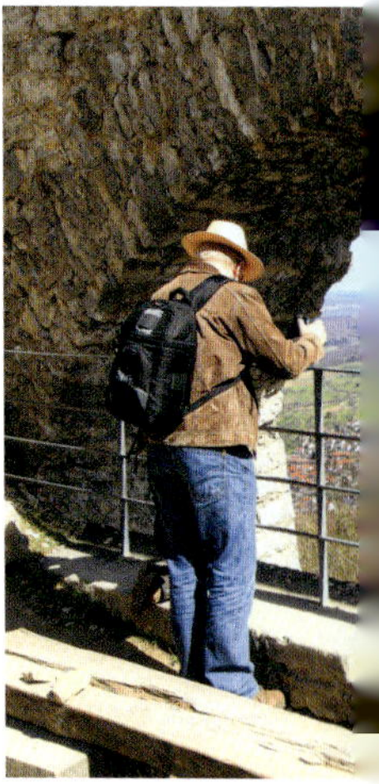

»**Beuren**« 11. Nun marschieren wir wieder durch Streuobstwiesen. Vor einer Rechtskurve biegen wir links ab auf einen Grasweg. Er zieht gleich nach rechts und bringt uns zu einem **Asphaltweg** 12. Etwas nach links versetzt geht es auf dem Grasweg weiter. Kurz vor dem nächsten Asphaltweg quert abermals ein Grasweg. Diesem folgen wir nach rechts, bis an einer **Kreuzung** 13 beide Wege zusammentreffen. Hier biegen wir links ab Richtung »Thermalbad«. Etwas später folgen wir dem rechts abgehenden Weg. Am nächsten querenden Weg biegen wir links ab. Nun wandern wir entlang dem Gelände des **Thermalbads** bis zur Straße Am Thermalbad, wo wir die Tour begonnen haben. Jetzt bietet sich natürlich ein Besuch des Thermalbads an.

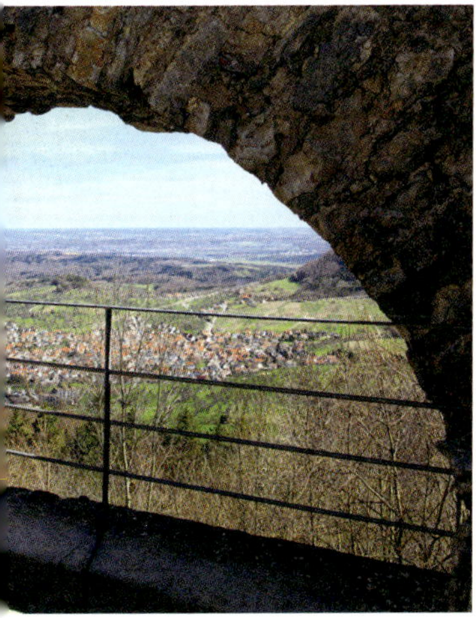

Thermalbad Beuren

Bereits 1526 wurde eine öffentliche Badestube unterhalb des Rathauses von Beuren erwähnt. Wegen des Badebetriebs kam es später zu Streitigkeiten mit Owen und Erkenbrechtsweiler, die wegen des hohen Holzeinschlags beunruhigt waren. Die damalige Quelle versiegte in den 1920er-Jahren, doch 1970 wurde nach Thermalwasser gebohrt und danach ein Thermalwasserbecken errichtet. Bis 1976 hatte Beuren bereits etwa eine Million Besucher zu verzeichnen. Im Jahr 1978 weihte man das neue Thermalbad ein, das aus zwei Mineralquellen mit Thermal-Mineral-Säuerlingen gespeist wird: Es handelt sich dabei um die Wilhelmsquelle, aus der etwa 30 000 Jahre altes Wasser strömt, und um die Friedrichsquelle, deren Wasser etwa 40 000 Jahre alt ist. Als Thermalquellen dürfen sie sich bezeichnen, weil die Temperatur über 20 Grad Celcius liegt. Die Klassifizierung als Mineralquellen verdienen sie, weil das Wasser über 1000 mg gelöste Mineralstoffe pro Liter enthält, und Säuerlinge nennt man sie, weil die Quellen pro Liter mehr als 1000 mg gelöste gasförmige Stoffe aufweisen. Das Wasser hilft bei rheumatischen Erkrankungen, Abnutzungserscheinungen, peripheren Durchblutungsstörungen, Ischias und anderen Nerv-Muskel-Leiden.

2 hochgehflogen

Aussichtspunkte und höllische Felsen

Mittel | 14,4 km | 330 Hm | 4 Std.

Tourencharakter: Feste Wege, teils steile Abhänge. Alternative Ausgangspunkte: Parkplatz Gestütshof, Wanderparkplatz Eninger Weide.

Tourenverlauf: Gestütshof St. Johann – Hohe Warte – Fohlenhof – Höllenlöcher – Sonnenfels – Olgafels – Grüner Fels – Wanderheim – Gestütshof

Ausgangspunkt: Gestütshof St. Johann (Wanderparkplatz Hohe Warte)

Anfahrt: ÖPNV: Bahn bis Reutlingen, Bus bis Gestütshof St. Johann. Auto: B 27 und B 312 bis Metzingen, kurz auf B 313 und gleich rechts ab Richtung Eningen, am Kreisverkehr davor nach links bis Albstr. Links hinauf zum Gestütshof St. Johann, Wanderparkplatz Hohe Warte, Am Waldrand. GPS: 48.489165, 9.326222

Einkehr: Gestütshof St. Johann

Karte: W243 Bad Urach und Kirchheim unter Teck, 1:25 000 Blatt, Hrsg.: Schwäb. Albverein e.V., Kartografie: LGL Baden-Württemberg

Information: www.hochgehberge.de

Diese Wanderung verläuft zwar zu großen Teilen im Wald, sie bringt uns aber auch an einigen prächtigen Aussichtsfelsen vorbei. Von diesen sieht man hinab ins Ermstal, zur Ruine Hohenneuffen, die wie eine Krone aus dem Wald ragt, und ins Albvorland in Richtung Stuttgart. Eine naturkundliche Besonderheit sind die Dettinger Höllenlöcher, denen wir unterwegs begegnen.

Am **Wanderparkplatz** finden wir das Schild Gestütshof Nord (769 m), an dem wir uns in Richtung »Hohe Warte« orientieren. Der mit dem roten Dreieck markierte Pfad verschwindet bald im Wald, und nach ein paar Minuten Anstieg stehen wir vor dem **Aussichtsturm** (1). Am Turm folgen wir dem roten Dreieck in Richtung »Rutschenfelsen« nach rechts, dann geht es bergab. An einem querenden Forstweg halten wir uns rechts in Richtung Waldrand und Lindenallee, biegen aber noch vor diesen am Schild Sauwald (746 m) links ab. Kurz darauf stehen wir am Schild Fohlenhof (756 m).

Nun marschieren wir durch die Anlage des **Fohlenhofs** (2) hindurch, ehe es ein Stück bergab zum Waldrand mit dem Schild Fohlenhof (719 m) geht. Hier zieht der Weg nach links, wir zweigen aber gleich darauf noch einmal links ab, nun mit der roten Gabel in Richtung »Gelber Fels«. Etwas später sehen wir rechts des Weges einen **Aussichtspunkt** – den ersten von mehreren, auf die wir heute stoßen. Danach geht es ein Stück links des Waldrands an den Weiden entlang. Direkt vor einer Rechtskurve sollten wir den

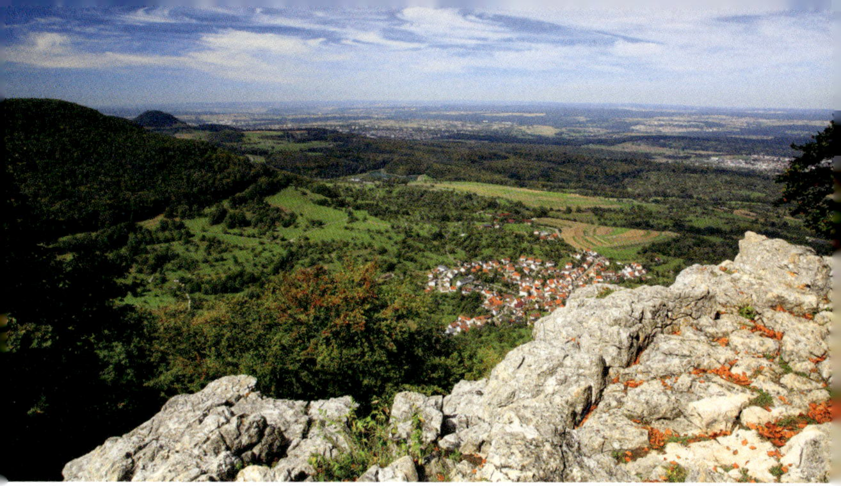

Blick vom Rossfeld ins Albvorland

Abzweig des markierten Wanderwegs nach rechts nicht verpassen. Später treffen beide Wege wieder aufeinander, wir aber zweigen dann gleich wieder rechts ab.

Nach einem weiteren Aussichtspunkt folgen einige Stellen, bei denen es rechts des Pfads steil abwärts geht. Wer sich unsicher fühlt, kann links des Pfads diese Abschnitte weglos umgehen. Bald treffen wir auf einen breiten Forstweg, dem wir in Gehrichtung folgen, bis wir nach einer Kurve auf einen Pfad verwiesen werden. Den nicht ausgeschilderten **Gelben Fels** 3 lassen wir rechts liegen und erreichen nach einer weiteren Kurve einen Forstweg. Hier halten wir uns rechts.

Nach einiger Zeit zweigen wir rechts auf einen Pfad ab, der uns hinab zur **Höllenlochhütte** 4 bringt. Wer mag, kann noch hinab zu den Höllenlöchern gehen. Dann kann man durch die Schlucht hindurchspazieren, bis man schließlich wieder auf den mit der roten Gabel markierten Weg trifft.

Hohe Warte

Der Aussichtsturm Hohe Warte (820 m) ging aus einem Hochstand von 1896 hervor. Im Jahr 1905 wurde ein Aussichtsgerüst errichtet, ehe 1923 der gemauerte Turm mit seinen Rusticaelementen in der Mauer entstand. Er diente auch als Ehrenmal für die Gefallenen des Ersten Weltkriegs, ein Gedenkstein vor dem Turm weist auf die Gefallenen beider Kriege hin.

Ansonsten führt unser mit der roten Gabel bezeichneter Weg hinter dem querenden Weg weiter, nun wieder bergauf. Wir folgen immer dem Wanderzeichen und gehen kurz am oberen Ende der Höllenlöcher entlang. Etwas später erreichen wir den **Sonnenfels** (777 m) **5**. Wir haben eine prächtige Sicht hinab ins Ermstal mit Bad Urach und Dettingen, man sieht bis zur Ruine Hohenneuffen und nach Norden ins Albvorland.

Hier knickt unser Pfad links ab. Bald verlassen wir den Wald, nun geht es eine Zeit lang über typische Magerwiesen. Wir treffen auf einen breiten Weg, dem wir nach rechts folgen. Nach einem Waldstück passieren wir einige mächtige Weidbuchen. Danach liegt links des Weges der **Segelflugplatz**, rechter Hand kommen wir an mehreren Aussichtspunkten vorbei, die uns

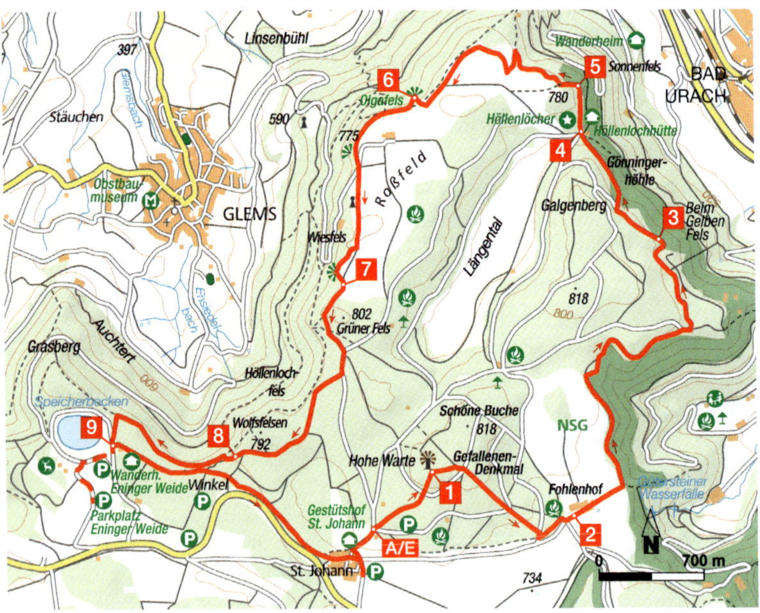

prächtige Ausblicke zum Hohenneuffen und ins Albvorland bieten. Nach dem **Olgafels** 6 sind das der Rossfels und der Wiesfels. Am Ende des Fluggeländes steigt die Strecke etwas an, bis wir zu zwei mächtigen Weidbuchen mit einem steinernen Adler als Gedenkstätte für die gefallenen Flieger der Weltkriege gelangen. Es folgt ein **Grillplatz**, an dem wir den Rest einer gefällten Weidbuche sehen können, bevor wir unseren Weg im Wald oder links davon fortsetzen. Beim nächsten Grillplatz kann man nach rechts hinaus zu einem weiteren Aussichtsfelsen gehen. Danach überwinden wir eine kleine Erhebung, ehe wir hinunter zum **Grünen Fels** (803 m) 7 marschieren.

Nun folgen wir der roten Gabel nach links, als Wegmarkierung achten wir immer auf die Bezeichnung »Wanderheim Eninger Weide«. Wir treffen nach einiger Zeit auf einen festen Weg, dem wir nach rechts folgen. Etwas später zweigen wir rechts ab auf einen Pfad, anschließend befinden wir uns auf einem Forstweg. Nach ein paar Minuten biegen wir rechts ab und kommen zum **Wolfsfels** (691 m) 8. Vor ihm wenden wir uns nach links und gehen auf einem Pfad vorerst bergab. Wir wandern nun eine Weile geradeaus, unterqueren dann die Elektroleitungen und zweigen noch etwas später mit dem Zeichen blaues Dreieck links ab. Jetzt spazieren wir immer geradeaus bis vor das **Wanderheim Eninger Weide (Hans-Schenk-Haus)** 9. Es wurde von 1972 bis 1975 von der Ortsgruppe Eningen unter Achalm unter Leitung ihres Vorsitzenden Hans Schenk errichtet und besitzt einen Spielplatz und eine Grillstelle. Unweit davon befindet sich ein Wildgehege.

Vor ihm biegen wir links ab und folgen dem Wanderzeichen rotes Dreieck immer geradeaus bis zum Gestütshof St. Johann. Das Zufahrtssträßchen bringt uns nach links zu unserem Parkplatz.

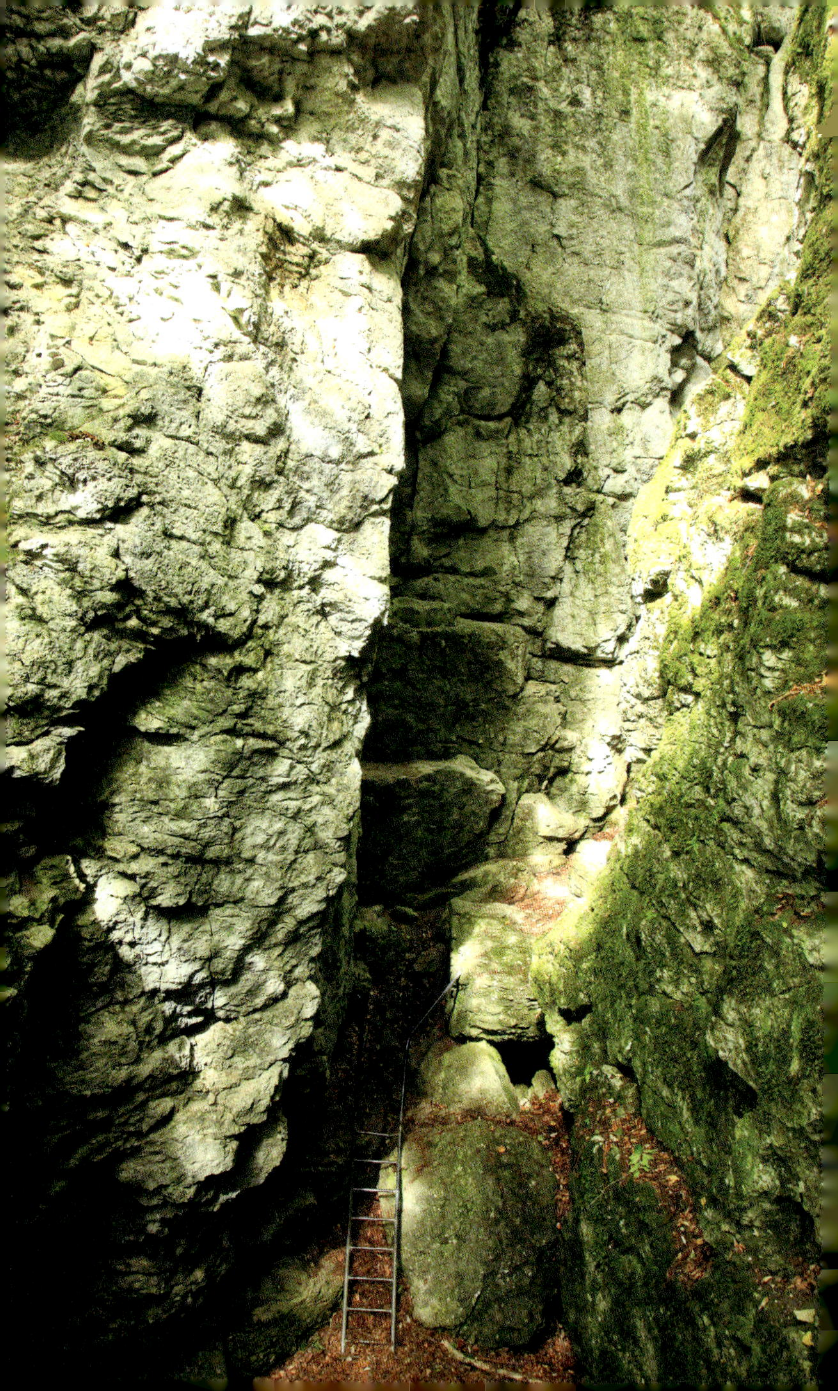

Höllenlöcher

Eine richtige via ferrata: Auf dem Weg durch die Höllenlöcher gibt es auch eine Eisenleiter.

Höllenlöcher sind Felsspalten mit teilweise sehr tiefen Schluchten. Zu den Dettinger Höllenlöchern schrieb einst Julius Wais: »… eine gewaltige Felskluft, eine Via Mala im Kleinen.« Hier haben sich die Klüfte in den harten Kalkfelsen zu mehrere Meter breiten Schluchten ausgeweitet. Die Spalten entstanden, da einsickerndes Wasser den Kalk in den oberen Schichten des Weißjuragesteins ausgelaugt hat. Durch die Auswirkungen von Frost, aber auch durch das Nachgeben des weichen Mergeluntergrunds werden die Spalten immer breiter und die sogenannten Randklüfte entstehen. Schließlich spalten sich die Gesteinsschollen vollends vom Albmassiv ab und die Randklippen rutschen über den weicheren Mergelgrund seitlich ab. Hier sieht man, wie die Alb im Laufe der Jahrmillionen »kürzer« wird, denn die Felsen werden wohl irgendwann einmal als Bergsturz ins Tal rauschen. Die abgespaltenen Felsen bilden bis zu 30 m tiefe und breite, wild anmutende Schluchten; in diesen rund 100 m langen Abrissklüften krallen sich Bäume in den Stein, es ist feucht, schlüpfrig, dunkel und schattig. Die Spalten sind von hohen, senkrechten Felswänden umgeben. In ihnen führen Kleinhöhlen und Schachthöhlen weiter in den Felsen hinein. Hier herrscht ein interessantes feuchtkaltes Mikroklima, das eine besondere Moos- und Flechtenflora hervorbringt. Bei den Dettinger Höllenlöchern muss man wie bei einem alpinen Klettersteig auf einer Eisenleiter ab- und wieder hinaufsteigen – alles in allem ein wahres Paradies, nicht nur für Kinder! Solche Höllenlöcher gibt es beiderseits des Ermstals – auf der anderen Talseite findet man bei Hülben die allerdings nicht so langen und tiefen Uracher Höllenlöcher.

3 Wasserfallsteig

Spritzendes Wasser und Aussicht

Welche Stadt kann schon zwei Wasserfälle aufweisen? Bad Urach! Mit dem Uracher Wasserfall und den Gütersteiner Wasserfällen gibt es Wasser-Erlebnisse genug, sodass diese Wanderung auch für Kinder recht eindrücklich ist. Deshalb sollte man, auch wenn nur Erwachsene unterwegs sind, mehr Zeit einplanen als die reine Wanderzeit.

Wir starten am (gebührenpflichtigen) **Parkplatz Maisental**. Ab hier braucht man sich eigentlich nur an den Wanderzeichen »Wasserfallsteig« zu orientieren. Erst führt der Weg entlang des Brühlbachs zum Fuß des **Uracher Wasserfalls** ❶. Bereits auf diesem Wegstück kann man im Bach kleine Wasserfälle und interessante Szenerien beobachten.

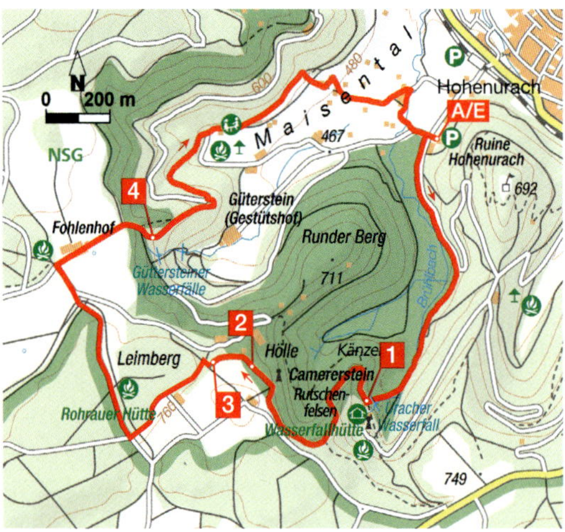

Schwer 9,5 km 510 Hm 3.30 Std.

Tourencharakter: Wir wandern meist auf Pfaden.

Tourenverlauf: Parkplatz Maisental – Uracher Wasserfall – Rutschenfelsen – Gütersteiner Wasserfälle – Parkplatz

Ausgangspunkt: Bad Urach, Parkplatz Maisental

Anfahrt: ÖPNV: Ermstalbahn bis Haltestelle Wasserfall. Auto: B 27, dann B 312 bis Metzingen, weiter auf B 313 und B 28 bis kurz vor Bad Urach zum rechts liegenden Parkplatz Maisental, Vorderes Maisental 1. GPS: 48.497812, 9.374566

Einkehr: Bad Urach, Wasserfallhütte auf der Hochwiese, am Parkplatz Maisental, Grillmöglichkeit: bei der Schutzhütte am ehemaligen Rutschenhof, vor dem Fohlenhof

Karte: Wanderkarte W243 Bad Urach, 1:25 000, Hrsg.: Schwäbischer Albverein e.V., Kartografie: Landesamt für Geoinformation und Landentwicklung Baden-Württemberg (LGL)

Informationen: www.badurach-grafensteige.de

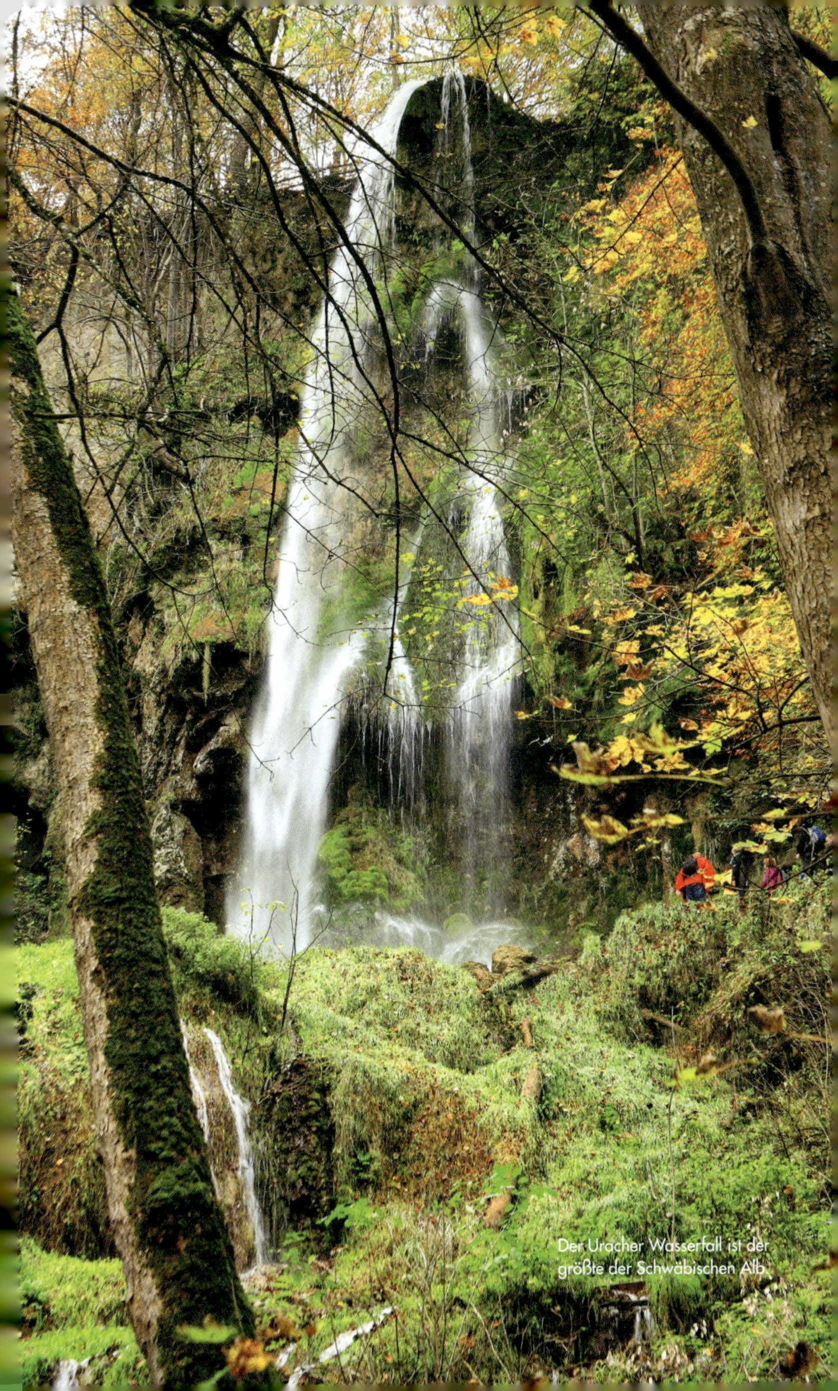

Der Uracher Wasserfall ist der größte der Schwäbischen Alb.

Danach steigen wir entlang des Uracher Wasserfalls auf zur Hochwiese, wo es mit der Wasserfallhütte eine Einkehrmöglichkeit gibt. Hier sieht man auch, wie das Wasser in die Tiefe stürzt und sich dabei selbst eine »Nase« aus Kalkgestein bildet. Sie wird irgendwann abbrechen und ins Tal stürzen.

Der Weiterweg führt gleich am Anfang der Hochwiese den Ameisenbühl nach rechts weiter bergauf. In Serpentinen – und mit schönem Blick zu den Rutschenfelsen – erreichen wir die Hochfläche, wo wir nach rechts verwiesen werden. Nach dem Wald bleiben wir rechts am Trauf und wandern zu den Rutschenfelsen mit dem **Camererstein** 2. Der Name der rund 90 m hohen Rutschenfelsen kommt von der Rutsche, auf der man im 17. und 18. Jh. Baumstämme hinab ins Ermstal beförderte.

Vom Camererstein aus hat man einen prächtigen Blick ins Maisental und zur Ruine Hohenurach.

Links auf der Hochfläche sehen wir eine **Unterstandshütte**, bei der wir auch eine Grillstelle fin-

Camererstein

Auf dem Camererstein sind die folgenden Worte eingeschrieben: »Seinem Vorstand / 1890–1913 / Ernst Camerer / Der Schwäb. Albverein«. Der 1836 geborene Ernst Camerer wird als »Vater des Albvereins« bezeichnet. Als der erste Vorsitzende Valentin Salzmann zwei Jahre nach der Gründung starb, fiel die Wahl des Nachfolgers auf Camerer. Über 30 Jahre lang, bis kurz vor seinem Tod mit 81 Jahren, war er in leitender Stellung für den Verein tätig. Schriftleiter Nägele verbot er, zu seinen Lebzeiten ein Bild von ihm in den »Blättern des Schwäbischen Albvereins« zu veröffentlichen – ein Zeichen für Camerers Bescheidenheit.

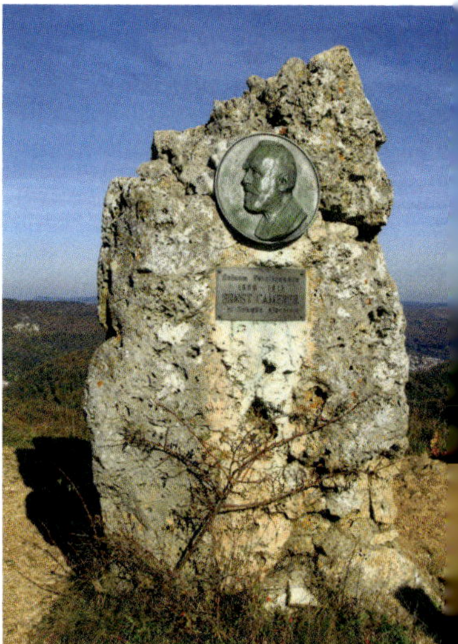

den; hier befand sich einst der Rutschenhof. In der Baumgruppe dahinter liegt in einer Doline der **Rutschenhofbrunnen** 3. Er ist eine als Naturdenkmal geschützte Quelle. Sie liegt in einem Erdfall (Doline), in dem das Sickerwasser der Umgebung zutage tritt. Die Geländemulde ist der Rest eines Vulkanmaares. Schon in frühgeschichtlicher Zeit lockte die Quelle Siedler an, worauf Grabhügel und Funde aus der Hallstattzeit (800–500 v. Chr.) hinweisen. Hier stand bis 1827 der Rutschenhof, in dem die Gespanne untergebracht waren, mit denen das Holz aus den umliegenden Wäldern geholt wurden. Das Holz wurde 1680 bis 1797 für die Flößerei auf der Erms und dem Neckar auf einer Rutsche ins Tal befördert.

Weiter am Waldrand entlang gehend, stoßen wir schließlich auf einen querenden Schotterweg mit dem Schild Ramschel Hütte (744 m). Nach dem Weg gehen wir geradeaus weiter, vorbei an den Schildern Leim-

Schön ist es, wenn man um den Fohlenhof Pferde beobachten kann.

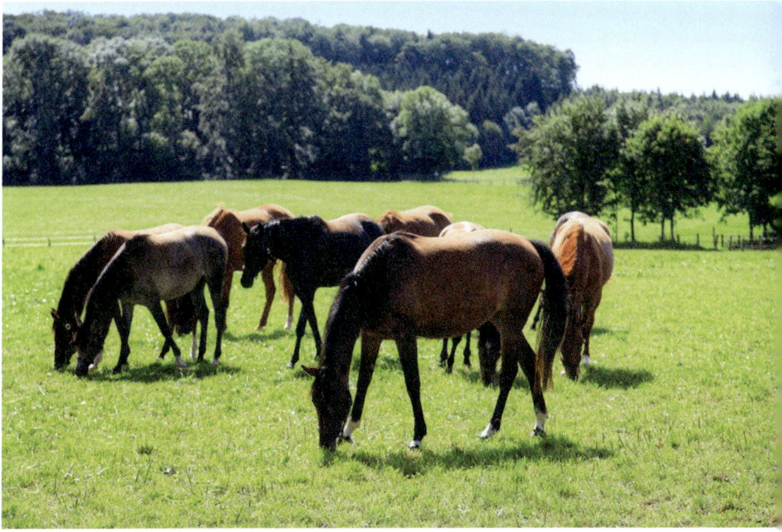

berg (772 m) und Rohrauer Hütte (772 m); nach links kann man zu diesem Naturfreundehaus gelangen. Weiter dem Unteren Leimbergtraufweg folgend, stoßen wir beim Schild Heselbuch (768 m) auf einen Schotterweg. Ihm folgen wir nach rechts. Vorbei am Schild St. Johanner Feld (751 m) erreichen wir schließlich beim Schild Fohlenhof (756 m) den **Fohlenhof**. Nach links führt hier die bekannte Lindenallee zum Gestütshof St. Johann. Wir halten uns aber rechts und gehen durch den Fohlenhof etwas abwärts hindurch zum Waldrand. Hier halten wir uns erst links, dann aber gleich rechts. Nun geht es im Zickzack hinab, wir durchqueren einen Felsdurchlass in einem Bergkamm. Ab hier hören wir bereits die Gütersteiner Wasserfälle mächtig rauschen. Bergab kommen wir zur **Gütersteiner Kapelle**.

Wir gehen noch kurz geradeaus weiter, wobei wir rechts den Ursprung des Baches im Fels sehen können. Dann halten wir uns links und kommen hinab zum Wasserhäuschen. Über seinem Eingang sehen wir die Reste des württembergischen Wappens und in die Wand eingelassene Buchstaben. Links davon befinden sich romantisch bemooste Felsen mit Wasserfällen und einem Wasserbecken. Der Wasserfall stürzt einerseits in einem großen Strahl hinab, an-

An den Gütersteiner Wasserfällen herrscht eine märchenhafte Atmosphäre.

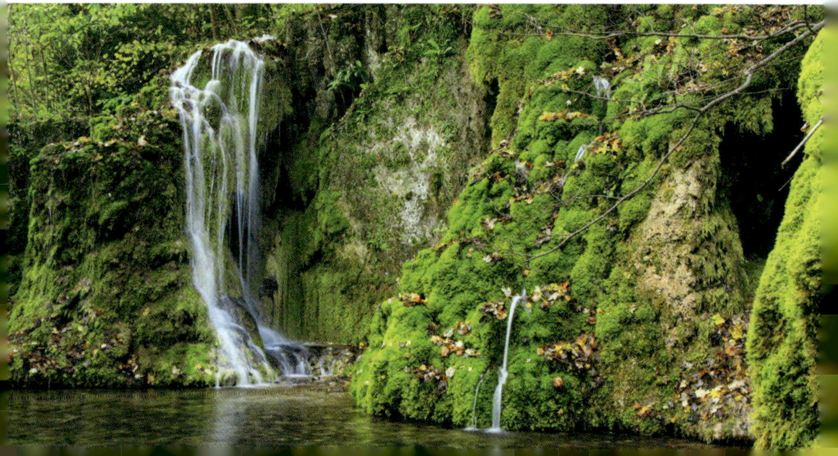

dererseits hat er sich selbst eine Nase aufgebaut, in der er in einer Rille zum Abbruch strömt. Bei den **Gütersteiner Wasserfällen** ❹ stürzt das Wasser über eine malerisch bemooste Kalksinterterrasse nahezu 60 m ins Tal, bei der ersten Stufe rund 10 m tief in einen kleinen, künstlich angelegten See. Auf der Terrasse steht ein kleines Pumpwerk, das einen Teil des Wassers hinauf auf die Albhochfläche befördert. Hier hat man bereits 1715 die älteste Pumpwasserversorgung der Schwäbischen Alb eingerichtet, lange vor den grandiosen Plänen des Ingenieurs Ehmann. Man baute ein Wasserrad mit 7 m Durchmesser, das jeden Tag 20 m³ Quellwasser über eine Distanz von 2,7 km bis zum herzoglichen Fohlenhof Sankt Johann pumpte. Hier bestand von 1226 bis 1534 die Zisterzienserklause Güterstein, von der Graf Eberhard im Bart viel hielt. Danach wandern wir im Zickzack weiter hinab zum Fuß des Wasserfalls. Am Querweg biegen wir links ab. Es steigt etwas an, darauf fällt es bis zum Waldrand. Hier halten wir uns rechts, dann gleich links. Nun wandern wir über **Streuobstwiesen**, wobei wir einen schönen Blick hinab ins Maisental und zur gegenüberliegenden Ruine Hohenurach haben.
Nach einer Bank-Schaukel werden wir nach rechts auf einen schmalen Weg verwiesen. Er führt uns zu Pferdekoppeln. Vor dem Bach biegen wir rechts ab, etwas später gehen wir nach links über den Bach und zurück zum Parkplatz.

Uracher Wasserfall

Beim Uracher Wasserfall fällt der Brühlbach über 30 m tief über eine selbst geschaffene Kalktuffnase. Danach rieselt das Wasser noch rund 50 m über Kalktuffpolster. Der Uracher und die Gütersteiner Wasserfälle gehören zu den »konstruktiven« Wasserfällen. Konstruktiv, weil diese Wasserfälle wegen der ständigen Kalkausscheidung des Wassers ihre Fallkante nicht zerstören und so im Lauf der Zeit rückwärts schreiten, sondern weil sie sie immer mehr aufbauen, im Falle des Uracher Wasserfalls beispielsweise mehrere Meter.
Im Kalksinter werden Reste von Tieren und Pflanzen überkrustet, die sich dann langsam auflösen. Dadurch und durch Schlamm und Sand ist die Masse porös und von Hohlräumen durchsetzt. Der Wasserfall sondert täglich etwa 160 kg Kalk ab, das sind knapp 60 t im Jahr.

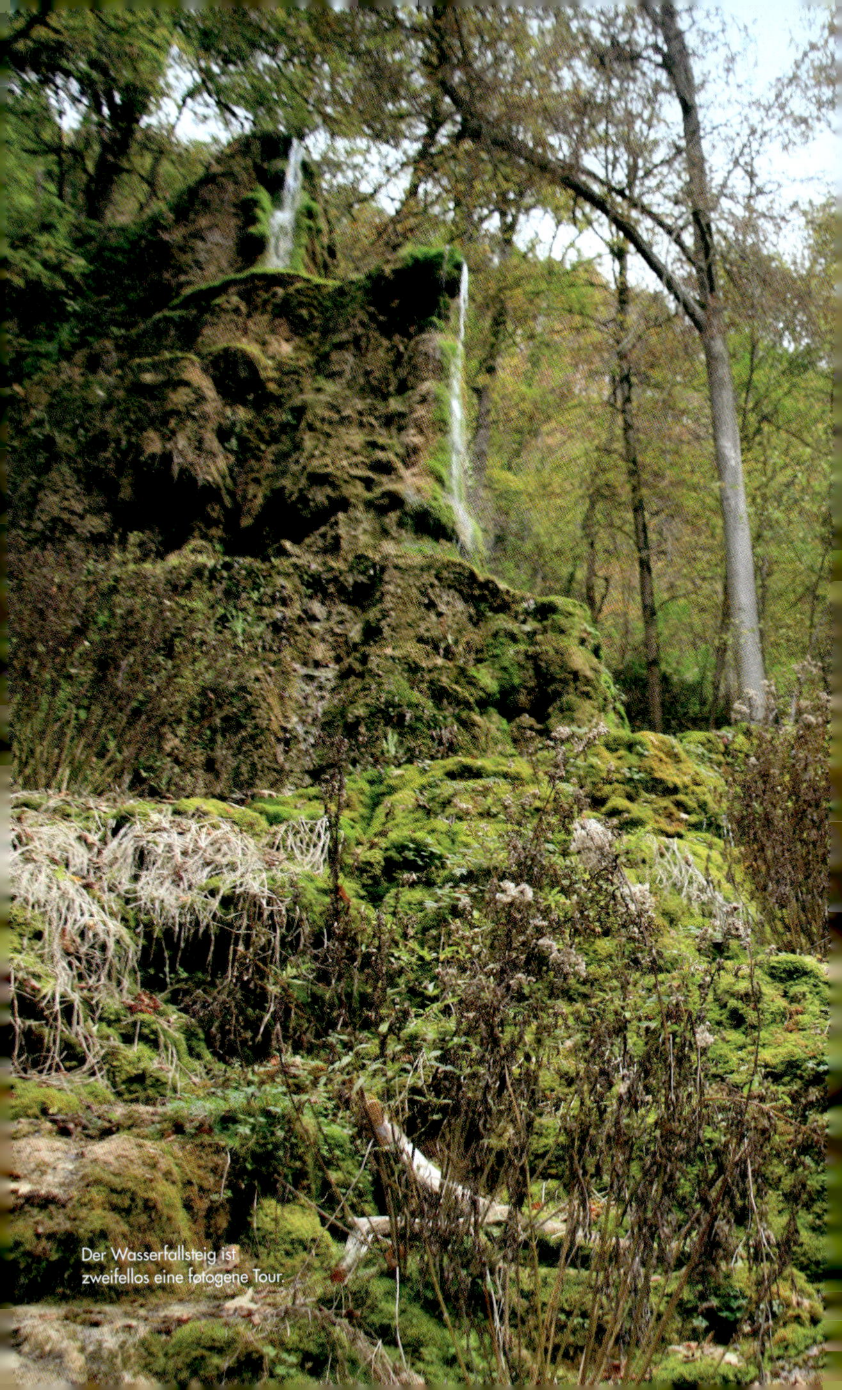

Der Wasserfallsteig ist zweifellos eine fotogene Tour.

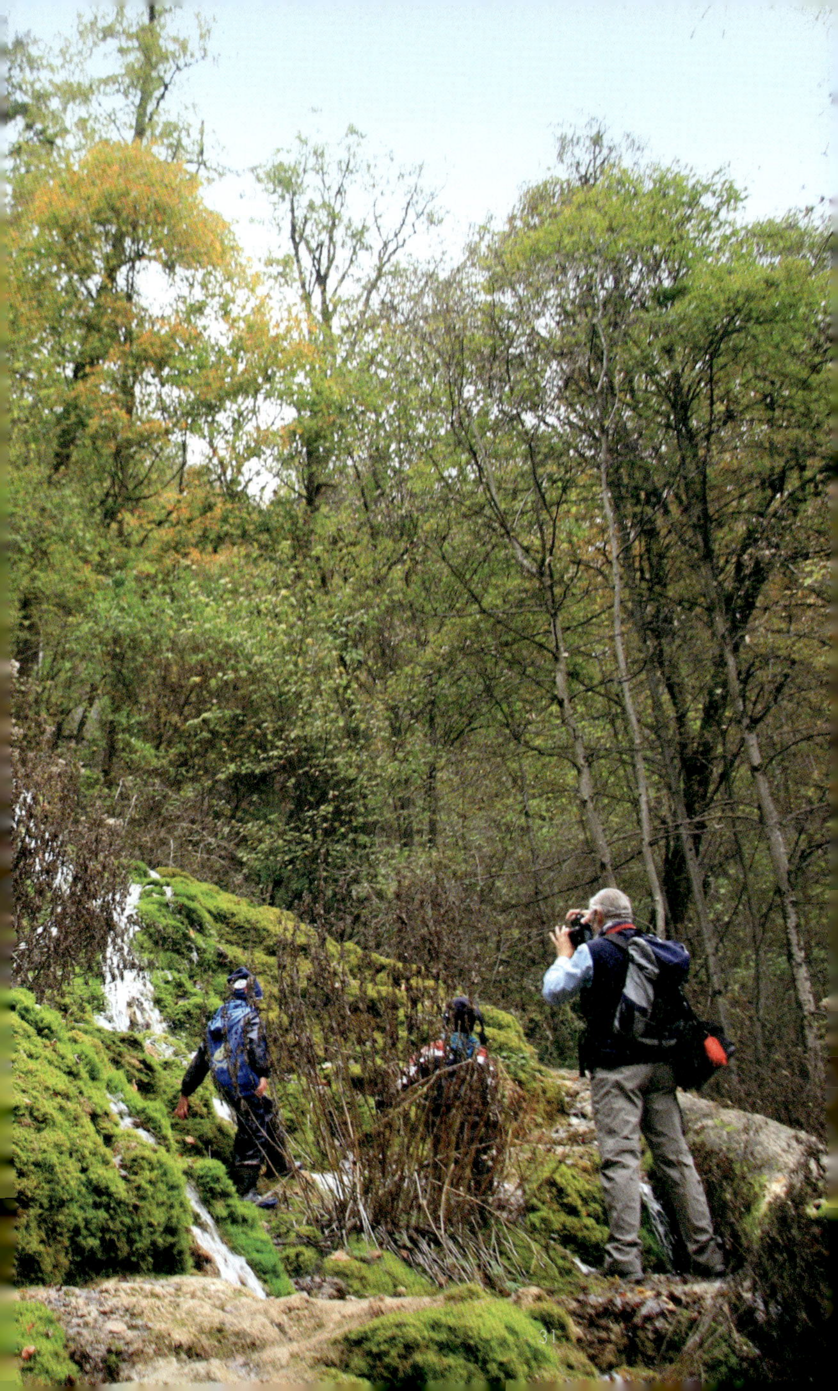

4 Hohenurachsteig

Viel Aussicht und eine der schönsten Burgruinen

Mittel | 7,5 km | 490 Hm | 2.30 Std.

Tourencharakter: Meist auf Pfaden; Vorsicht an den Steilabfällen bei den Aussichtsfelsen. Weiterer Ausgangspunkt: Parkplatz etwas vor der Jugendherberge, wenn man aus Metzingen kommt.

Tourenverlauf: Parkplatz Bad Urach – Hanner Felsen – Eppenzillfelsen – Ruine Hohenurach – Parkplatz

Ausgangspunkt: Bad Urach, Endstation Ermstalbahn.

Anfahrt: ÖPNV: Ermstalbahn bis Endstation Bad Urach. Auto: B 27, dann B 312 bis Metzingen, weiter auf B 313 und B 28 bis Bad Urach, dort zur Endstation der Ermstalbahn. Hier und in der Nähe gibt es Parkmöglichkeiten. GPS: 48.491877, 9.395172

Einkehr: Bad Urach

Karte: Wanderkarte W243 Bad Urach, 1:25 000, Hrsg.: Schwäbischer Albverein e.V., Kartografie: Landesamt für Geoinformation und Landentwicklung Baden-Württemberg (LGL)

Informationen: www.badurach-grafensteige.de

Die Ruine Hohenurach, eine der einstigen württembergischen Landesfestungen, ist das Hauptziel dieser Wanderung, dem wohl Kinder am meisten entgegenfiebern werden. Davor erfreuen wir uns jedoch an einigen Aussichtsfelsen.

Start ist an der **Endstation der Ermstalbahn**, wo wir auch einen Park & Ride-Parkplatz finden. Vom P & R-Parkplatz aus gehen wir den Hang hinauf zum Waldrand. Dort folgen wir dem Wanderschild nach links in Richtung »Hanner Fels«, zweigen aber kurz danach rechts ab auf einen schmalen Pfad. Rechts sehen wir bald eine Rinne, die sich ein Bach aus Kalk selbst aufgebaut hat. Nach etwas Bergauf folgen wir kurz einem breiten Forstweg, dann zweigen wir rechts ab.

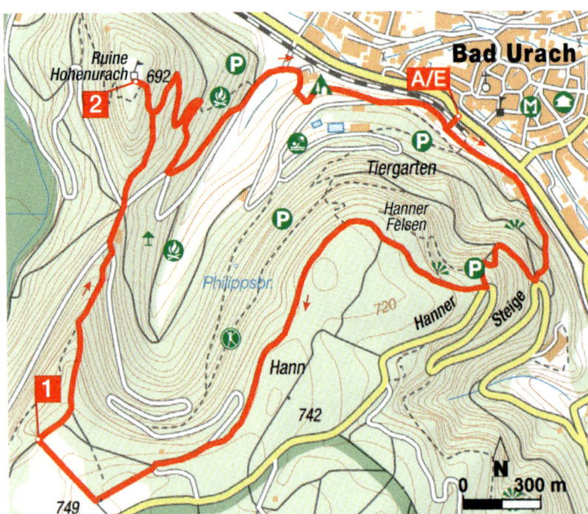

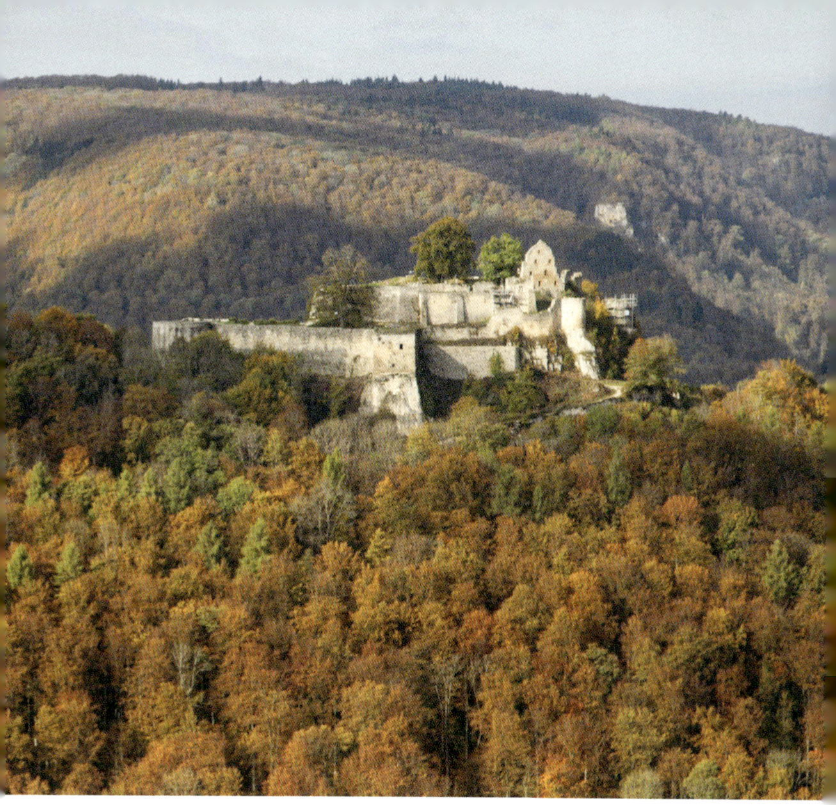

Nun geht es in Serpentinen hinauf zur Straße (Hanner Steige). Hier halten wir uns rechts in den Forstweg. Etwas später zweigt unterhalb der Felszacken ein Steig links ab. Er bringt uns hinauf zu einem **Aussichtsfels**.

Nach weiterem Anstieg erreichen wir einen Sendemasten, hinter dem der **Vordere Hanner Fels** (693 m) liegt. Unser Weg führt vor dem Sendemasten nach links weiter. Am nächsten breiten querenden Weg geht es nach rechts weiter und wir kommen zum **Mittleren Hanner Fels** (680 m). Danach folgen wir dem Wanderzeichen weiter zum **Hinteren Hanner Fels** (707 m). Hier sehen wir auch schon die Ruine Hohenurach.

Die Ruine Hohenurach ist auch heute noch eine beeindruckende Anlage.

Weitergehend stoßen wir auf einen breiten Forstweg, dem wir in Gehrichtung folgen. Wo dieser links abknickt, gehen wir geradeaus zum Wanderschild »Eppenzill«. Hier werden wir auf den links davor abgehenden Pfad verwiesen. Bald verlassen wir den Wald; nun halten wir uns rechts und gehen über die Wiese zum Waldrand.

Hier führt unser Weg nach rechts in Richtung »Kreuzhütte« weiter, zuerst sollten wir jedoch geradeaus zum **Eppenzillfelsen** 1 gehen. Von ihm aus sieht man schön zu den Rutschenfelsen und zur Ruine Hohenurach. Danach folgen wir dem steinigen Steig steil bergab. Rechts von ihm verläuft ein markierter Albvereinsweg. Er ist nicht ganz so steinig und nicht so ausgesetzt. An der **Kreuzhütte** wandern wir

Links: Verirren unmöglich – die Grafensteige sind bestens markiert.

Mitte: Blick zu den Rutschenfelsen

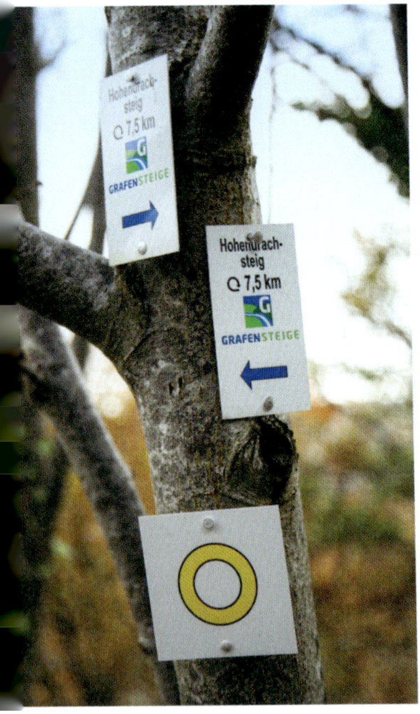

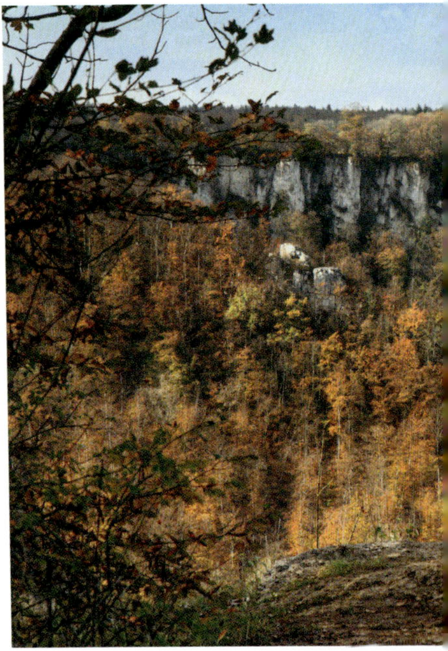

noch geradeaus bis zu einem Sattel, wo sich mehrere Wege kreuzen. Wir gehen geradeaus hinauf zur Ruine **Hohenurach** 2.

Nach der Ruine gehen wir ein Stück zurück, dann werden wir nach links verwiesen. Es geht steil hinab zu einem breiten Forstweg. Auf ihm wandern wir nach rechts zu einer Kreuzung. Nach links kommen wir hinab zum Parkplatz 19 vor der Jugendherberge. Am Parkplatz halten wir uns rechts zur **Jugendherberge**, die wir rechts umgehen. Danach wandern wir über die Wiese hinauf zum Waldrand. Dort wenden wir uns schließlich nach links. An einem Asphaltsträßchen geht es etwas nach links versetzt auf einem Pfad weiter. Bald sehen wir links unten den Parkplatz.

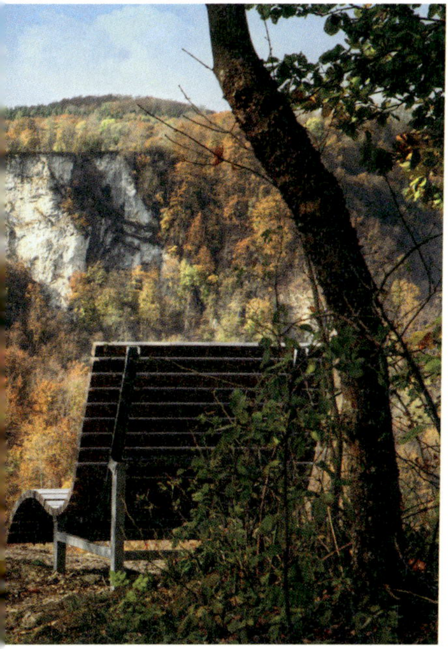

Alter Ziehbrunnen in der Ruine Hohenurach

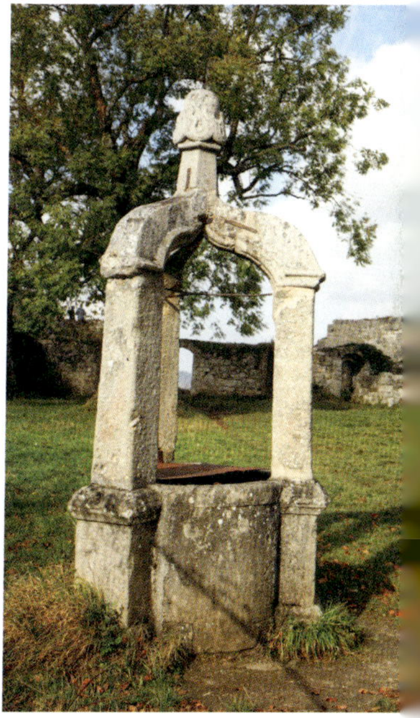

Ruine Hohenurach

Hoch über Bad Urach, der ehemaligen Residenz des südlichen Teils Württembergs, liegt auf einem kegelförmigen Berg die Ruine der ehemaligen Burg und Landesfestung Hohenurach. Mit dem Bau der ersten Anlage wurde 1025 unter den Grafen von Urach begonnen. Die Anlage wurde 1264 aus Geldnot an Graf Ulrich I. von Württemberg verkauft. Graf Ludwig I., der auch das Uracher Residenzschloss errichtete, ließ die Burg ausbauen. Auch Graf Eberhard im Bart gab größere Anbauten in Auftrag.

1534 bis 1562 ließ sie Heinrichs Sohn Herzog Ulrich zu einer der als uneinnehmbar geltenden Landesfestungen ausbauen, außerdem wurde sie als Gefängnis genutzt. Die Baumaßnahmen der Herzöge Ulrich und seines Sohnes Christoph im Stil der Renaissance prägen heute noch das Bild der Anlage.

Im Dreißigjährigen Krieg hielt Ende 1634 eine 200 Mann starke Besatzung einem 3000 Mann starken

Hoch über dem Ermstal liegt die einstige Landesfestung Hohenurach. Sie bietet auch einen prächtigen Blick auf Bad Urach, das ihr zu Füßen liegt.

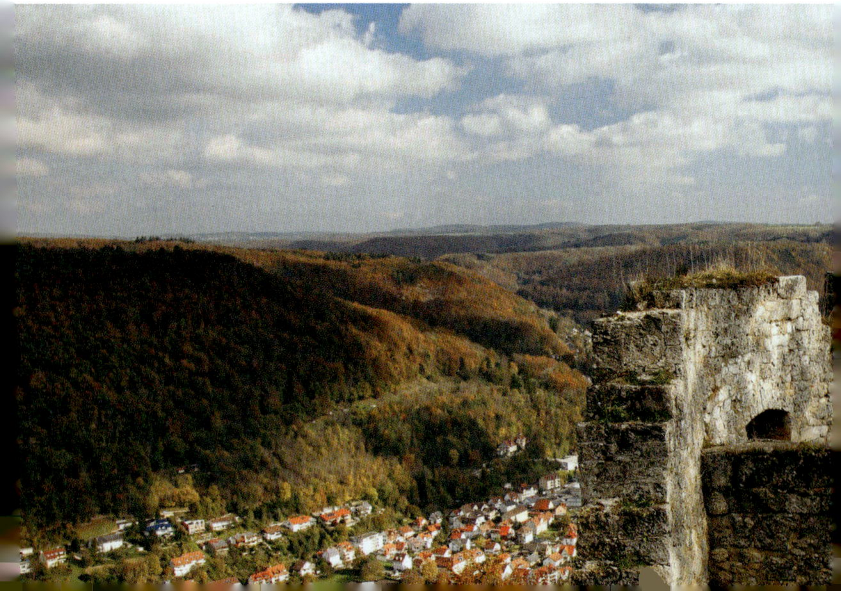

Belagerungsheer stand. Sie wurde erst nach elf Monaten ausgehungert und gab auf. Die Bürger der Stadt, die unter den Kriegshandlungen schwer gelitten hatten, baten die Sieger, die Festung zu »sprengen und mit Feuer zu ruinieren«, um Ruhe zu haben, jedoch umsonst. Dem Wunsch nach Zerstörung der Festung kam Herzog Carl Eugen 1765 nach, als die Anlage waffentechnisch überholt war.

Ab dem 16. Jh. diente die Festung lange Zeit auch als Gefängnis, nicht nur für Verbrecher. Zu den bedauernswerten Gefangenen gehörten Nikodemus Frischlin, der 1590 sieben Monate in einer winzigen Zelle gefangen gehalten wurde und bei einem Fluchtversuch ums Leben kam, der 1613 auf dem Uracher Marktplatz enthauptete Kanzler Matthäus Enzlin, die Geliebte von Herzog Eberhard Ludwig, die Gräfin von Grävenitz, und der Baumeister Frisoni, der am Bau des Schlosses in Ludwigsburg beteiligt war. Trotz des Verfalls ist Hohenurach noch eine der umfangreichsten Anlagen ihrer Art auf der Alb.

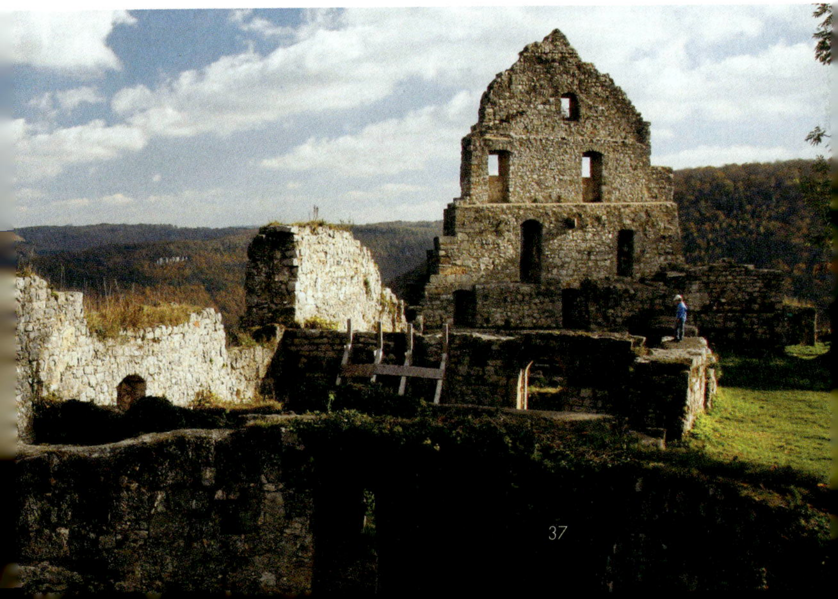

5 Hohenwittlingensteig

Wilder Weg mit Seilsicherung

Schwer 6,5 km 420 Hm 2.30 Std.

Tourencharakter: Pfade, teils alpiner Charakter, Trittsicherheit und Schwindelfreiheit wichtig. In der Wolfsschlucht warten Seilsicherung und Leiter.

Tourenverlauf: Parkplatz Hohenwittlingen – Geschlitzter Fels – Aussicht Georgenau – Ruine Hohenwittlingen – Schillingshöhle – Wolfsschlucht – Parkplatz

Ausgangspunkt: Bad Urach-Wittlingen, Wanderparkplatz Hohenwittlingen.

Anfahrt: Mit dem PKW auf B 27, dann B 312 bis Metzingen, weiter auf B 313 und B 28 bis Bad Urach. Weiter auf B 465 Richtung Münsingen, kurz nach der Stadt links ab auf K 6706 Richtung Wittlingen/Hengen. Wanderparkplatz Hohenwittlingen ist angeschrieben. GPS: 48.465671, 9.435621

Einkehr: Wittlingen

Karte: Wanderkarte W243 Bad Urach, 1:25 000, Hrsg.: Schwäbischer Albverein e.V., Kartografie: LLGL Baden-Württemberg

Informationen: www.bad-urach-grafensteige.de

Obwohl wir bereits auf der Albhochfläche starten, überrascht uns diese Wanderung mit lebhaftem Auf und Ab. Sie ist mit den Felsen, der Ruine Hohenwittlingen, der Schillingshöhle und der Wolfsschlucht überaus interessant, allerdings auch recht anspruchsvoll zu gehen.

In Wittlingen folgen wir der Beschilderung nach »Hohenwittlingen«, die uns zum **Wanderparkplatz** bringt. Dort gehen wir in Richtung »Geschlitzter Fels« kurz zurück in Richtung Wittlingen, dann werden wir nach rechts verwiesen. Gleich darauf zweigen wir rechts ab auf einen Wiesenweg, der uns zwischen Weiden und Streuobstwiesen zum Waldrand bringt, wo wir uns links halten. Wir wandern entlang

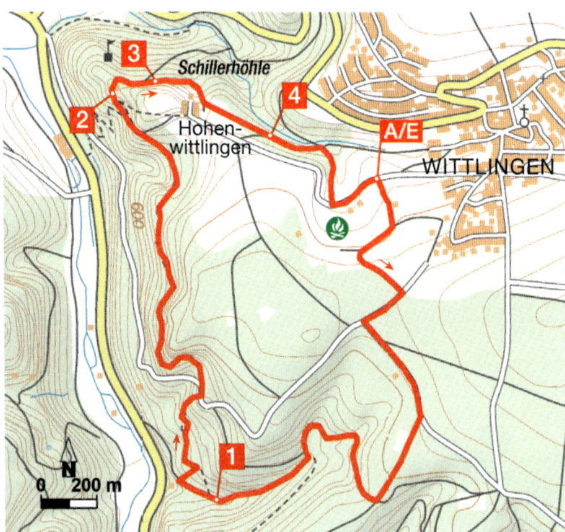

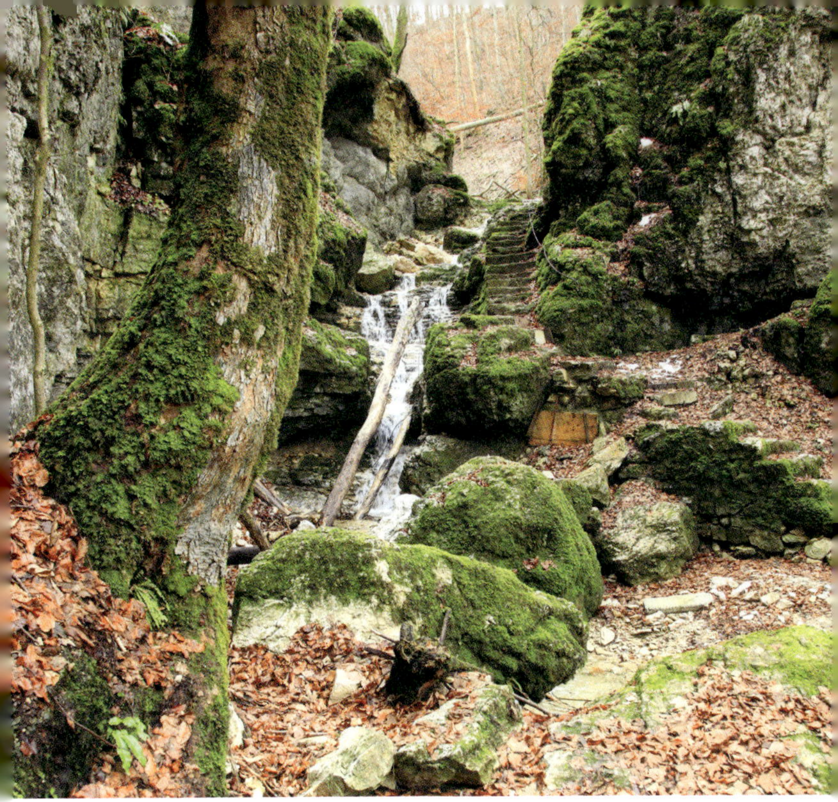

von Weiden, dann biegen wir am Schild Hockenloch rechts in einen breiten Weg ein und wandern durch den Wald.

Der wildeste Teil der Wanderung ist die Passage in der Wolfsschlucht, wo es sogar eine Seilsicherung gibt.

Am nächsten Querweg orientieren wir uns links, danach geht es rechts ab und zwischen zwei Gebäuden hindurch. Anschließend folgen wir dem rechts abgehenden Weg abwärts, nun hinein in die Kernzone Baldeck des Biosphärengebiets Schwäbische Alb. Der Weg geht in einen steil abfallenden Pfad über, der uns zu einem breiten Forstweg bringt. Ihm folgen wir in Gehrichtung.

Links oben sehen wir bald zwei mächtige Felsklötze. Etwas später zweigen wir rechts auf einen Pfad ab, der uns im Zickzack hinauf zum **Geschlitzten**

Fels ❶, einer markanten Felsformation, bringt. Die Felsen sind bei Kletterern sehr beliebt, sodass man immer wieder welche in Aktion beobachten kann. Der Pfad führt uns an verschiedenen Felsen vorbei und immer aufwärts, bis er in einen breiten Weg mündet. Hier halten wir uns rechts in Richtung »Buckfelsen Hohenwittlingen«. An der gleich folgenden Kreuzung biegen wir links ab. Nun begleitet uns auch das Wanderzeichen gelbe Gabel. Wir wandern am Aussichtsfelsen Georgenau vorbei, danach kommen wir zur Ruine **Hohenwittlingen** ❷. Rechts am Burgfelsen gehen wir bis zu einer steinernen Hütte. Zur Ruine geht es links hinauf. Zurückgekehrt nehmen wir links der Ruine den zuerst relativ eben verlaufenden Pfad. Er führt dann bald steil hinab zur **Schillerhöhle** ❸.

Die insgesamt 245 m lange Schillerhöhle liegt im Unteren Massenkalk des Oberjura unterhalb der Burgruine Hohenwittlingen. Sie war vielleicht die Tulkahöhle in Weinlands Roman »Rulaman«. Von vorzeitlichen Menschen zeugen Funde wie ein menschlicher Schädel und Tierknochen, die man bei Ausgrabungen im 19. Jh. fand. In früheren Kriegszeiten diente die Höhle der einheimischen Bevölkerung als Zufluchtsstätte. Der Name Schillingsloch oder Schillingshöhle, wie sie auch genannt wird, kommt angeblich von einem Herrn von Schilling, der 1341 auf der Bärenjagd hier verunglückt und beim

Ruine Hohenwittlingen

Die Burg Hohenwittlingen entstand vermutlich im 12. Jh. und sollte die wichtige Reichsstraße durch das Ermstal schützen. Um 1100 war sie im Besitz der Grafen von Achalm. Graf Egino V. von Urach musste sie um 1248 an den Konstanzer Bischof abgeben, weil er dem Stauferkönig Heinrich VII. bei dessen Aufstand gegen seinen Vater geholfen hatte. 1251 wurde sie von Graf Ulrich I. von Württemberg gekauft. Im 16. Jh. richtete man in ihr ein Gefängnis für »Wilderer und andere Bösewichte« ein. Zwischen 1560 und 1617 wurden hier viele Männer aus württembergischen Täufergemeinden gefangen gehalten. Als der Reformator Johannes Brenz vor der katholischen Obrigkeit fliehen musste, lebte er eine Zeit lang auf Hohenwittlingen. Da er sich hier auch nicht mehr sicher fühlte, floh er nach Basel. 1648 zog man die Garnison ab. Etwas später begann der Verfall der Anlage.

heutigen Schillingskreuz gestorben ist. Seit etwa 200 Jahren wird die Höhle auch Schillerhöhle genannt, vielleicht nach einer Wittlinger Familie Schiller. Der Höhleneingang liegt etwas versteckt hinter einer Naturbrücke, einer Höhlenruine. Es geht in ihr

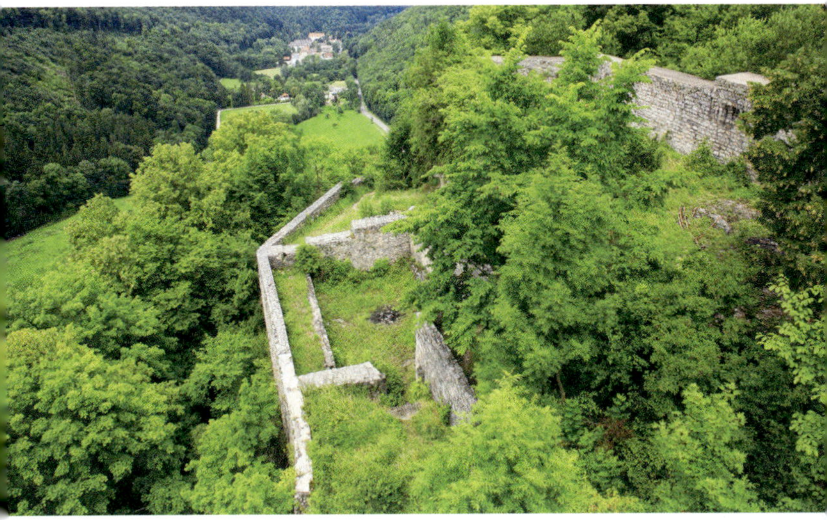

erst etwas bergab, hier befindet man sich in einer etwa 10 m hohen Klamm.

Blick vom höchsten Punkt über die Ruine Hohenwittlingen und hinab ins Ermstal

Nach der Höhle folgen wir dem Pfad in Richtung »Wolfsschlucht«. Es geht weiter hinab, dann aber in der wilden **Wolfsschlucht** (4) wieder hinauf. Wir überqueren eine Brücke, danach einige umgestürzte Bäume. Schließlich folgt bei den durch mineralische Ablagerungen entstandenen Sinterterrassen eine Seilsicherung, danach steigen wir auf einer treppenartigen Leiter kurz hinauf. Dann folgen wir dem nun bequemen Weg nach links. Er zieht bald nach rechts und bringt uns aus dem Wald hinaus zum Ausgangspunkt.

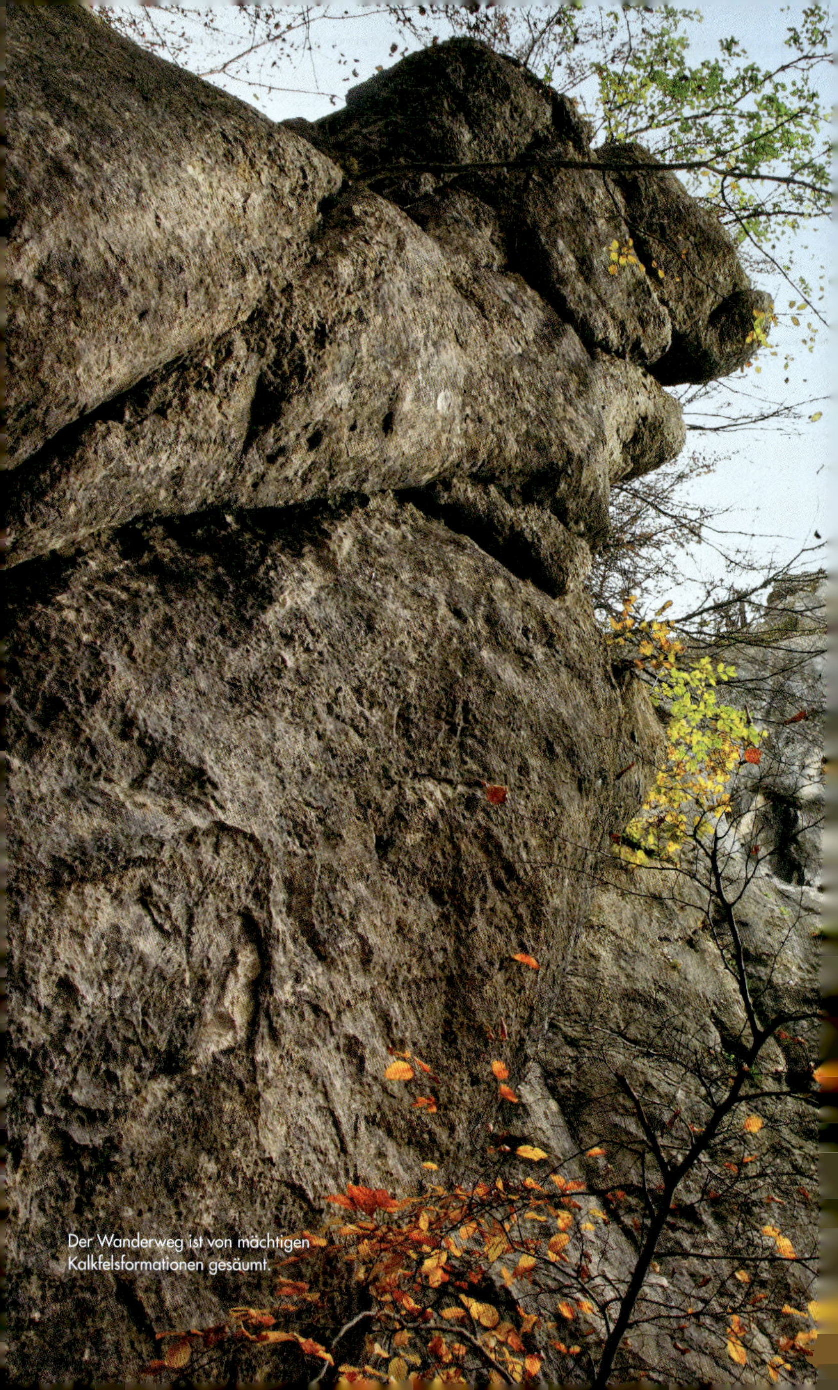

Der Wanderweg ist von mächtigen Kalkfelsformationen gesäumt.

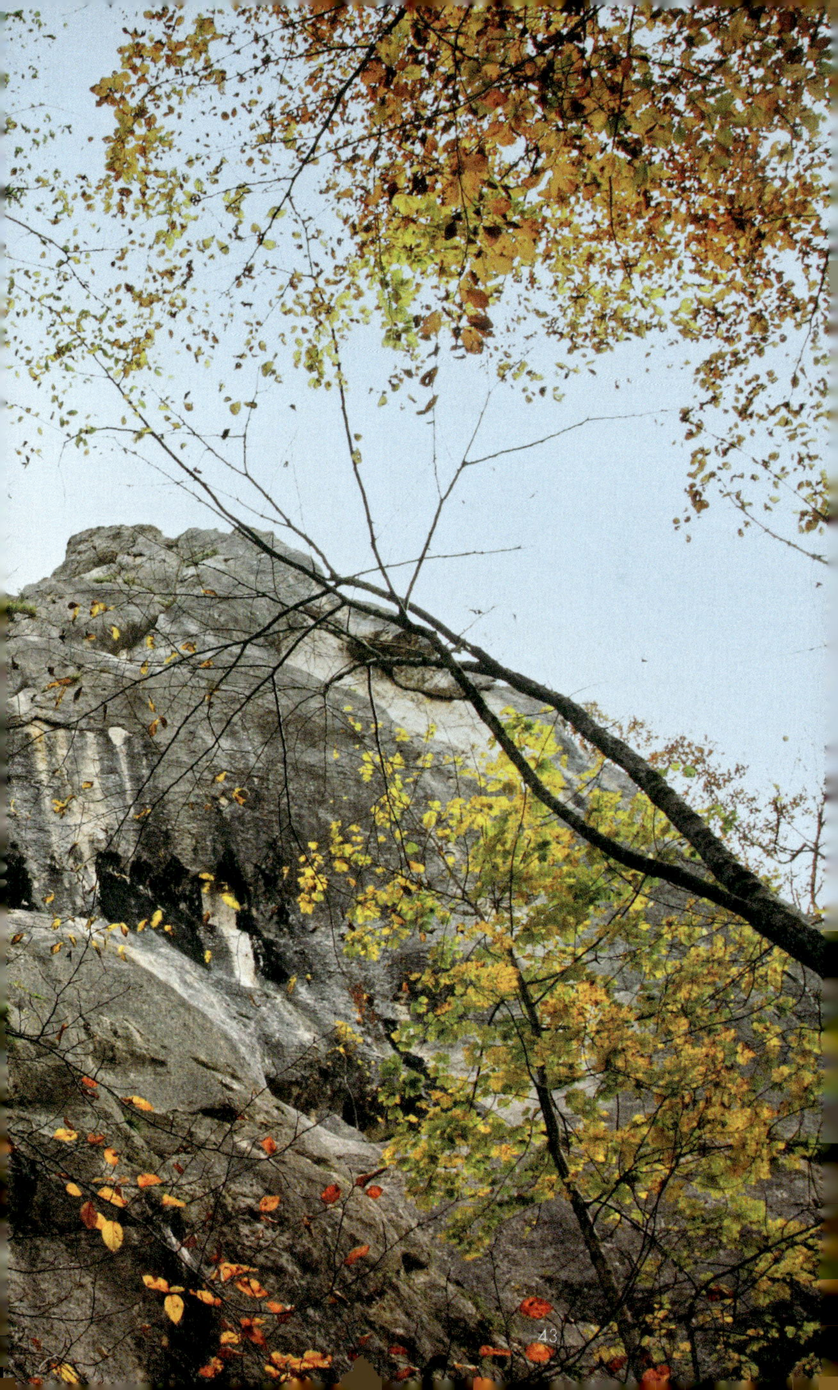

6 Dreifürstensteig

Zum berühmten Bergrutsch

● Schwer 13,3 km | 560 Hm | 5 Std.

Tourencharakter: Meist auf Pfaden (bei Nässe rutschig). Vorsicht an den Steilabstürzen. Trittsicherheit, Schwindelfreiheit und stabiles Schuhwerk empfehlenswert. Alternative Ausgangspunkte sind die Parkplätze Linden, Unter Andeck, Bergrutsch und Buch.

Tourenverlauf: Mössingen/Olgahöhe – Parkplatz Linden – Parkplatz Unter Andeck – Parkplatz Bergrutsch – Bergrutsch – Dreifürstenstein – Parkplatz Buch – Olgahöhe

Ausgangspunkt: Mössingen, Parkplatz Olgahöhe.

Anfahrt: Mit dem PKW auf B 27 bis Mössingen, dann Richtung Talheim auf Bahnhofstr., nach Süden abzweigen auf Berggasse und weiter zum Parkplatz Olgahöhe. GPS: 48.390879, 9.060845

Karte: Wanderkarte W242 Sonnenbühl, 1:25 000, Landesamt für Geoinformation und Landentwicklung Baden-Württemberg (LGL)/Schwäbischer Albverein e. V.

Informationen: www.dreifuerstensteig.de, www.fruechtetrauf.de

Zuerst führt uns der Dreifürstensteig auf einem Panoramaweg mit einem Lehrpfad durch Streuobstwiesen, danach folgen Strecken durch Wald und über Wiesen. Immer wieder mit Aussicht steigen wir hinauf zum Bergrutsch und wandern entlang des Steilabbruchs zum Dreifürstenstein, der weite Ausblicke bietet. Durch den Wald geht es schließlich zurück zur Olgahöhe.

Den Parkplatz **Olgahöhe** erreicht man, wenn man der Berggasse durch Mössingen folgt. Vom Parkplatz aus gehen wir zum Waldrand und biegen dort mit dem Schild des Dreifürstensteigs, einem roten Apfel, in Richtung »Parkplatz Linden« rechts ab. Über die Streuobstwiese geht es hinab zu einem geschotterten Feldweg, dem wir nach rechts folgen. Wir gehen auf dem **Panoramaweg Streuobst** (1), der uns nicht nur eine herrliche Aussicht, sondern auch einige Lehrtafeln bietet.

Am Wanderschild Vor dem Berg (561 m) mündet unser Weg in einen anderen, dem wir nach rechts folgen. Nach einiger Zeit sehen wir nicht nur nach links ins Albvorland, sondern bemerken geradeaus auch den Rossberg mit seinem Turm. Nach einem kleinen Feuchtbiotop kommen wir zum Schild Ob den Breitwiesen (533 m). Hier folgen wir dem rechts abzweigenden, leicht ansteigenden Wiesenweg. Kurz darauf, vor der Asphaltstraße, am Schild Tabakäcker (538 m) biegen wir im rechten Winkel rechts ab und wandern steil empor zum Waldrand. Dort überqueren wir am Schild Taläcker (568 m) den Arbeits-

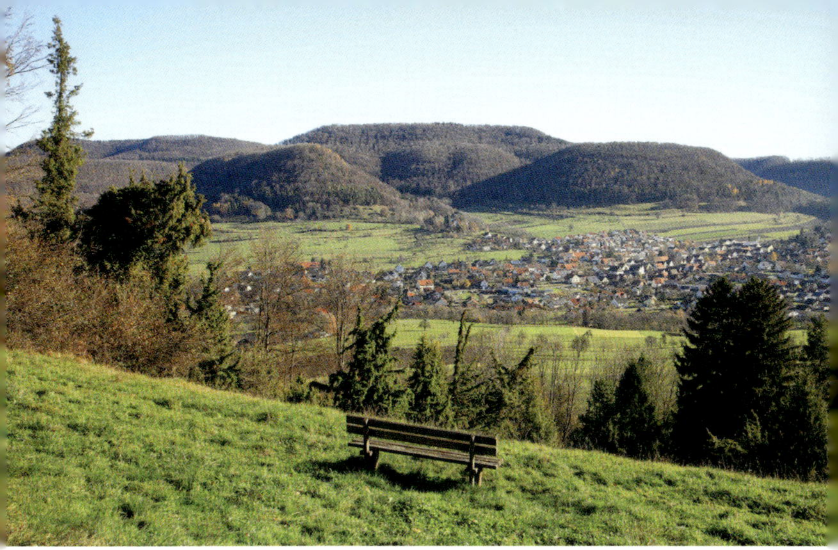

dienstweg und gehen links entlang des Waldrands ein Stück geradeaus hinauf. Etwas später biegen wir links ab auf einen Wiesenweg und folgen der Hecke bis zum **Parkplatz Linden**.

Blick über das Hochtal und Talheim auf die Höhenzüge der Alb

Ab jetzt gilt für uns das Zwischenziel »Parkplatz Andeck«. Wir wandern im Wald auf einem breiten Forstweg (Ziegelrutschweg) steil hinauf. Wo an einer Verzweigung der Farrenbergmittelweg rechts abgeht und eben weiterführt, wandern wir geradeaus weiter bergauf. Nach drei ausgeprägten Kurven (links, rechts, links) geht es relativ eben weiter zum **Parkplatz Andeck**.

Dort folgen wir erst dem Zufahrtssträßchen in Richtung »Parkplatz Bergrutsch«. Nach der scharfen Linkskurve zweigen wir am Schild Unter Andeck (683 m) rechts ab auf einen schmalen Asphaltweg. Er führt uns rechts des Baches und vorbei an einem Brunnen erst steil bergab, dann zweigen wir am Schild Unter Andeck (649 m) rechts ab auf einen schmalen Schotterweg. Bald verlassen wir den Wald und folgen den Schildern durch eine Wiesenlandschaft mit herrlichem Blick nach links hinab nach

Talheim und in Gehrichtung zum Hirschkopf, bis der Weg links zur Straße zum Schild Tal (653 m) abknickt. Etwas weiter rechts liegt der Parkplatz Bergrutsch. Wir überqueren aber die Straße und gehen dahinter in Richtung »Bergrutsch Dreifürstenstein« zum Wald. Dort folgen wir einem steil in Serpentinen ansteigenden Weg. Rechts sehen wir die Felswand des **Bergrutsches** ❷. Oben angelangt kommen wir zu einer Schutzhütte.

Nun wandern wir nach rechts immer am Steilabfall entlang. Bei Feuchtigkeit ist der Weg äußerst rutschig – wir sollten also vorsichtig sein, vor allem wenn wir uns dem Steilabfall nähern. Teilweise ist der Fels auch überhängend! Vorbei an einer freien Stelle mit Aussicht und Erklärungstafel wandern wir bis zum **Dreifürstenstein** ❸, wo es ebenfalls eine Schutzhütte gibt.

Der 854 m hohe Dreifürstenstein fällt nach drei Seiten steil ab. Bis 1806 war der Bergvorsprung tatsächlich

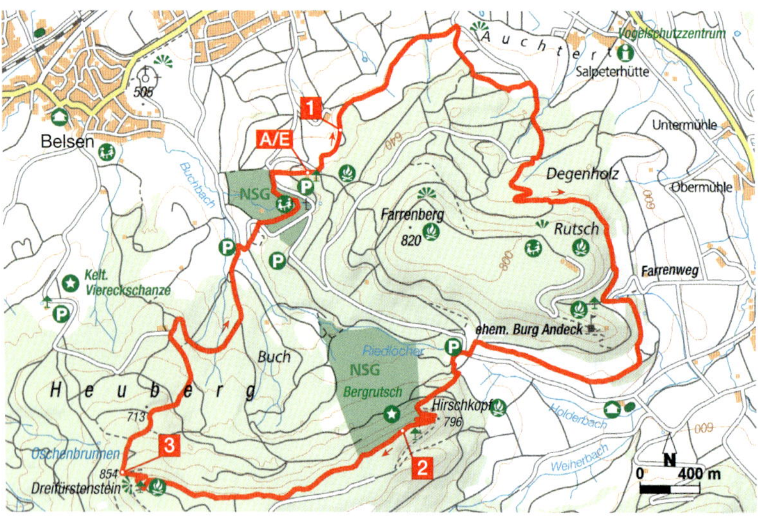

ein Dreiländereck, weil sich hier die Staaten Fürstenberg, Hohenzollern und Württemberg trafen. Heute ist hier die Grenze der Landkreise Tübingen und Zollernalbkreis sowie der Städte Mössingen, Burladingen und Hechingen und die höchste Stelle des Landkreises Tübingen. Der Sage nach sollen sich einst hier die Fürsten der drei Staaten getroffen haben, wobei jeder auf seinem eigenen Territorium sitzen konnte. Der Blick von hier ins Albvorland und zum Hohenzollern ist großartig.

Bergsturz am Hirschkopf

Der berühmte Bergsturz am Hirschkopf fand am 12. April 1983 statt und war der größte seiner Art seit 100 Jahren in Baden-Württemberg. Vorausgegangen waren eine lange Nässeperiode und tagelange Regenfälle. Rund vier Millionen Kubikmeter Erde und Geröll mit einem Gewicht von acht Millionen Tonnen rutschten dabei zu Tal, ein gutes Beispiel für die rückschreitende Erosion des Albtraufs – er wurde dabei um rund 30 m zurückverlegt.

Insgesamt entstand auf einer Fläche von 50 ha eine kahle und von Wasserlöchern durchsetzte Urlandschaft. Mittlerweile hat der Wald aber wieder die Fläche zurückerobert. 39 ha wurden 1988 zum Naturschutzgebiet erklärt, seit 2006 ist das Gebiet »Nationales Geotop«.

Kurz davor biegen wir rechts in Richtung »Parkplatz Buch Olgahöhe Mössingen« ab. Es geht erst recht steil im Zickzack hinab, wobei wir uns immer an den reichlich angebrachten Wanderzeichen orientieren können. Wir passieren das Schild Heuberg (741 m) und folgen teilweise dem Wanderzeichen blaues Dreieck. Am Schild Glindwasen (595 m) folgen wir dem Forstweg nach rechts. Am Waldrand gehen wir am **Parkplatz Buch** vorbei bis zu einer querenden Straße mit dem Schild Vordere Buchwiesen (523 m). Wir folgen der Straße nach rechts, gehen aber gleich darauf an ihrer Linkskurve auf einem Pfad steil hinauf in die Baumwiesen. Bald überqueren wir wieder die Straße, danach geht es weiter durch Baumwiesen bis zu einer Straße unterhalb der rechts oben liegenden **Olgahöhe**. Hier weist uns das Zeichen auf einen Pfad steil über die Wiese hinauf zu der Baumkrone der Olgahöhe. Oben angelangt, spazieren wir durch die Freizeitanlage bis zum Parkplatz.

7 Firstwaldrunde

Durch Wald und Streuobstwiesen

Mittel | 9,6 km | 205 Hm | 3 Std.

Tourencharakter: Wir wandern auf festen Wegen, Naturwegen und Pfaden. Alternative Ausgangspunkte sind das Freibad und der Bahnhof in Mössingen.

Tourenverlauf: Nehren/Freizeitanlage Schwanholz – Nabu-Haus – Jägerwegle – Dicke Eiche – Firstberg – Schlossbuckel – Lauferwald – Grube – Freizeitanlage Schwanholz

Ausgangspunkt: Nehren (Freizeitanlage Schwanholz)

Anfahrt: ÖPNV: Bahnhof Nehren oder Tübingen, Bus bis Nehren Bahnhof. Auto: B 27 bis Nehren, im Herdweg zur Freizeitanlage Schwanholz. GPS: 48.423672, 9.080428

Einkehr: Nehren, Grillmöglichkeiten: Ausgangspunkt

Karte: Wanderkarte W242 Sonnenbühl, 1:25 000, Landesamt für Geoinformation und Landentwicklung Baden-Württemberg (LGL) in Zusammenarbeit mit dem Schwäbischen Albverein e. V.

Informationen: www.fruechtetrauf.de

Am Anfang und am Schluss dieser Tour wandern wir durch die Streuobstwiesen um Nehren. Dazwischen gehen wir auch durch einen urtümlichen Wald mit einigen Tobeln, die auf rustikalen Brücken überquert werden. Nehren ist nicht nur für seine Baumwiesen bekannt, hier findet man auch zahlreiche Fachwerkhäuser, die einen Bummel durch den Ort interessant machen.

Am **Parkplatz Schwanholz** (466 m) folgen wir dem durch die Baumwiesen führenden Weg in Richtung »Bäume des Jahres«. Am Waldrand halten wir uns links, dann am Schild Gänsbühl Süd (455 m) rechts.

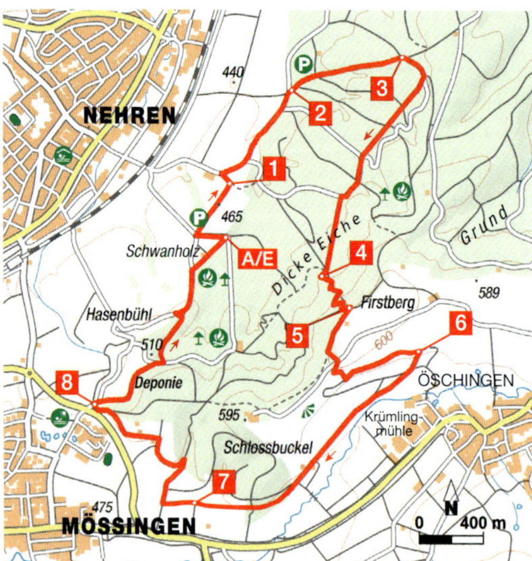

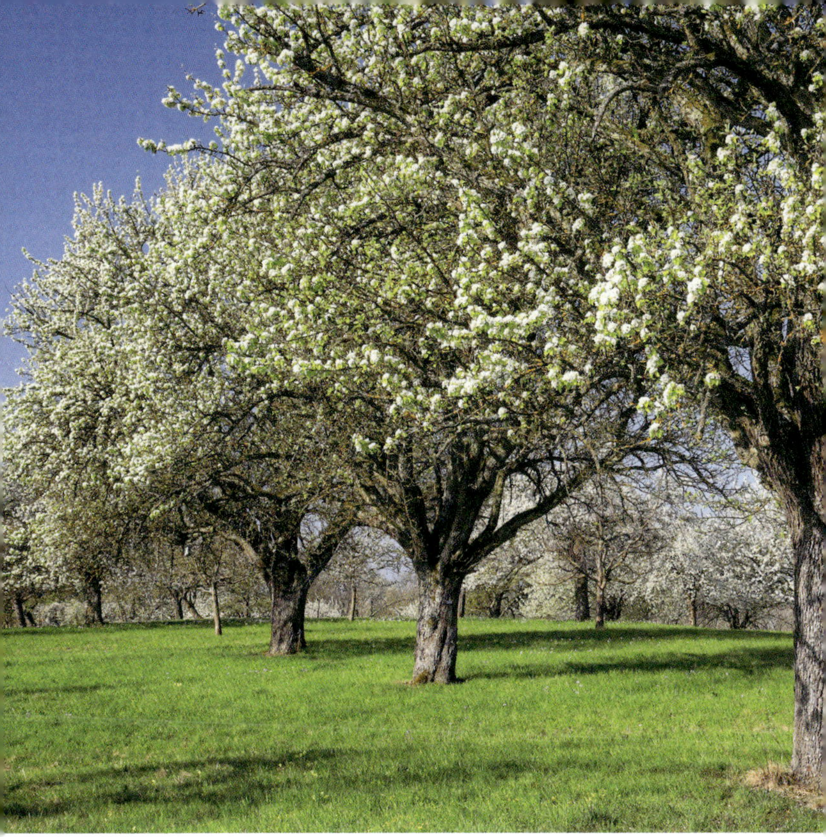

Ein traumhafter Anblick sind die Streuobstwiesen im Frühjahr, wenn alles blüht.

Nun wandern wir entlang der hier angepflanzten »Bäume des Jahres« der letzten Jahrzehnte.

An einer **Verzweigung** 1 halten wir uns links, am Schild **Nabu-Haus** (429 m) 2 rechts und kommen in den Wald. Gleich darauf wandern wir am Barfußpfad und am Deffnerteich vorbei. Am Schild **Lindach-Forst Südost** (470 m) 3 werden wir nach rechts verwiesen und wandern zum Schild Jägerwegle Nord (473 m). Dort orientieren wir uns rechts.

Nach einem querenden Weg führt uns der Pfad über zwei Brücken über Bachläufe zur Kreuzung beim Schild Jägerwegle Süd (477 m). Hier wandern wir geradeaus weiter. Wo der feste Weg geradeaus

Dicke Eiche

Die vielleicht aus dem 13. Jh., andere vermuten sogar aus dem 9. Jh., stammende Dicke Eiche wurde einst als der mächtigste Baum des Landes benannt. Mit 25 m war sie zwar nicht sonderlich hoch, dafür aber umso dicker: In ihr konnten anscheinend über 20 Menschen, nach anderen Quellen sogar 36 Personen, unterkommen. Auch der berühmte Maler Anselm Feuerbach (1829–1880) soll sie 1843 besucht haben. Im Jahr 1874 stürzte die alte Eiche in sich zusammen.

weiterführt, gehen wir geradeaus auf einem Naturweg weiter. Nachdem uns der Weg über Holzbohlen geführt hat, erreichen wir den Platz der ehemaligen **Dicken Eiche** (4).

Hier wandern wir in Serpentinen auf einem breiten Weg nach links bergauf. Am Waldrand treffen wir auf das **Schild Firstberg** (600 m) (5). Hier hat man eine schöne Aussicht zur Schwäbischen Alb. Wir biegen jedoch vorher noch rechts ab und wandern auf einem schmalen Pfad zum Schild Gartenacker (594 m).

Nun halten wir uns rechts, zweigen aber gleich links ab auf einen schmalen steil abwärts führenden Pfad. Unten biegen wir in den Baumwiesen links ab. Jetzt wandern wir durch die Baumwiesen und Kleingärten und mit Blick auf Öschingen zum Schild **Reutern** (547 m) (6). Hier orientieren wir uns scharf rechts. An der nächsten Verzweigung biegen wir links ab.

Kurzfristig wandern wir auf einem Wiesenweg weiter, stoßen aber bald wieder auf einen Schotterweg. Wir gehen am Schild Lauferwald (531 m) vorbei und kommen zum Schild Lauferwald Ost (530 m). Nach links geht es zum **Rastplatz Lauferwald** (7). Hier bietet sich ein Blick auf den Farrenberg. Danach führt uns der Weg hinab. Vor dem Schild Pfarrersgrund (577 m) biegen wir links ab und wandern durch eine Schneise. Kurz darauf werden wir jedoch nach rechts verwiesen. Am Feldweg gleich darauf zweigen wir links ab, am nächsten Querweg rechts.

Am Waldrand beim Schild Fürstwald (514 m) halten wir uns links, ebenfalls am Schild Wacht (529 m). Wir kommen zum Schild **Grube Südwest** (507 m) 8, wo wir nach rechts verwiesen werden. Hier könnte man einen Abstecher nach links zum Freibad Mössingen machen, der Weg ist mit 400 m angezeigt. Da die restliche Wanderstrecke nur noch 1,5 km beträgt, wäre dies im Sommer ein guter Abschluss dieser Wanderung. An der Verzweigung nach dem eingezäunten Grundstück biegen wir rechts ab, am nächsten Querweg halten wir uns noch einmal rechts. Am nächsten Querweg (Unt. Fürstwaldweg) biegen wir mit der blauen Raute links ab, zweigen aber gleich darauf links auf einen Pfad ab.

Wir kommen zum Schild Südlich Parkplatz Schwanholz (489 m), wo wir uns rechts halten. Kurz darauf sind wir zurück am Ausgangspunkt.

Links: Eine Brücke ermöglicht das bequeme Überqueren des Bachs.

Rechts: Am schönsten zu gehen sind immer noch schmale Naturpfade.

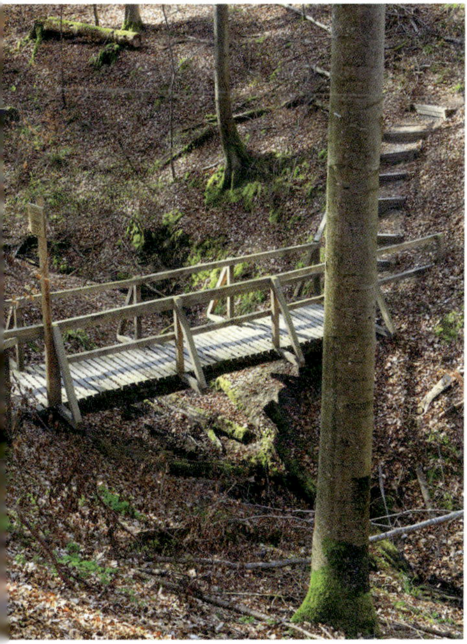

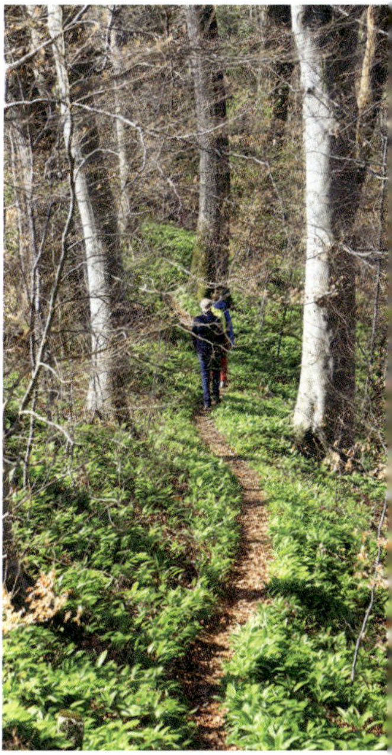

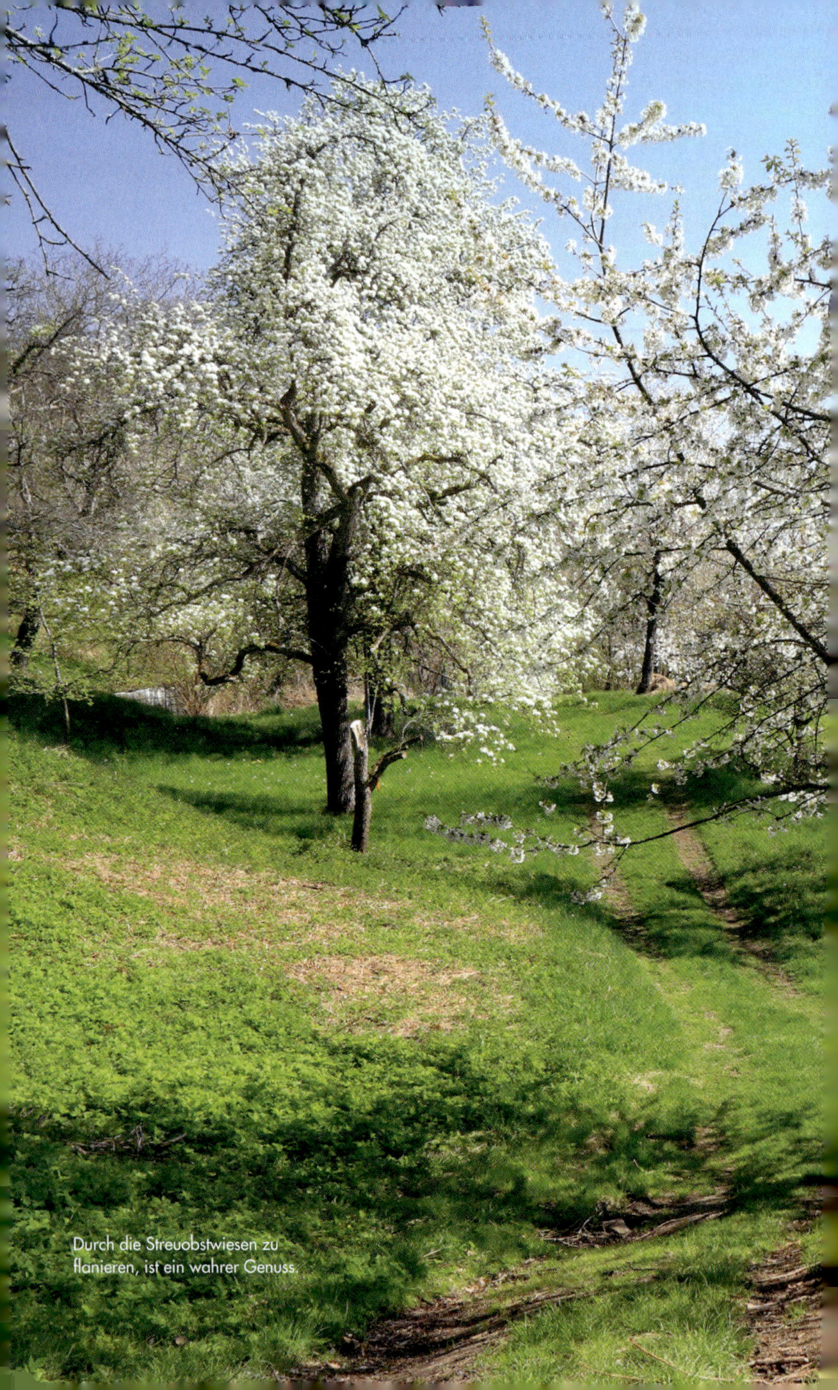

Durch die Streuobstwiesen zu flanieren, ist ein wahrer Genuss.

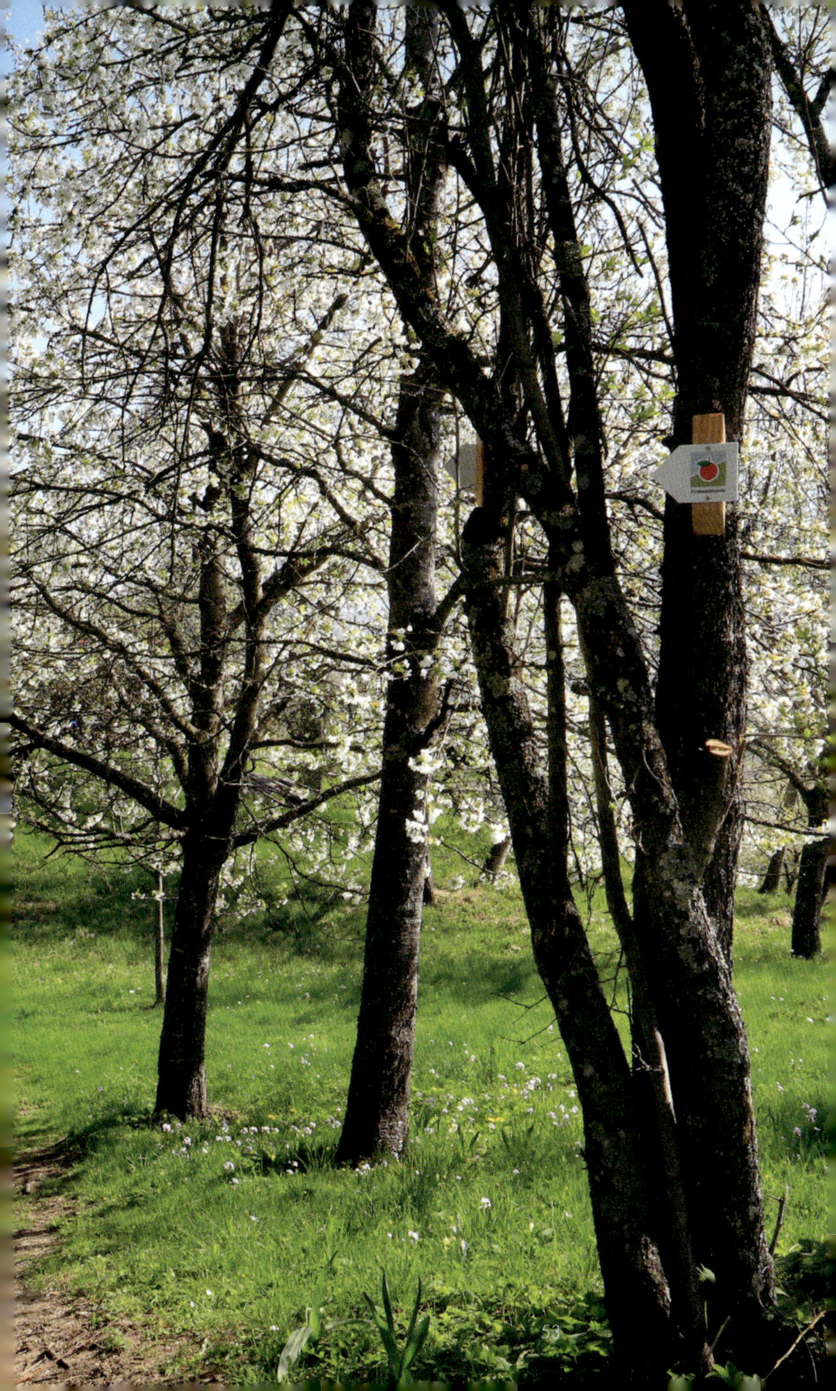

8 Mössinger Leisawegle

Kurz und aussichtsreich

Leicht 4,8 km | 115 Hm | 1.30 Std.

Tourencharakter: Pfade und geschotterte Wege. Ausweichparkplatz am Friedhof. Spaziergang kann mit Premiumweg Mössinger Streuobstwegle (s. Tour 9) zu größerer Wanderung zusammengelegt werden.

Tourenverlauf: Mössingen/Wanderparkplatz Linden – Untere Tabakäcker – Vor Auingen – Linsenbühl – Ziegelhütte – Aussichtspunkt Josefsgärtle – Wanderparkplatz

Ausgangspunkt: Mössingen, Wanderparkplatz Linden

Anfahrt: ÖPNV: Bahn bis Mössingen oder Tübingen, Bus bis Mössingen Aiblestraße. Auto: B 27 bis Mössingen, dort in Grabenstr., auf ihr zweigt zw. Friedhof und Ziegelhütte ein markiertes Sträßchen zum Wanderparkplatz Linden ab. GPS: 48.395726, 9.080434

Karte: Wanderkarte W242 Sonnenbühl, 1:25 000, LGL Baden-Württemberg/Schwäbischer Albverein e. V.

Informationen: www.fruechtetrauf.de

Die Wanderung führt großenteils durch freie Landschaft, die uns weite Blicke auf Mössingen und die Schwäbische Alb mit Filsenberg und Rossberg bietet. Außerdem bewegen wir uns hier im EU-Vogelschutzgebiet »Mittlere Schwäbische Alb«. Die schönste Jahreszeit für diese Tour ist sicher der Frühling, wenn die Obstbäume blühen. Im Sommer stehen die Bäume in voller Kraft, im Herbst tragen sie Früchte, und im Winter bezaubern sie durch ihre bizarr geformten Äste.

Wir gehen vom Parkplatz aus ein Stück Richtung Mössingen bis zu der Lindengruppe. Der Name des Weges kommt von den Linsen (= schwäbisch »Lensa« oder »Leisa«). Sie wurden früher westlich der Ziegelhütte auf den Feldern angebaut. Hier bestaunen wir

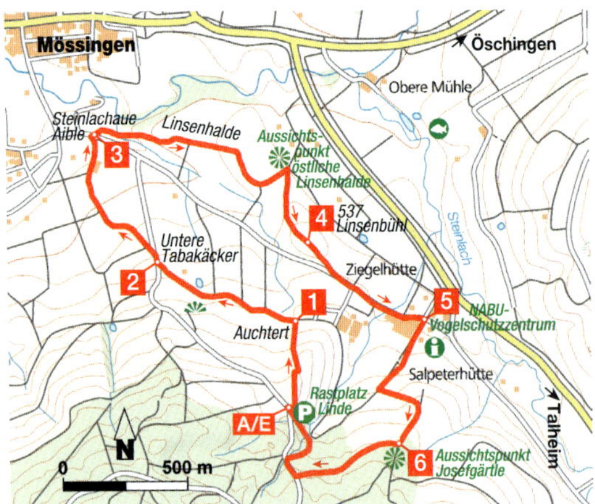

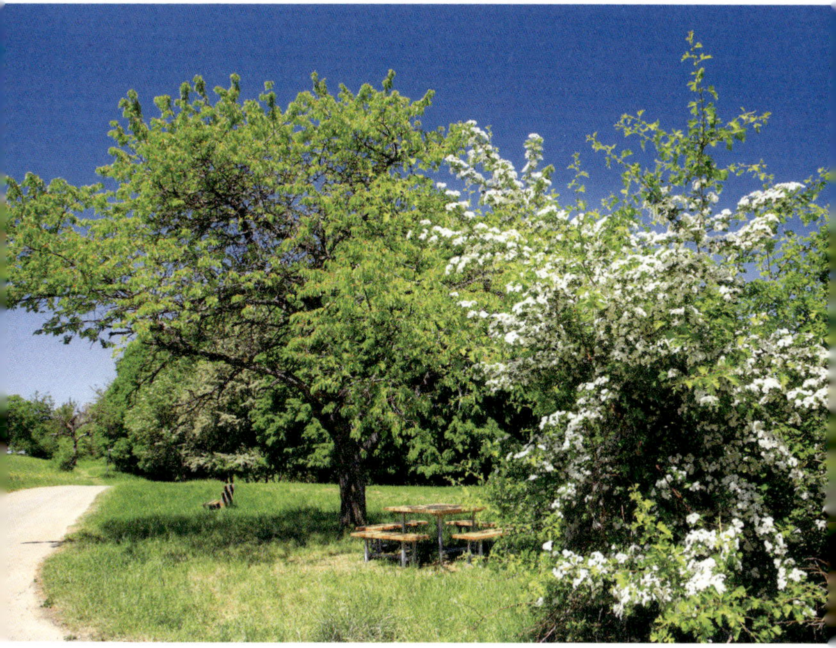

drei mächtige alte **Winterlinden**, die unter Naturschutz stehen.

Am Schild An den Kalksteinbrüchen (581 m) bei den Linden biegen wir rechts ab. Vorbei am Schild Bei den Linden (580 m) wandern wir auf einem Naturweg durch die Streuobstwiesen im Zickzack steil hinab. Nach den Baumwiesen orientieren wir uns am Schild **Oberer Auchtert** (539 m) 1 vor den Wiesen links. Bald kommen wir an einer Liege vorbei, ab jetzt haben wir immer wieder einen prächtigen Blick zum Albtrauf mit Linsenbühl und Rossberg, dessen Aussichtsturm man erkennt. Auf weitere Ausblicke dieser Art dürfen wir uns schon freuen.

Es folgen die Schilder südöstliche Tabakäcker (503 m) und **Untere Tabakäcker** (523 m) 2. Hier queren

Am Ausgangspunkt laden Tisch und Bänke zu einer Rast nach der Tour ein.

wir das Zufahrtssträßchen und treffen auch auf den Premiumweg Mössinger Streuobstwegle. Danach geht es in einem Hohlweg weiter. Nach dem Schild Am Hohlweg (503 m) folgen die Schilder Breitwiese (485 m) und Vor der Lache (488 m). Am Schild **Vor Auingen** (481 m) **3** überqueren wir die zum Ziegelhof führende Grabenstraße.

Wir spazieren auf einem Feldweg weiter, überqueren den Linsenbach und passieren das Schild Linsenbach (493 m). Nach einem Stück geradeaus mit Blick zum Albtrauf biegen wir an einem Querweg rechts ab. An der nächsten Kreuzung gehen wir geradeaus weiter, halten uns aber gleich darauf am Schild östlich Linsenhalde (515 m) rechts. Nun geht es etwas hinauf zum **Linsenbühl** **4**, der uns weiter eine herrliche Aussicht, unter anderem zurück nach Mössingen, bietet. Schließlich mündet der Wiesenweg in einen Schotterweg, der uns nach rechts zur Straße bringt. Dort biegen wir am Schild Linsenhof (529 m) links ab und kommen zur Ansiedlung Ziegelhütte.

Hier befindet sich das **NABU-Vogelschutzzentrum** **5**. Am Schild NABU-Vogelschutzzentrum (525 m) biegen wir rechts ab. Nun steigen wir durch die offene Weidelandschaft, in der die Limousin-Mutterkühe mit ihren Kälbern des Biolandhofs Möck grasen, hinauf zum Waldrand.

Dort haben wir am Schild **Josefsgärtle** (587 m) **6** einen letzten herrlichen Blick über die Landschaft. Im Wald zieht der Weg nach rechts und bringt uns zu einem querenden Weg mit dem Schild Frühes Teichle (603 m). Nach rechts kommen wir in wenigen Minuten zurück zum Parkplatz.

Vogelschutzzentrum

Im NABU-Vogelschutzzentrum werden verletzte Vögel gepflegt, Besucher beraten und beschlagnahmte Vögel aufgenommen. Außerdem betreibt man hier Forschung für Vogelschutz und Umweltbildung. Öffnungszeiten: Montag bis Freitag 9–17 Uhr, an Wochenenden und Feiertagen für Gruppen nach Voranmeldung (Tel. 07473/1022).

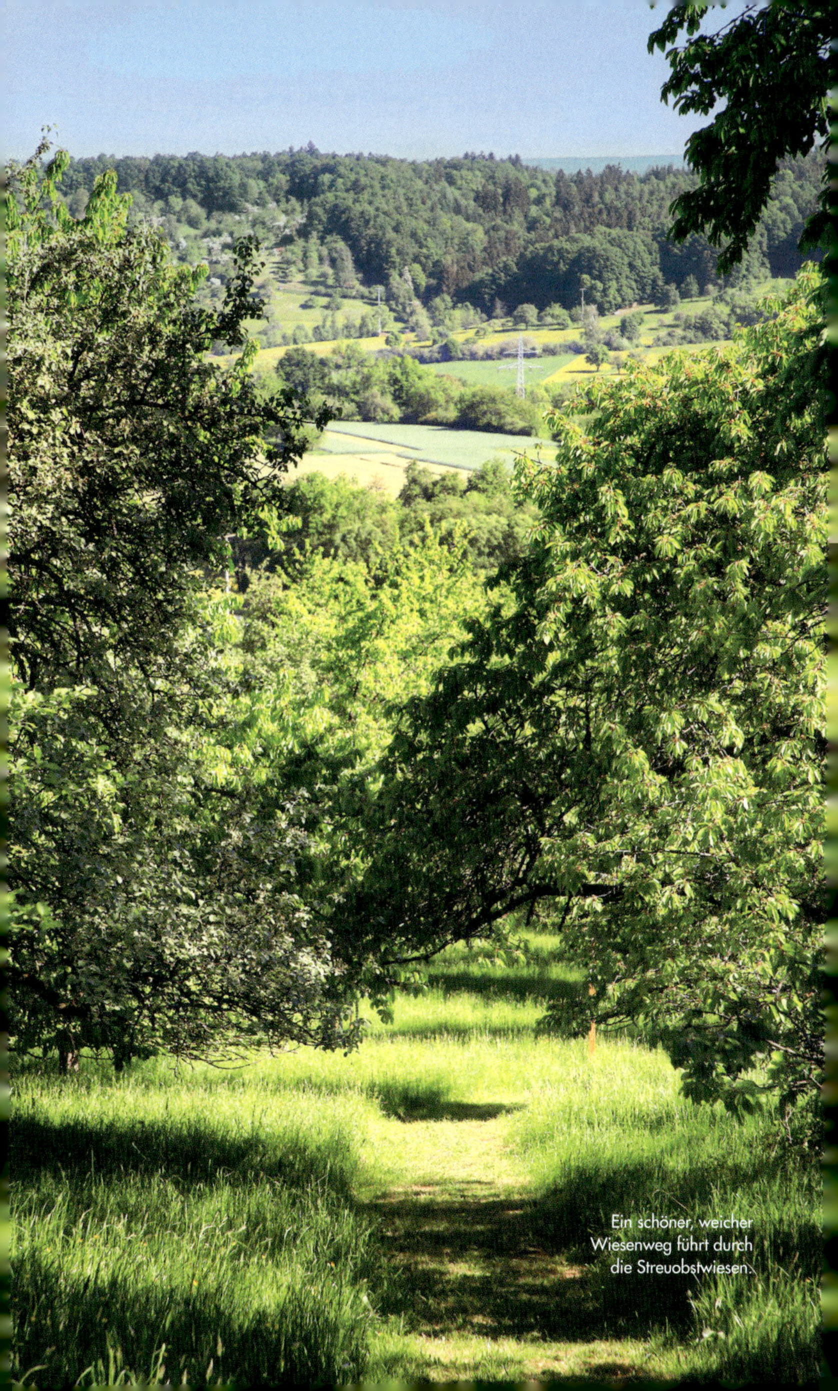

Ein schöner, weicher Wiesenweg führt durch die Streuobstwiesen.

9 Mössinger Streuobstwegle

Gemütlich und aussichtsreich durch die Streuobstwiesen

Leicht | 3,6 km | 75 Hm | 1 Std.

Tourencharakter: Pfade und geschotterte Wege. Ausweichparkplatz am Schützenhaus. Verlängerung mit Tour 8 möglich.

Tourenverlauf: Mössingen, Wanderparkplatz Linden – Aussichtspunkt Kälberauchtert – Bleiche/Schützenhaus – Aussichtspunkt Ob den Breitwiesen – Untere Tabakäcker – Oberer Auchtert – Parkplatz

Ausgangspunkt: Mössingen, Wanderparkplatz Linden

Anfahrt: ÖPNV: Bahn bis Mössingen oder Tübingen, Bus bis Mössingen Aiblestraße. Auto: B 27 bis Mössingen, dort in Grabenstr., auf ihr zweigt zw. Friedhof und Ziegelhütte ein markiertes Sträßchen zum Wanderparkplatz Linden ab. GPS: 48.395726, 9.080434

Einkehr: Mössingen

Karte: Wanderkarte W242 Sonnenbühl, 1:25 000, Landesamt für Geoinformation und Landentwicklung Baden-Württemberg (LGL)/Schwäbischer Albverein e. V.

Informationen: www.fruechtetrauf.de

Dieser Spaziergang ist dem Thema »Streuobstwiesen« gewidmet. Eine Mössinger Besonderheit sind hierbei die Allmandteile in den Streuobstwiesen, die durch historische Bewirtschaftung entstanden sind und bis heute an Bürger verpachtet werden. Außerdem haben wir immer wieder einen prächtigen Blick, auf der einen Seite nach Mössingen und ins Albvorland, in der anderen Richtung zum Albtrauf mit dem Linsenbühl und dem von seinem Turm gekrönten Rossberg.

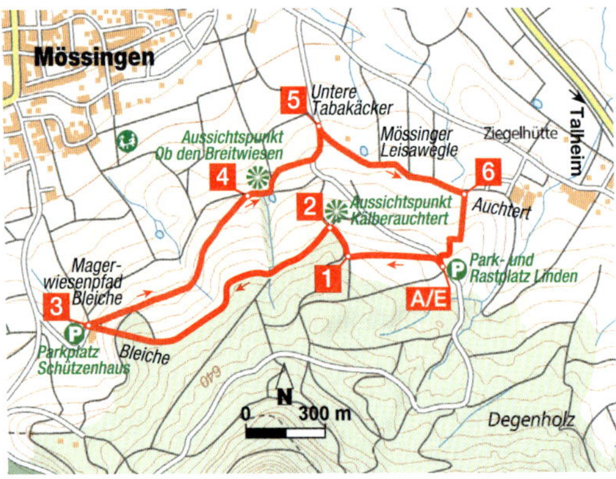

Wir gehen vom **Parkplatz** zu der unter Naturschutz stehenden Gruppe von Winterlinden. Dort biegen wir am Wanderschild An den Kalksteinbrüchen (581 m) links ab. Nun wandern wir auf einem Wiesenweg und teilweise mit schönem Blick hinab ins Tal bis zum **Waldrand** (595 m) ❶. Hier halten wir uns rechts.

Es geht hinab zum Aussichtspunkt **Kälberauchtert** (577 m) **2**, wo sich uns ein herrlicher Blick auf Mössingen und ins Albvorland sowie nach rechts in Richtung Albtrauf mit dem Rossberg bietet. Nun folgen wir dem breiten Feldweg nach links, der uns über Streuobstwiesen in den Wald bringt. Am Schild **Ettenfeldgraben** (597 m) biegen wir rechts ab und spazieren zum Schild Am Rübenwegle (597 m). Hier geht es nach rechts auf einem schmalen Pfad steil hinab. Bald erreichen wir das Schild **Bleiche** (561 m) **3**. Nach links gelangt man hier zum Ausweichparkplatz Schützenhaus, wo man auch einkehren kann. Nun wandern wir nach rechts weiter. Es geht durch prächtige Streuobstwiesen, linker Hand haben wir einen schönen Blick hinab nach Mössingen.

Blick durch die Streuobstwiesen auf Mössingen

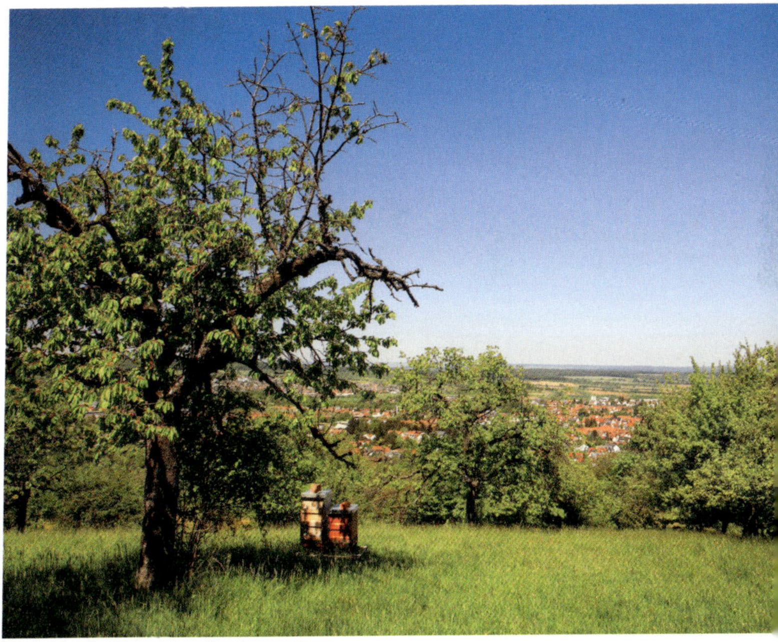

Bald passieren wir das **Feuchtbiotop Ettenfeld** 4, das als Laichgewässer für Grasfrösche und Feuersalamander dient. Das Gewässer wurde im Winter 2018 neu ausgebaggert. Nach dem Schild Ob den Breitwiesen (533 m) kommen wir zum Schild Obere Tabakäcker (535 m). Hier zweigen wir links ab und folgen dem Zufahrtssträßchen zum Parkplatz hinab zum Schild **Untere Tabakäcker** (523 m) 5.
Hier müssen wir uns entscheiden: Wer diese Tour mit dem Leisawegle zu einer längeren Wanderung vereinen will, hält sich links und folgt der Beschreibung von Tour 8. Ansonsten biegen wir rechts ab und

Passend gestaltete Schilder markieren das Streuobstwegle.

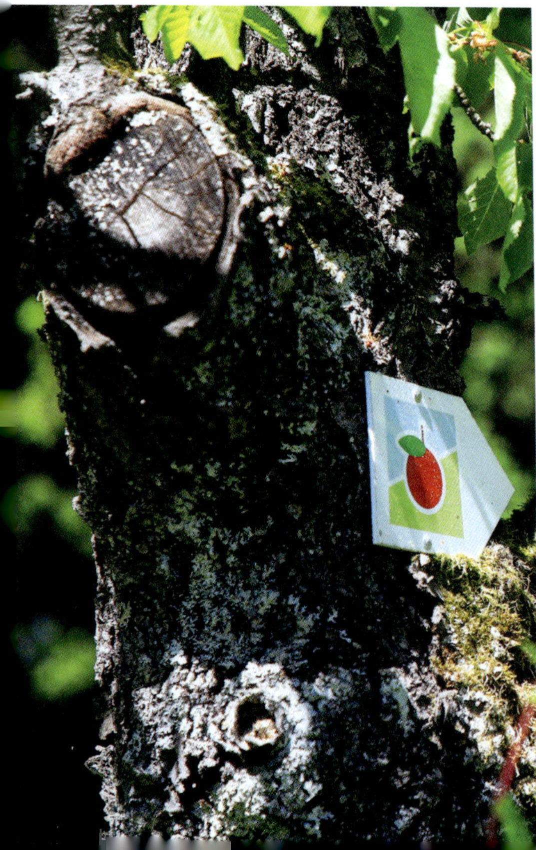

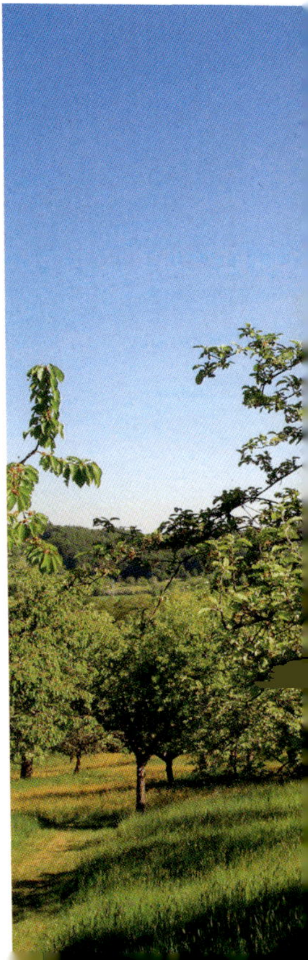

wandern zwischen Wiesen und Streuobstwiesen in Richtung Schwäbische Alb. Vor uns sehen wir unter anderem den Rossberg mit seinem Turm und den Linsenbühl.

Vorbei am Schild südöstliche Tabakäcker (503 m) kommen wir zum Schild **Oberer Auchtert** (539 m) 6. Hier wenden wir uns nach rechts, ab jetzt steigt die Strecke an. Es geht etwas bergauf, dann halten wir uns zuerst links, um anschließend rechts abzubiegen. Nun spazieren wir durch die Streuobstwiesen hinauf zu den Winterlinden, hinter denen unser Parkplatz liegt.

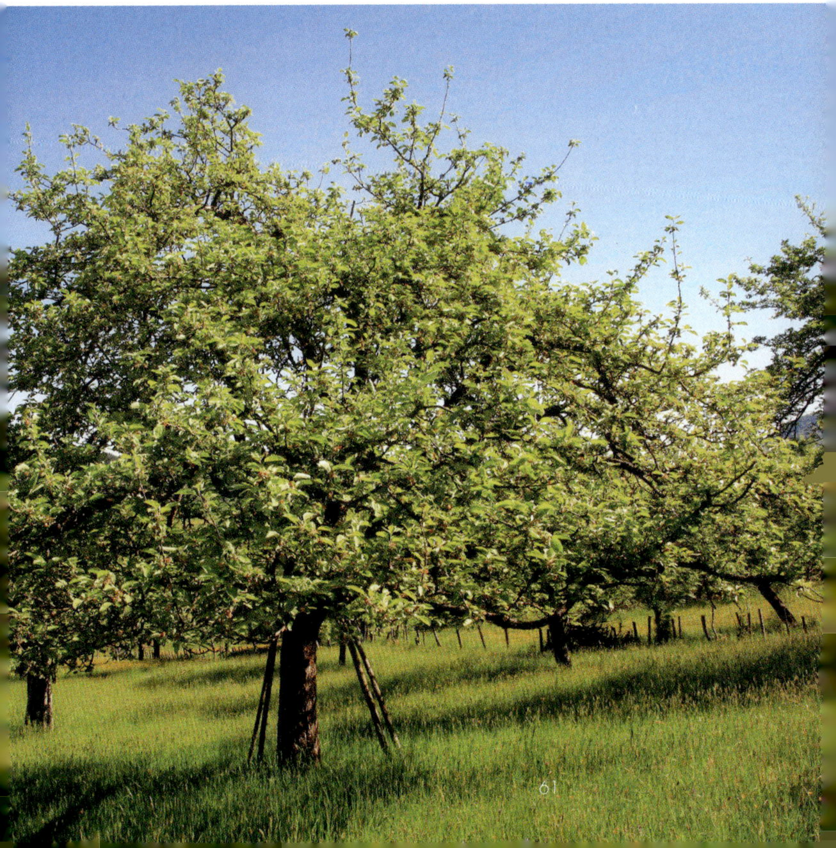

Am schönsten ist es in den Streuobstwiesen immer im Frühjahr.

10 hochgehkämpft

Hinauf zum Aussichtsturm

Mittel | 4,9 km | 280 Hm | 2 Std.

Tourencharakter: Feste Wege und Pfade. Beim Aufstieg am Steilhang Vorsicht bei Nässe, Eis und Schnee. Auch schwindelfrei sollte man sein. Alternative Ausgangspunkte: Parkplatz Rossberg (0,1 km) und Bushaltestelle Rathaus in Gönningen (0,7 km).

Tourenverlauf: Gönningen/Schützenhaus – Rosswiese – Rossberghaus/Rossbergturm – Rosswiese – Schützenhaus

Ausgangspunkt: Gönningen (Schützenhaus, Ende Roßbergstraße)

Anfahrt: ÖPNV: Bahn bis Reutlingen, Bus bis Gönningen Rathaus. Auto: B 27, dann B 464 nach Reutlingen, rechts ab und in Alteburgstr./L 383 nach Gönningen. Rechts ab in Roßbergstr. bis zum Schützenhaus. GPS: 48.425076, 9.151031

Einkehr: Rossberghaus

Karte: Wanderkarte W242 Sonnenbühl, 1:25 000, LGL Baden-Württemberg/Schwäbischer Albverein e. V.

Information: www.hochgehberge.de

Der Rossberg mit dem Wanderheim des Schwäbischen Albvereins zählt zu den beliebtesten Ausflugszielen in diesem Teil der Schwäbischen Alb. Dazu trägt nicht zuletzt auch der Aussichtsturm bei, in dem man als Besonderheit sogar übernachten kann. Nach dem Aufstieg durch den Wald ist die Aussicht also das bestimmende Thema dieser Wanderung. Auch vom Quenstedt-Denkmal, das an den verdienten Pfarrer und Geologen erinnert, bietet sich uns ein weiter Blick.

Wir gehen rechts vom Schützenhaus mit dem Wanderzeichen blaues Dreieck die Treppenstufen hinauf und ein Stück durch den Wald bis zu einer **querenden Straße** ❶. Hier nehmen wir den rechts abgehenden

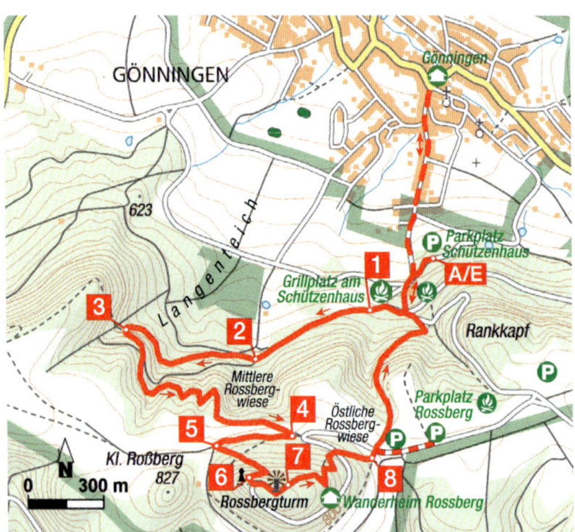

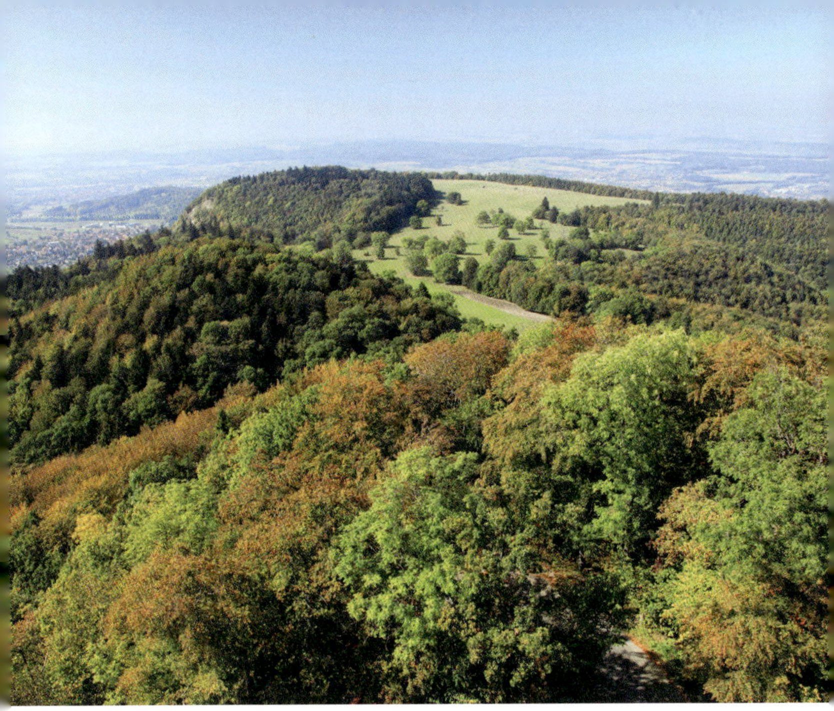

Blick über das Rossfeld

breiten Forstweg, der mit Jägerweg und der blauen Raute markiert ist, als Wegname steht an einem Baum Unterlauhernweg. Er führt uns sanft bergauf, wobei wir rechts schon bald freie Sicht über eine Wiese in Richtung Gönningen genießen.

Wieder im Wald zweigen wir nach einer Rechtskurve mit dem Wanderzeichen blaue Gabel auf den links abgehenden **Pfad** 2 ab. Auch dieser steigt leicht an und bringt uns mit verschiedenen Kurven und Biegungen bis zu einer **Stelle** 3, an der er scharf links abknickt. Nun geht es mit weiteren Kurven hinauf bis zum **Waldrand** 4.

Nun halten wir uns am nächsten Waldstück rechts, auf dem links von uns ansteigenden Berg stehen das Rossberghaus und der Aussichtsturm. Wir wandern am Waldrand entlang bis zu dessen Ende und biegen dann scharf links in einen mit dem blauen Dreieck markierten Pfad ein **5**. Am nächsten Querweg biegen wir mit der blauen Gabel rechts ab in den Jägerweg, der uns zur Zufahrtsstraße zum Rossberghaus hinaufbringt. Wir biegen links und dann gleich noch einmal links ab und kommen zum **Quenstedt-Denkmal** **6**, von dem aus wir einen schönen Blick hinab aufs Rossfeld haben.

Das Quenstedt-Denkmal erinnert an den gebürtigen Sachsen Friedrich August von Quenstedt, der in Tübingen Professor für Mineralogie, Geologie und Paläontologie war. Von ihm stammt die Einteilung der Stufengliederung des geologischen Aufbaus der Schwäbischen Alb.

Danach gehen wir zum **Rossberghaus**, wo wir nun den **Aussichtsturm** **7** besteigen sollten. Nach dem Rossbergturm folgen wir dem Wanderzeichen blaues Dreieck, das am Grillplatz vorbei wieder in den Wald führt. Der Weg beschreibt verschiedene Serpentinen, quert die Zufahrtsstraße und bringt uns schließlich zum **Waldrand** **8**. An diesem biegen wir links ab, überqueren die Straße (Östliche Rossbergwiesen) und gehen über die Wiese geradeaus auf den Wald zu. Nun steigen wir mit dem blauen Dreieck ab und wenden etwas oberhalb der querenden Straße nach links auf einen Pfad, der uns kurz darauf zur Straße und zu der Stelle bringt, die wir noch vom Anfang der Tour kennen **1**. Nun geht es auf bekanntem Weg hinab zum Schützenhaus.

Rossfeld

Das Rossfeld ist eine ebene Hochfläche mit prächtigen Weidbäumen. Im Kalkmagerrasen kann man immer wieder typische oder seltene Pflanzen wie Kreuzblumen, Traubenhyazinthen, Enziane, Knabenkräuter oder das Brandknabenkraut finden. Hier wurden während des spanischen Erbfolgekrieges 1703/1704 Befestigungen zur Sicherung des Albaufstiegs der württembergischen Armee gegen die Franzosen und Bayern errichtet, allerdings nie gebraucht. Geplant war, diese Sicherung von Geislingen bis ins Kinzigtal zu führen. Die Bevölkerung musste Wälle, Graben und Palisaden errichten, außerdem Verhaue im und vor dem Graben. Für die Württemberger war allerdings nach der Schlacht von Höchstädt a.d.D., bei der die bayerisch-französische Armee besiegt wurde, der Krieg vorbei. Noch heute sind Spuren des Walls und grabenartige Vertiefungen zu erkennen.

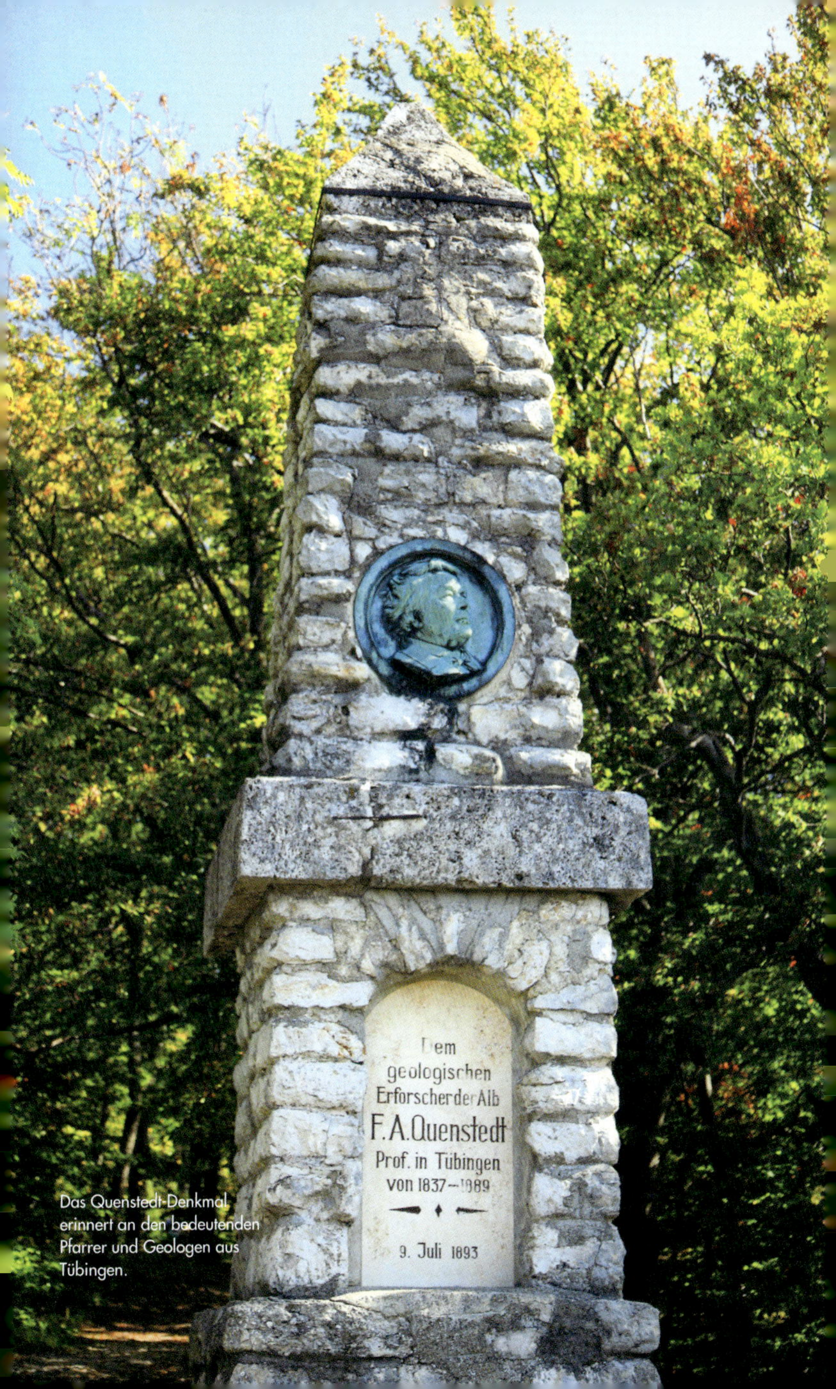

Das Quenstedt-Denkmal erinnert an den bedeutenden Pfarrer und Geologen aus Tübingen.

Der Rossberg

Der Rossberg ist ein steiler Bergkegel, der sich etwa 100 m über dem Rossfeld erhebt. Er war schon früh als Aussichtsberg bekannt. So staunten die Leute auf der Schwäbischen Alb auch nicht schlecht, als sich 1794 ein Student der Hohen Carls-Schule, der spätere Professor der Naturwissenschaften Christoph Hein-

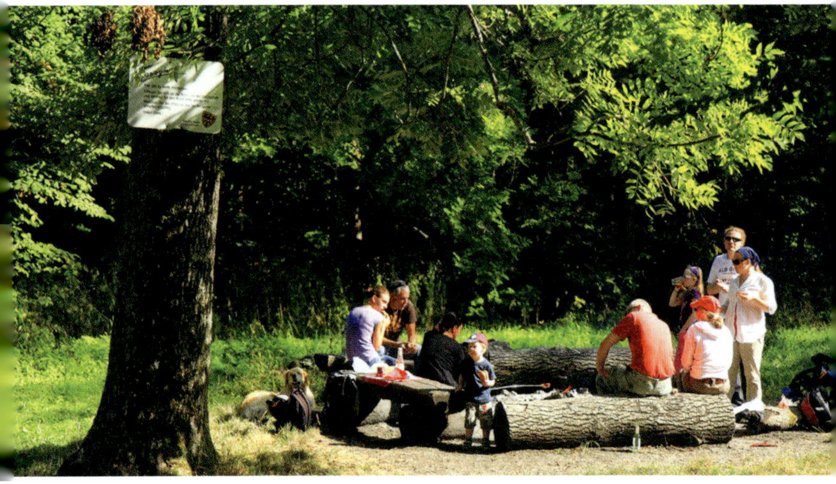

Beim Rossberghaus gibt es auch einen beliebten Grillplatz.

rich Pfaff, mit ein paar Freunden auf eine Fußreise über die Schwäbische Alb begab, »um eine angenehme Luft- und Weltveränderung zu machen«. Pfaff schrieb nämlich später in seinen »Phantasien und Bemerkungen auf einer Fußreise durch einen Theil der schwäbischen Alpe, im April 1794« über eine Begegnung mit Einheimischen am Fuß des Rossbergs: »Hier versammelten sich um uns viele Leute, die in dieser Gegend Holz sammelten und sich außerordentlich wunderten, da wir ihnen sagten, dass wir sogar noch den Rossberg besteigen würden, bloß um die Aussicht zu genießen.« Gustav Schwab schrieb in seinem ersten Wanderführer über die Schwäbische Alb 1823: »Es ist besonders bei den Tübingern althergebrachte Sitte, von allen Albgipfeln gerade den Rossberg zur Betrachtung des Sonnenaufgangs zu benützen.« Vorgänger des heutigen Turmes war ein Holzskelettturm aus Eichenstämmen, von dem der Albvereinspräsident damals hoffte, er werde »bis in ferne Generationen dauern und der Nachwelt Kunde von schwäbischer Naturfreude« geben. Der langjährige Vorsitzende Eugen Nägele meinte auch: »Wie ein König beherrschend über hunderte von Quadratmeilen hin…«. Danach errichtete der Schwäbische Albverein 1913 anlässlich seines 25-jährigen Jubiläums den 28 m hohen Turm in Stahlbetonbauweise, um seine Modernität und Leistungsfähigkeit zu zeigen. Bei einem Wettbewerb wurden 53 verschiedene Entwürfe eingereicht. Motive wie »Kirch-, Leucht- und Festungsturm, Taubenhaus, Fesselballon, Fernrohr, Kuppelbau, Flasche usf.« waren dabei, aber man wurde »am häufigsten an den Eiffelturm … erinnert«. Der Albverein entschloss sich dann zum Entwurf eines »Steinpilzes«, das als eines der ersten Bauwerke in Massivbeton errichtet wurde. Architekt war der Stuttgarter Karl Schweizer und zur Einweihung hieß es: »Als Denkmal schwäbischer Freude an der Natur und schwäbischen Gemeinsinns, das ungezählte Generationen heimat- und bergfroher Wanderer als Ziel und Obdach dienen möge.« Der Bau kostete 40 000 Mark, was heute etwa 172 000 Euro entsprechen würde. In den 1930er- und 1960er-Jahren kamen Erweiterungen dazu, und während der NS-Zeit befand sich hier ein Beobachtungsposten der Luftwaffe. Da man zur Bauzeit noch keine Rüttelmaschinen kannte und Sand und Kies nicht gewaschen wurden, wurde die Betonmasse im Laufe der Jahre porös und wasserdurchlässig. So musste der Turm 1991 renoviert werden. Beim Turm befindet sich auch ein Wanderheim. Das Besondere hier ist, dass wir es mit dem einzigen bewohnbaren Turm des Schwäbischen Albvereins zu tun haben – man kann sogar darin übernachten, gleich unter der verglasten Aussichtsplattform.

Im Nordosten sieht man den Albtrauf mit Urselberg, Wanne und Pfullinger Berg, Reutlingen und Pfullingen, im Südwesten den Filsenberg mit dem Maisenbühl und den Farrenberg. Nördlich liegt Tübingen und westlich Mössingen. Man erkennt auch den Schwarzwald, das Gäu, den Schönbuch, die Stuttgarter Gegend und den Stromberg. An seltenen Tagen reicht der Blick sogar bis zu den deutschen Alpen mit

Landschaft am Beginn der Wanderung

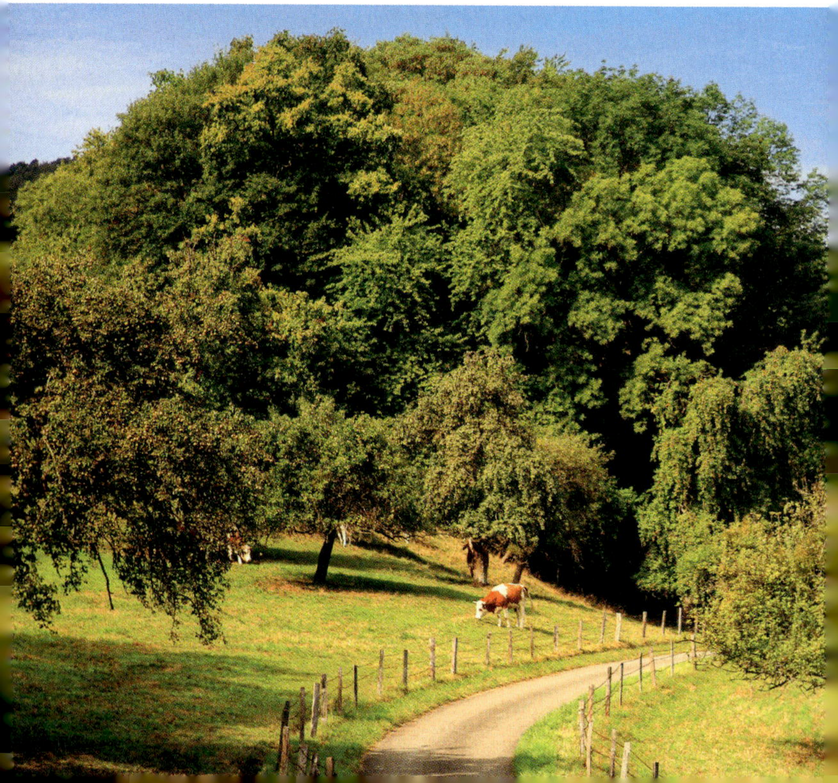

Zugspitze und Allgäu, den österreichischen Alpen in Vorarlberg und den Glarner und Berner Alpen in der Schweiz. Markante Punkte sind in den Alpen Schesaplana (157 km), Zimbaspitze (154 km), Rote Wand (150 km), Churfirsten (140 km), Zugspitze (175 km), im Allgäu Nebelhorn (140 km), Hohes Licht (150 km), Mädelegabel (150 km), Widderstein (145 km), im Schwarzwald Feldberg (103 km), Herzogenhorn (105 km), Kandel (92 km), Kniebis (64 km), Schliffkopf (70 km), Hornisgrinde (73 km), Badener Höhe (70 km), Hohlohturm (63 km), Büchenbronner Höhe (60 km), ansonsten Rotenberg (41 km), Kernen (42 km), Hohenstaufen (56 km), Hohenrechberg (61 km) und Bussen (42 km).

Über dem Rossberghaus erhebt sich der Aussichtsturm.

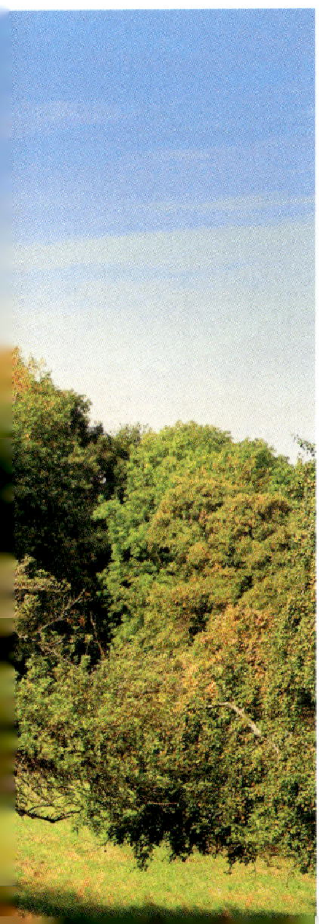

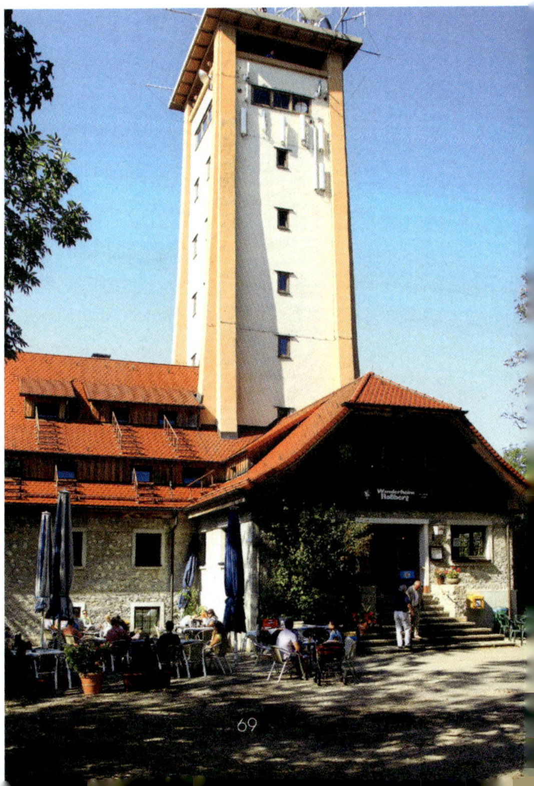

11 hochgehsprudelt

Wandern wie ein Tanz auf dem Vulkan

Mittel | 8,7 km | 290 Hm | 3 Std.

Tourencharakter: Natur- und Forstwege. Alternative Ausgangspunkte: Parkplätze Sternberg gleich am Abzweig der K6734 (0,2 km), Lerchenberg in Gomadingen (1,3 km) und Gestütshof Offenhausen (0,5 km) sowie die Bahnhöfe Gomadingen (1,9 km) und Offenhausen (0,5 km).

Tourenverlauf: Gomadingen/Sternbergparkplatz – Brünnele – Wanderheim – Aussichtsturm – Sternbergwiese – Hennental – Sternbergwiese – Parkplatz

Ausgangspunkt: Gomadingen (Wanderparkplatz Braikestal)

Anfahrt: ÖPNV: Bahn bis Reutlingen o. Bad Urach, Bus bis Offenhausen Bhf. Auto: B27, dann B312 bis Metzingen, auf B313 und B28 bis Bad Urach. Am Ortsende rechts, nach Gomadingen. Nach rechts der Hauptstr. folgen, aus dem Ort hinaus, bis es nach links zum »Sternbergparkplatz« abgeht. Weiter zum Wanderparkplatz Braikestal. GPS: 48.389052, 9.368955

Information: www.hochgehberge.de

Wir wandern bei dieser Tour überwiegend im Wald, aber auch einige Zeit durch Freiflächen mit Trocken- und Halbtrockenrasen und seltener Flora. Von diesen Freiflächen hat man eine prächtige Aussicht über die Wälder der Schwäbischen Alb, noch schöner aber ist die Sicht vom Sternbergturm des Schwäbischen Albvereins, den wir besteigen können.

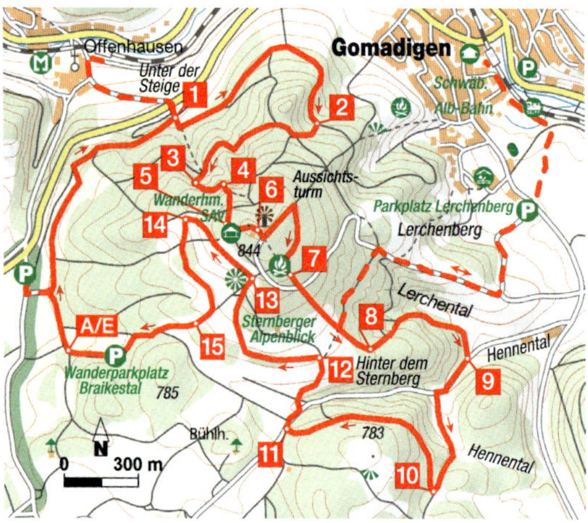

Wir gehen vom **Parkplatz** auf dem Anfahrtsweg etwas zurück. Wo es nach links zur Bundesstraße geht, wandern wir geradeaus weiter. Etwas später berührt der Forstweg beinahe die Landstraße. Hier biegen wir rechts ab und kommen nach einer Linkskurve in den **Wald** ❶.

Der Weg steigt sanft an, es folgen eine Rechts- und eine Linkskurve. In dieser zweigen wir rechts ab auf einen steil ansteigenden **Pfad** ②. Er bringt uns zu einem Forstweg, dem wir nach rechts folgen. Wir ignorieren die beiden rechts abgehenden unbefestigten Wege und wandern bis zu einer scharfen Rechtskurve. An ihrem Anfang nehmen wir den links abgehenden **Steig** ③ mit dem Zeichen gelbes Dreieck und Burgenweg.

Nun geht's bergauf. Wir passieren einige markante Felsen und gelangen zu einer Verzweigung, an der wir dem Weg nach links zum »Brünnele« folgen. Das **Brünnele** ④ entstand auf einer wasserstauenden Schicht aus Melilith-Basalt auf einem ehemaligen Vulkanschlot.

Danach führt uns der Pfad zu einem Aussichtspunkt. Allzu viel ist zwar nicht zu sehen, aber man hat die Wälder der Albhochfläche im Blick, und das Schloss Lichtenstein erscheint in der Ferne wie eine Perle in den Wäldern.

Kartenmaterial

Wanderkarte W243 Bad Urach, 1:25 000, Hrsg.: Schwäbischer Albverein e.V., Kartografie: Landesamt für Geoinformation und Landentwicklung Baden-Württemberg (LGL)

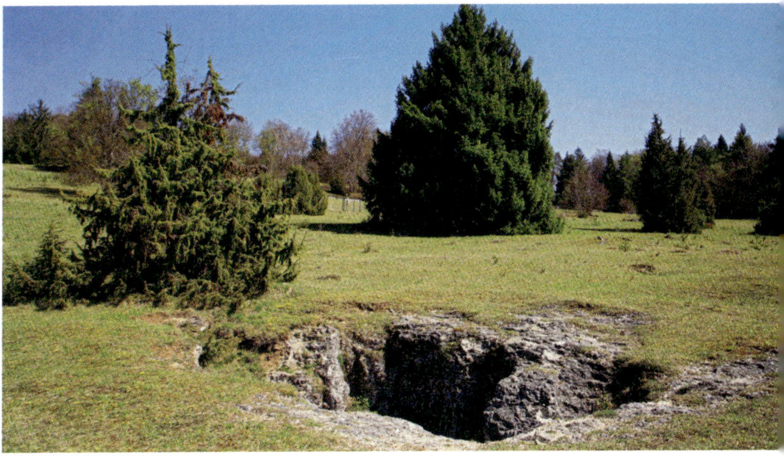

Auf dem Sternberg findet man beeindruckende Dolinen.

Zurück am Brünnele nehmen wir den links abgehenden Pfad, der uns zum ursprünglichen Wanderweg bringt. Wir steigen nach links weiter auf, überqueren einen Forstweg und erreichen kurz darauf das **Wanderheim Sternberg** 5. Zum **Aussichtsturm** 6 geht es nach links.

Nach der Turmbesteigung gehen wir zu dem unterhalb verlaufenden Weg hinab und halten uns rechts. Wo der mit den Zeichen roter Balken für den HW 5 und Burgenweg markierte **Pfad** 7 kreuzt, folgen wir ihm nach links abwärts. Wir überqueren einen Forstweg und verlassen bald darauf den Wald.

Nun geht es auf der linken Seite der **Sternbergwiese** weiter hinab. Auf dieser finden wir einen Trocken- und Halbtrockenrasen mit der dafür typischen Flora. Es gibt Silberdisteln, Wacholder, Küchenschellen, Enziane und andere an den Magerrasen angepasste Pflanzen sowie Dolinen und markante Buchen.

Auf der linken Seite befindet sich im Wald eine **Dolomitsandgrube**. Hier im Riff des Jurameeres entstanden vor 150 Millionen Jahren zwei Arten von Mine-

Links: Auf der Sternbergwiese findet man beeindruckende alte Bäume.

Mitte: Unterwegs zu Wanderheim und Aussichtsturm kommen wir am idyllischen Brünnele vorbei.

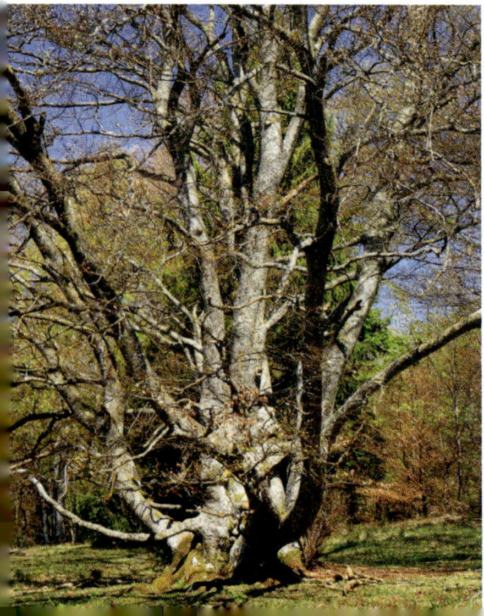

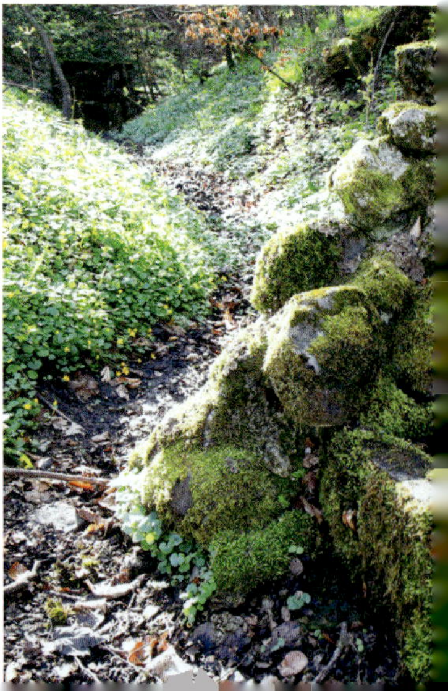

ralien: Kalkspat und Dolomitspat. Im Dolomitgestein sind beide Arten gemischt. Bei der Verwitterung löste sich Kalkspat schneller auf, wodurch nur Dolomitspat und schließlich Dolomitsand übrig blieb. Dieser wurde in Gruben oder Gängen von der Bevölkerung abgebaut, um ein zusätzliches Einkommen zu erzielen. Nach dem ersten Weltkrieg war aber durch die besseren Verkehrswege auch Quarzsand verfügbar, der besser zu verarbeiten war, wodurch der Abbau von Dolomitsand zum Erliegen kam. Wegen der besonderen Flora um die ehemaligen Gruben sind diese aber schützenswert.

Wo wir wieder in den Wald kommen, folgen wir dem **Pfad** 8 nach links. Er bringt uns hinab zu einem breiten Forstweg, auf dem wir entlang des Lerchentals nach rechts zu einem **asphaltierten Weg (Hennental)** 9 gehen. Hier wandern wir nach rechts weiter. Wo der Asphaltweg in den Wald zieht, biegen wir links ab in einen Schotterweg. Er führt nach etwas Anstieg nach links in den **Wald** 10 und beschreibt kurz darauf eine scharfe Rechtskurve. Später zieht er nach links und

Auf der Sternbergwiese sehen wir einige typische Dolinen.

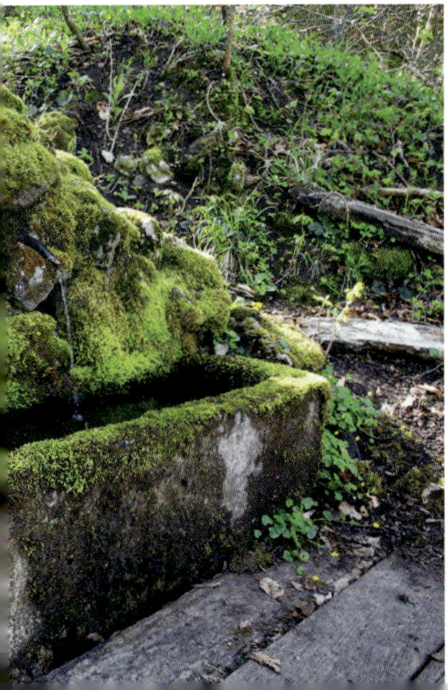

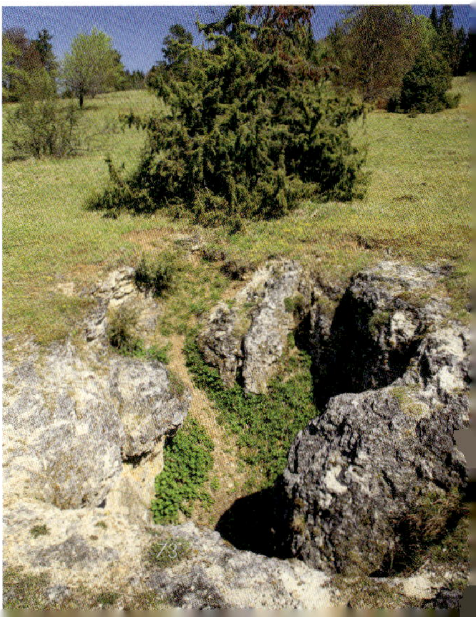

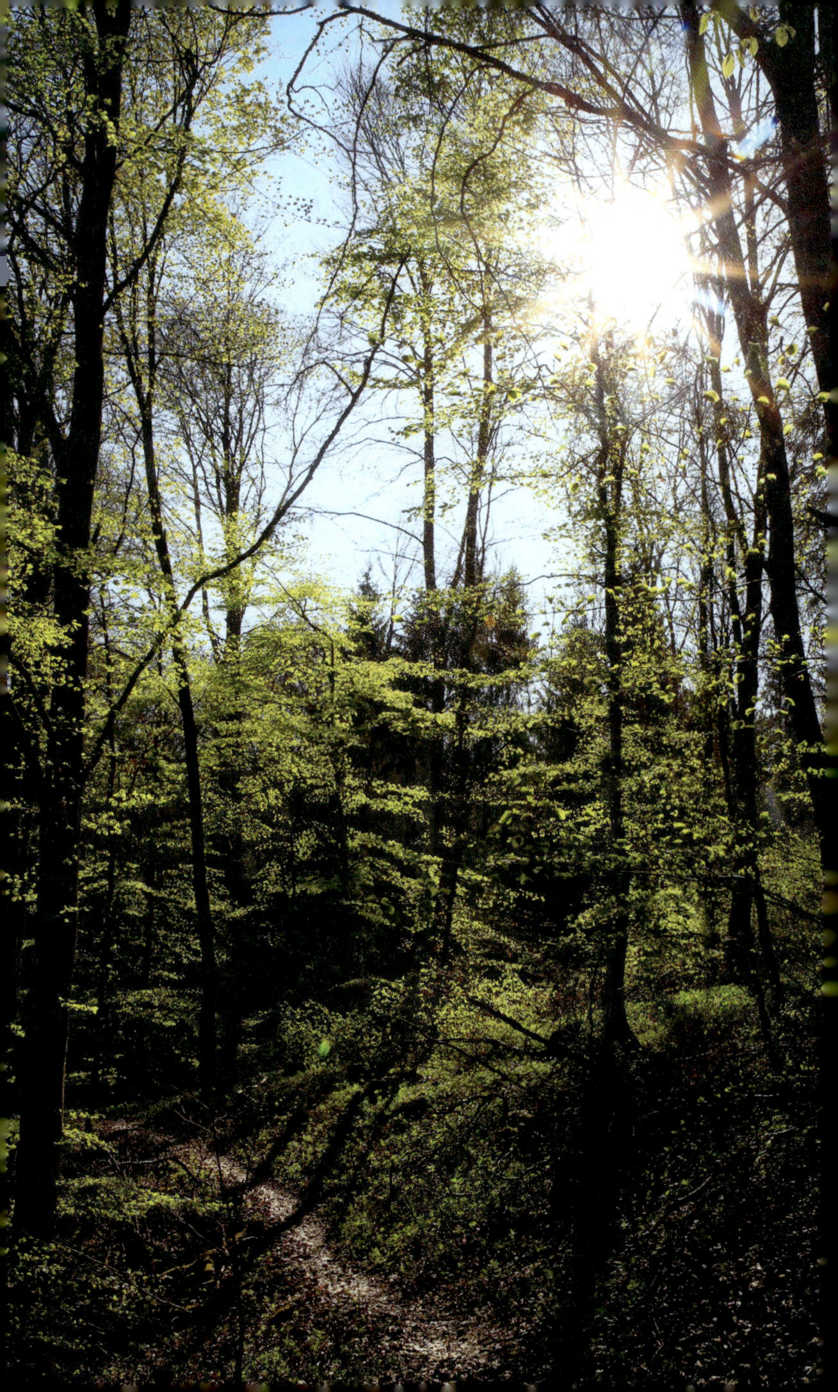

führt uns bis zu einem querenden Weg am **Waldende** ⓫. Hier orientieren wir uns rechts, an der nächsten Verzweigung nach der breiten Schneise nehmen wir den linken Weg und kommen bald wieder zu der Sternbergwiese, die wir noch von vorhin kennen. Wir wandern etwas bergauf, bis sich die Wege teilen **(Hinter dem Sternberg)** ⓬, und entscheiden uns für den nach links führenden von ihnen.

Aussichtsturm Sternberg

Ein erster Turm auf dem Sternberg wurde 1894 als 10 m hohes Aussichtsgerüst errichtet. Es saß auf dem Astknoten eines Baums und wurde mit drei schmalen Treppen erstiegen. Nachdem dieses zusammengebrochen war, wurde 1905 ein 26 m hoher Turm als verschalte Holzkonstruktion auf einem Betonsockel errichtet. Dieser wurde 1952 wieder abgerissen, stattdessen errichtete man 1953 etwa 100 m weiter östlich einen 32 m hohen Holzturm. Man überblickt von hier die Albhochfläche und sieht hinab zur Lauterquelle in Offenhausen. Auf dem Sockel des ehemaligen Turms wurde das Wanderheim Sternberg des Schwäbischen Albvereins errichtet.

Bald verengt sich die Wiese bei einer markanten vierstämmigen Buche, wo man nach links auch einen weiten Blick in die Ferne hat. Danach halten wir uns an der Verzweigung rechts. Immer entlang des Waldrands steigen wir über die Wiese bergauf und biegen dort links ab zum **Sternberger Alpenblick** ⓭. Nun sind wir auf einem wunderbaren Panoramaweg, denn von hier aus bietet sich ein weiter Blick über die Wälder der Schwäbischen Alb und bis zu den fernen Alpen.

Etwas später verläuft der Weg nach links etwas bergab, bis wir auf den **Waldrand** ⓮ stoßen. Nun gehen wir nach links weiter, queren einen Pfad und wandern danach durch eine schmale Schneise bis zu der großen Wiese, die wir noch von vorhin kennen. Hier geht es nach rechts abwärts.

Vorbei an einem **Grillplatz** ⓯ erreichen wir das Braikestal, wo wir auf einen Schotterweg stoßen. Nach rechts bringt er uns in den Wald. An der Verzweigung am Waldrand nehmen wir den mit dem roten Balken nach links führenden Weg und kommen zurück zum Ausgangspunkt.

Beim Aufstieg wandern wir teilweise auf ruhigen Pfaden.

12 hochgehhütet

Kurztour durch eine idyllische Landschaft

Leicht | 4 km | 80 m | 1.30 Std.

Tourencharakter: Überwiegend auf Graswegen, an der Bahnlinie auf Schotter- bzw. Asphaltweg. Alternative Ausgangspunkte: Schützenheim, der Bhf. Münsingen (1,3 km) und Beutenlayhalle (0,7 km)

Tourenverlauf: Münsingen/Wanderparkplatz Hofgut Hopfenburg – Beutenlay – Aussichtspunkt – Bahnlinie – Schützenhaus – Aussichtspavillon – Feld-Flora-Reservat – Parkplatz

Ausgangspunkt: Münsingen (Wanderparkplatz beim Hofgut Hopfenburg)

Anfahrt: ÖPNV: Bahn bis Bahnhof Münsingen, Zuwegung von dort zum Schützenhaus ist ausgeschildert. Auto: B 27, dann B 312 bis Metzingen, weiter auf B 313 und B 28 bis Bad Urach. Weiter auf B 465 nach Münsingen, durch die Stadt hindurch zum Wanderparkplatz beim Hofgut Hopfenburg. GPS: 48.402843, 9.508560

Einkehr: Münsingen, Grillmöglichkeiten: Am Parkplatz

Information: www.hochgehberge.de

Der Beutenlay ist ein legendäres Naturschutzgebiet südlich von Münsingen. Wir wandern dort auf weichen Wiesenwegen durch eine fast parkartige Landschaft zu einem Aussichtspunkt. Zahlreiche Bänke und Rastgelegenheiten machen diesen Spaziergang zum reinsten Vergnügen, und Informationstafeln bieten uns viel Wissenswertes über die Natur des Beutenlays.

Wir gehen vom **Parkplatz** aus hinter die Schranke, wo wir einen großen Rastplatz mit Grillstelle sehen. An dieser Anlage spazieren wir links vorbei. Wer sich dafür interessiert: Rechts am Zaun des Campingplatzes wurden 90 Birn- und 270 Apfelbäume angepflanzt, die auf Tafeln erklärt werden.

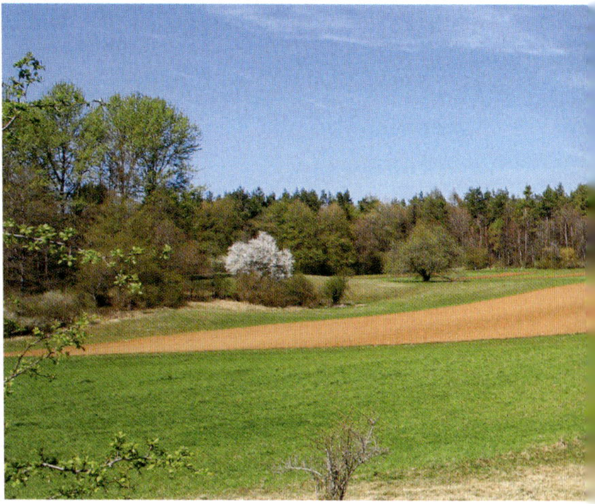

Ansonsten schlendern wir durch die aufgelockerte Landschaft und sehen einen Hutewald, Weidbuchen, Wacholder und je nach Jahreszeit Orchideen.

An der ehemaligen **Fichtenversuchsfläche** ❶ kommen wir später auf dem rechts abgehenden Weg wieder zurück, jetzt wandern wir aber geradeaus weiter. Es folgt eine mächtige **Weidbuche** ❷, dann erreichen wir den Steilabfall. Hier kann man sich auf zahlreichen Bänken ausruhen und den Blick hinab ins Tal genießen. Eine Bronzetafel etwas weiter rechts in Richtung Wald zeigt die Richtung an, in welcher europäische Hauptstädte liegen.

Kurz nach dem Rechtsbogen des **Weges** ❸ können wir auf einem Grasweg hinab zur Bahnlinie gehen. Vor ihr biegen wir rechts ab und wandern immer an ihr entlang. Später geht der Schotterweg in ein

Kartenmaterial

Wanderkarte W243 Bad Urach, 1:25 000, Hrsg.: Schwäbischer Albverein e.V., Kartografie: Landesamt für Geoinformation und Landentwicklung Baden-Württemberg (LGL)

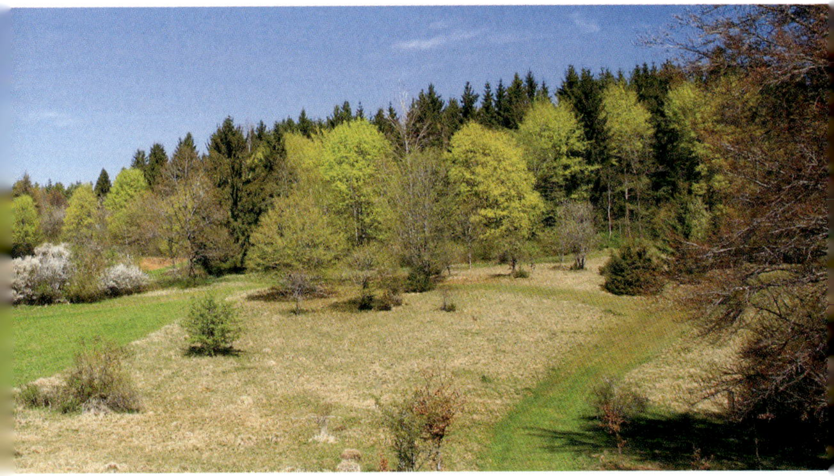

Die Landschaft auf dem Beutenlay präsentiert sich recht aufgelockert.

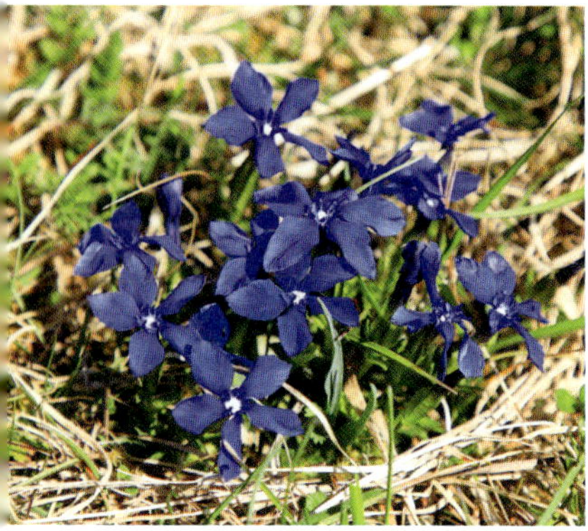

Wie der Name schon sagt: Zu Beginn der Wandersaison bezaubert uns der Frühlingsenzian.

Asphaltsträßchen über, kurz darauf gelangen wir zum **Schützenhaus** ❹.

Hier zweigen wir rechts ab und marschieren direkt vor dem Gebäude auf dem Grasweg am Nordhang des Beutenlays bergauf. Nach einem querenden Weg geht es relativ eben weiter. Rechts oben sehen wir bald den **Aussichtspavillon** ❺, zu dem wir vor dem nächsten Wald hinaufsteigen. Er bietet uns einen schönen Blick hinab nach Münsingen und nach Westen. Um ihn herum laden zahlreiche Bänke zur Rast.

Danach wandern wir geradeaus durch den Wald weiter. Kurz vor der Informationstafel zum Hutewald biegen wir links ab und treten hinaus auf eine große Lichtung mit dem **Feld-Flora-Reservat** ❻. Dort biegen wir am Schild Reiseziel Wiese links ab und gehen über die Enzianwiese zum Rastplatz. Um diesen Rastplatz wachsen im Frühjahr zahlreiche Küchen-

Beutenlay

Der etwa 100 ha große Beutenlay gehört zu den zahlreichen charakteristischen Weidekuppen, die für die Münsinger Kuppenalb typisch sind. Die Wacholderheide wird vom Schäfer gepflegt. Interessant ist das Feld-Flora-Reservat, in dem die über Jahrhunderte bewährte Dreifelderwirtschaft der Schwäbischen Alb gezeigt wird. In dem Gebiet befinden sich auch ein Arboretum mit mehr als 30 verschiedenen Baumarten, eine Strauchartensammlung sowie alte Hutebuchen. Bei der Fichtenversuchsfläche wurden in Verbindung mit einer europaweiten Versuchsreihe Fichten aus 169 unterschiedlichen Herkunftsgebieten gepflanzt. Einen Preis hat der Beutenlay auch schon bekommen: Wegen der artenreichen Fauna und der besonderen Botanik wurde er mit der Silberpflanze des deutschen Naturschutzrings ausgezeichnet. Unter anderem findet man hier mächtige Weidbuchen, typische Wacholder, Küchenschellen, Frühlingsenziane, Orchideen und noch viele weitere seltene Pflanzen.

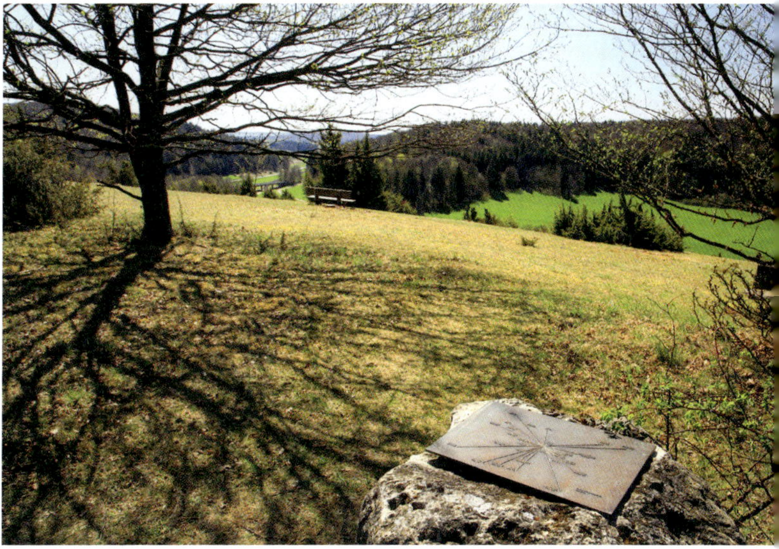

schellen. Wer will, hält sich hier rechts und spaziert geradeaus weiter.

Eine Tafel zeigt, was man sieht und was in welcher Richtung liegt.

Interessanter ist es allerdings, wenn wir zum gegenüberliegenden Waldrand gehen. Dort sind nicht nur die Pflanzen auf Tafeln erklärt, man findet auch Erläuterungen zur Dreifelderwirtschaft und zu den verschiedenen Feldern, die jeweils mit einem anderen Getreide bepflanzt sind.

Wir biegen zweimal rechts ab und erreichen den Wiesenweg, der von rechts vom Rastplatz kommt. Auf ihm gehen wir nach links weiter. Nach der Schneise durch den Wald gelangen wir zur bekannten ehemaligen **Fichtenversuchsfläche** ❶, nun geht es auf bekanntem Wege zurück zum Ausgangspunkt.

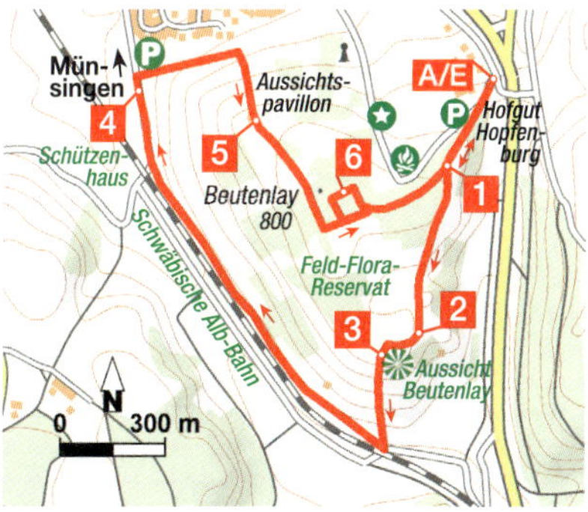

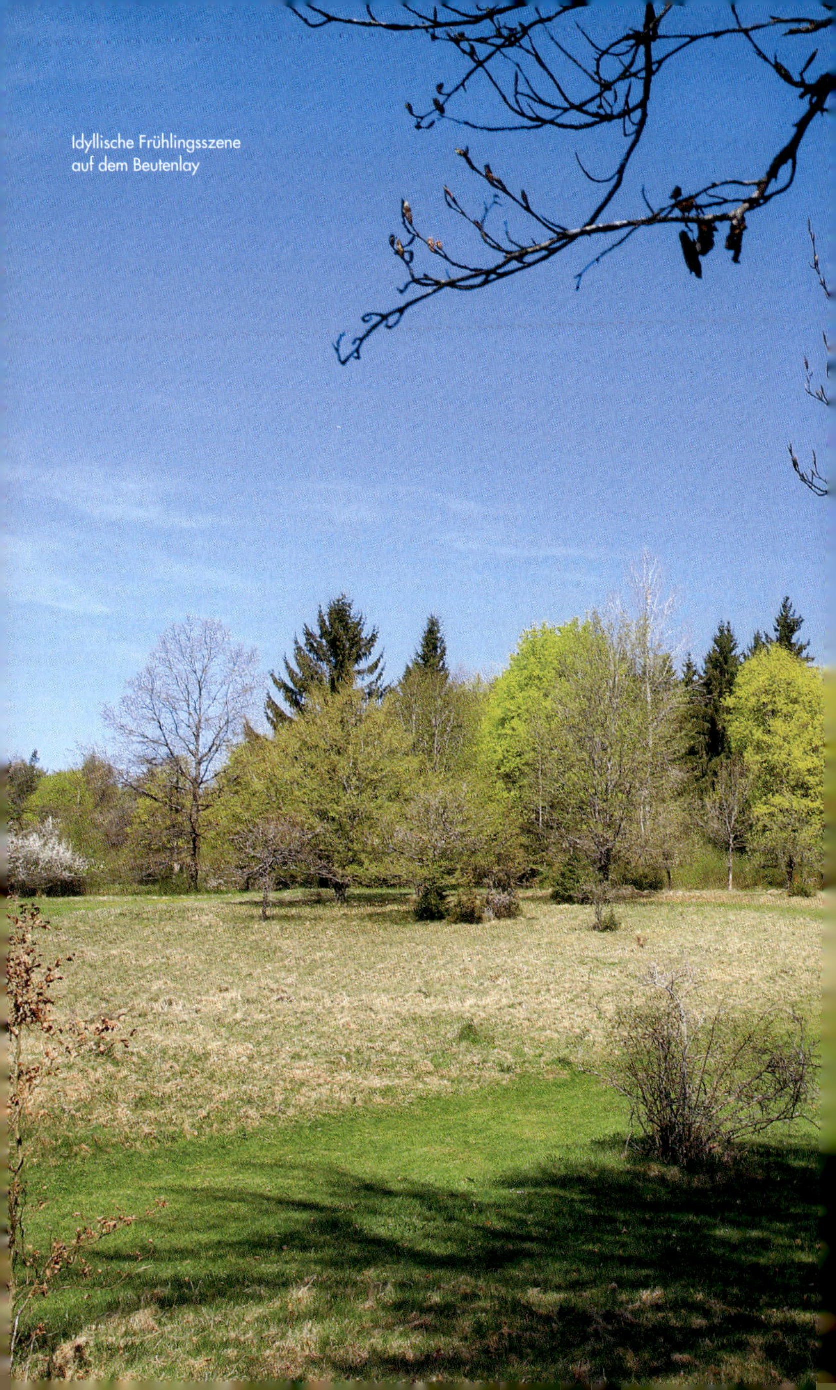

Idyllische Frühlingsszene
auf dem Beutenlay

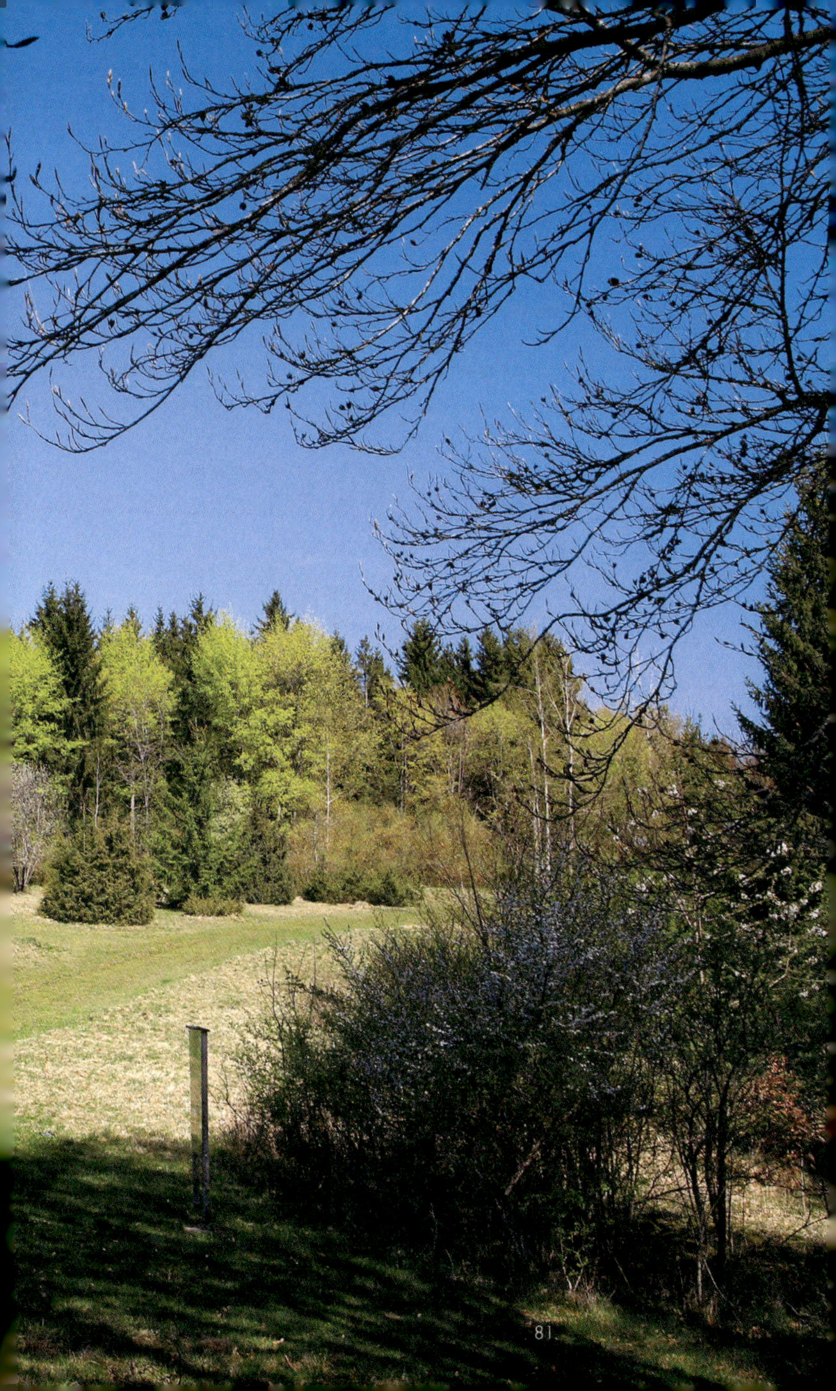

13 hochgehswiggert

Eine der größten Burgruinen

Mittel | 6,4 km | 210 Hm | 2.30 Std.

Tourencharakter: Pfade und feste Wege. Vor und nach der Ruine Hohengundelfingen wird vor Steinschlag gewarnt.

Tourenverlauf: Münsingen-Wittstaig – Lautertal – Burgruine Derneck – Wittstaig – Ruine Hohengundelfingen – Parkplatz

Ausgangspunkt: Münsingen (Parkplatz Heiligental)

Anfahrt: ÖPNV: Bahn bis Reutlingen oder Bad Urach, Bus bis Gundelfingen Burg Derneck. Auto: B27, dann B312 bis Metzingen, weiter auf B313 und B28 bis Bad Urach. Weiter auf B465 nach Münsingen. Vor dem Bahnhof rechts in Lautertalstr., ins Lautertal nach Buttenhausen und weiter zum Parkplatz Heiligental südl. von Wittstaig. GPS: 48.316085, 9.507004

Einkehr: Wanderheim Burg Derneck

Karte: Wanderkarte W243 Bad Urach, 1:25000, Hrsg.: Schwäbischer Albverein e.V., Kartografie: LGL Baden-Württemberg

Information: www.hochgehberge.de

Eigentlich könnte diese Wanderung Zwei-Burgen-Wanderung heißen, besuchen wir doch zuerst die Ruine Derneck, in der heute ein Wanderheim des Schwäbischen Albvereins untergebracht ist, und kommen danach zur Ruine Hohengundelfingen, von der aus wir einen prächtigen Blick hinab ins Lautertal haben. Ein Stück wandern wir auch durch dieses Tal, das zu den schönsten der Region gehört.

Vom Parkplatz aus gehen wir zur K6769 und dort hinab zur Lauter. Wir überqueren den Fluss und kommen zu einem Grillplatz. Unser Weg führt über die Wiese zum Waldrand, wo wir uns links halten.

Nun wandern wir ein Stück neben der Lauter durch das idyllische Tal und erreichen bald den

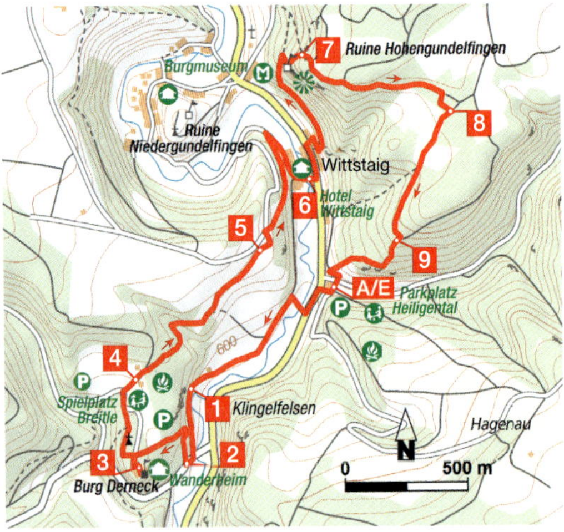

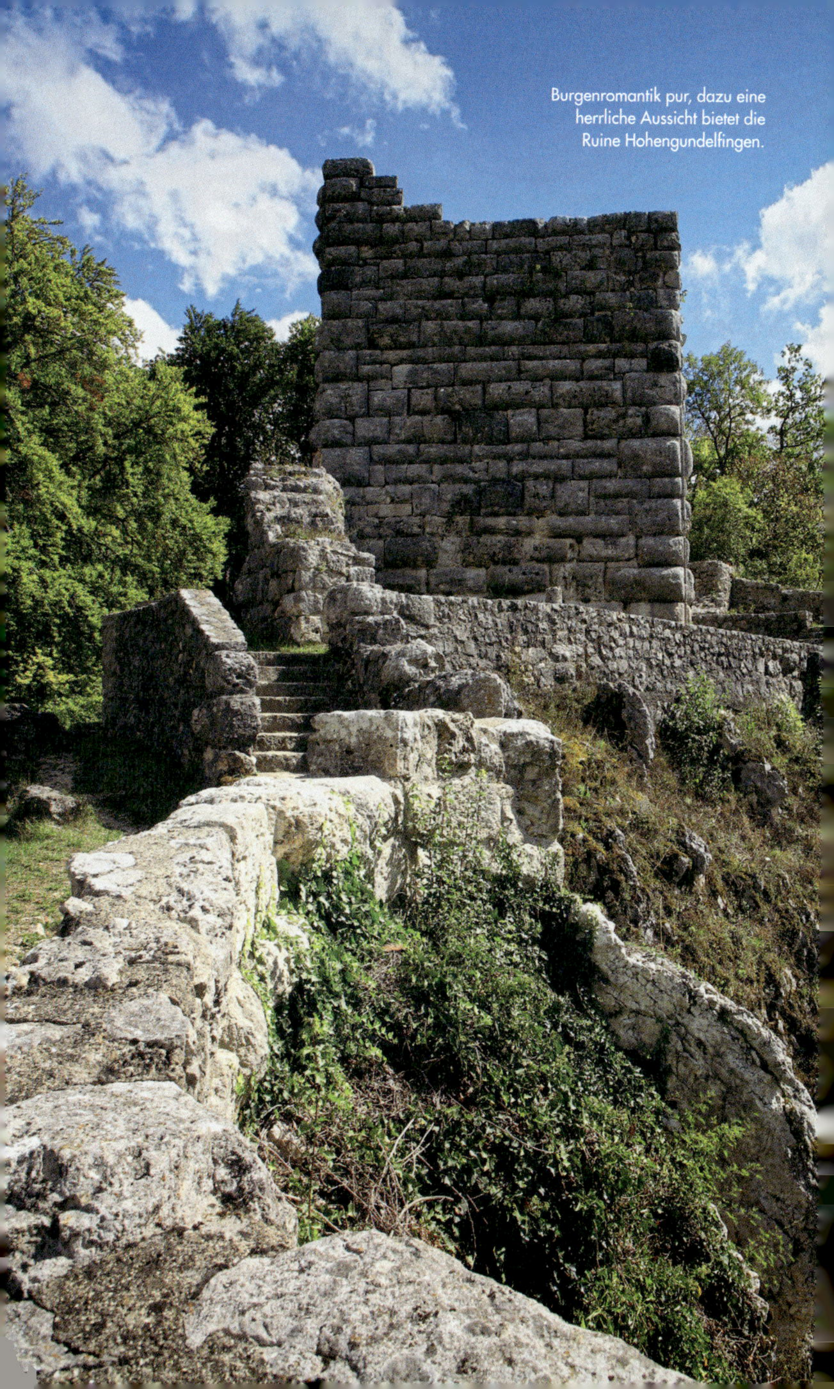

Burgenromantik pur, dazu eine herrliche Aussicht bietet die Ruine Hohengundelfingen.

Alternative Startpunkte

Alternative Ausgangspunkte sind der Wanderparkplatz Hohengundelfingen/Münsingen (0,5 km), der Parkplatz vor dem Aufstieg zur Burg Derneck an der K 6750 (0,1 km) und die Bushaltestelle Burg Derneck/Hayingen (0,1 km).

Klingelfelsen ❶, wo es ebenfalls einen Rastplatz mit Tisch, Bänken und einer Grillstelle gibt. Danach kommen wir zur K 6750. Links auf der Brücke sehen wir zwei interessante Bronzeskulpturen, wir halten uns aber rechts. Kurz darauf, noch vor dem Parkplatz, werden wir zum »AV-Wanderheim Burg Derneck« nach rechts auf einen **Pfad** ❷ in den Wald verwiesen.

Nach einem freien Wegstück am Waldrand entlang bieten sich uns zwei Wegmöglichkeiten: Geradeaus geht es steil hinauf zur Burg (100 m), nach rechts begeben wir uns auf den bequemeren Weg (200 m).

Die am Ende eines Höhensporns gelegene einst Degeneck genannte **Burg Derneck** ❸ wurde um 1350

Auf einem Pfad geht es in die Ruine Hohengundelfingen.

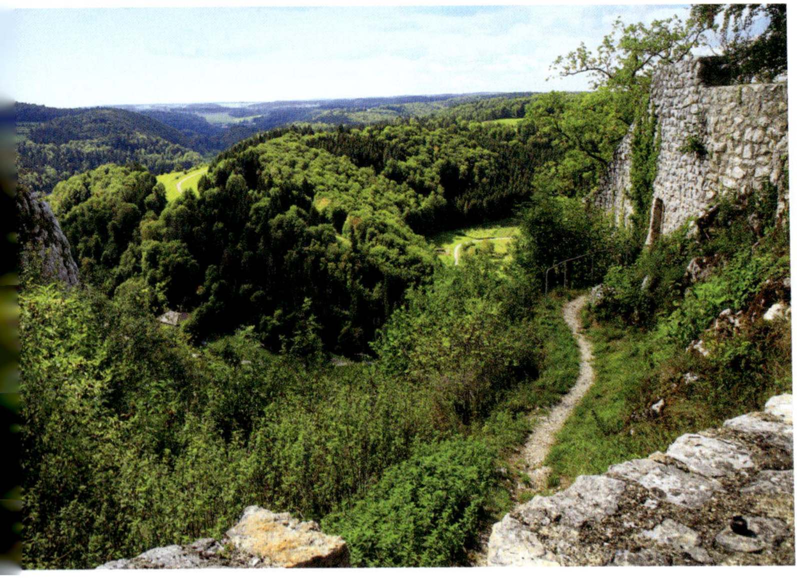

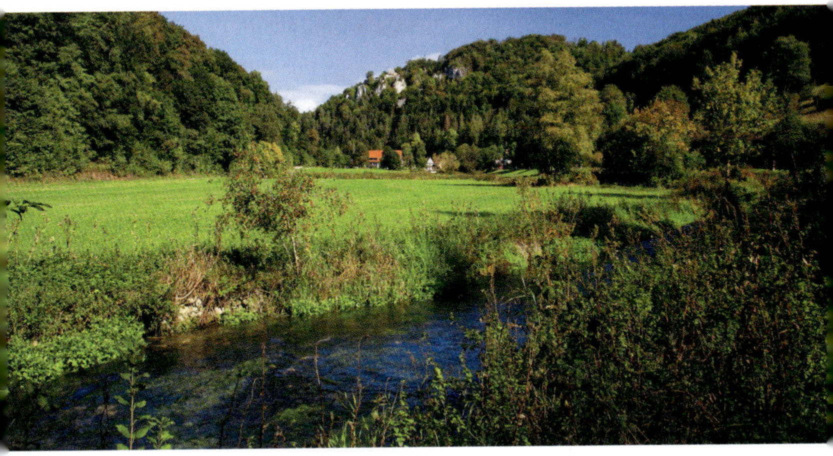

Über die Lauter hat man einen prächtigen Blick auf die Ruine.

erbaut, der jetzige Name kam 1546 mit dem Verkauf an Georg von Helfenstein auf. Im 17. Jh. gehörte sie den Fürstenbergern, danach verschiedenen anderen Herren. Die baufällig gewordene Burg wurde Mitte des 18. Jhs. renoviert und erweitert. Die imposante Schildmauer mit Treppenturm, »Steinhaus« genannt, ist heute eine Aussichtsplattform. Seit 1968 befindet sich im ehemaligen Försterhaus ein Wanderheim des Schwäbischen Albvereins.

Vielleicht gönnen wir uns nach der Besichtigung der Ruine noch eine Erfrischung, aber dann geht es zurück zum Eingang, wo wir uns mit dem Wanderzeichen roter Balken links halten. Wir stoßen schon bald auf einen links abzweigenden Weg, doch wir wandern noch geradeaus weiter bis zu einem geschotterten Weg, dem wir nach links folgen. Vorbei am **Spielplatz Breitle** 4 spazieren wir zum Waldrand und bei der Holzhütte in diesen hinein.

Der Weg zieht nach links abwärts und wir queren das Ratzental, dann führt der Weg nach rechts wieder hinauf. Nach dem Wald gehen wir am oberen Rand einer Wiesenfläche entlang, von der wir einen schönen Blick hinab ins Lautertal haben.

Etwas später treffen wir auf ein **asphaltiertes Sträßchen** 5, werden mit dem Wanderzeichen roter Balken aber gleich wieder nach rechts auf einen Pfad verwiesen. Nun geht es erneut hinab ins Lautertal, wo wir wieder ein asphaltiertes Sträßchen (Häldelesweg) vorfinden. Wir halten uns rechts nach Wittstaig und gelangen nach einer Linkskurve zur **K 6769** 6.

Dort biegen wir links ab, werden aber kurz danach bei der Gaststätte nach rechts in Richtung »Ruine Hohengundelfingen« verwiesen. Nun geht es steil hinauf, erst über Stufen, dann auf einem Pfad. Nach einigen Serpentinen durchqueren wir einen ersten Durchlass der Ruine und erreichen schließlich die **Ruine Hohengundelfingen** 7.

Nachdem wir die Ruine besichtigt und die prächtige Aussicht hinab ins Lautertal und zur Ruine Niedergundelfingen genossen haben, folgen wir kurz dem von oben kommenden breiten Weg. Gleich darauf werden wir aber mit dem Zeichen gelbe Gabel nach rechts auf einen Pfad in Richtung »Parkplatz Heiligental« verwiesen. Etwas später sind wir am Ende einer Lichtung angelangt. Wir gehen über die Wiese nach links zum Strommast, dort führt unser Wanderweg nach rechts in den Wald.

Ruine Hohengundelfingen

Die rund 130 m über dem Lautertal auf einem Bergsporn liegende Ruine Hohengundelfingen wurde ab etwa 1180, vielleicht auch schon im 11. Jh., erbaut. Die Burg war bis ins 16. Jh. bewohnt, dann verfiel sie. An der höchsten Stelle befindet sich der heute als Aussichtsturm genutzte Bergfried. Dieser rund 11 m hohe Turm – früher war er noch höher, man liest von bis zu 35 m – wurde um 1250 aus riesigen Buckelquadern mit einer Kantenlänge von bis zu 1,5 m gemauert. Seine Grundfläche beträgt etwa 68 m^2, die Mauern sind unten fast 3 m, oben etwa einen Meter mächtig. Die Blöcke besitzen so exakt geschlagene Kanten, dass immer wieder bezweifelt wird, ob einheimische Steinmetze zu einer solchen Leistung überhaupt fähig waren oder ob vielleicht norditalienische Baumeister für den Bau verantwortlich waren. Darunter umschließen gut erhaltene Mauern den Zwinger; im Süden hat man einige der Felstürme in die Verteidigungsanlage eingebunden. Zur Bergseite schützt ein rund 8 m tiefer Burggraben die Anlage.

Das Wanderzeichen bringt uns etwas später zu einem breiten **Forstweg** 8, dem wir nach rechts bis zu einem querenden Weg folgen. Auch hier halten wir uns rechts und verlassen bald den Wald, dann spazieren wir nach links durch eine Lichtung weiter.

Wieder im Wald angelangt, bleiben wir auf dem breiten Weg bis hinter einer Rechtskurve. Dort müssen wir aufpassen, dass wir den nach links abzweigenden **Pfad** 9 nicht verpassen. Er führt uns steil hinab zum Ausgangspunkt.

Von oben bietet sich ein herrlicher Blick hinab ins Große Lautertal.

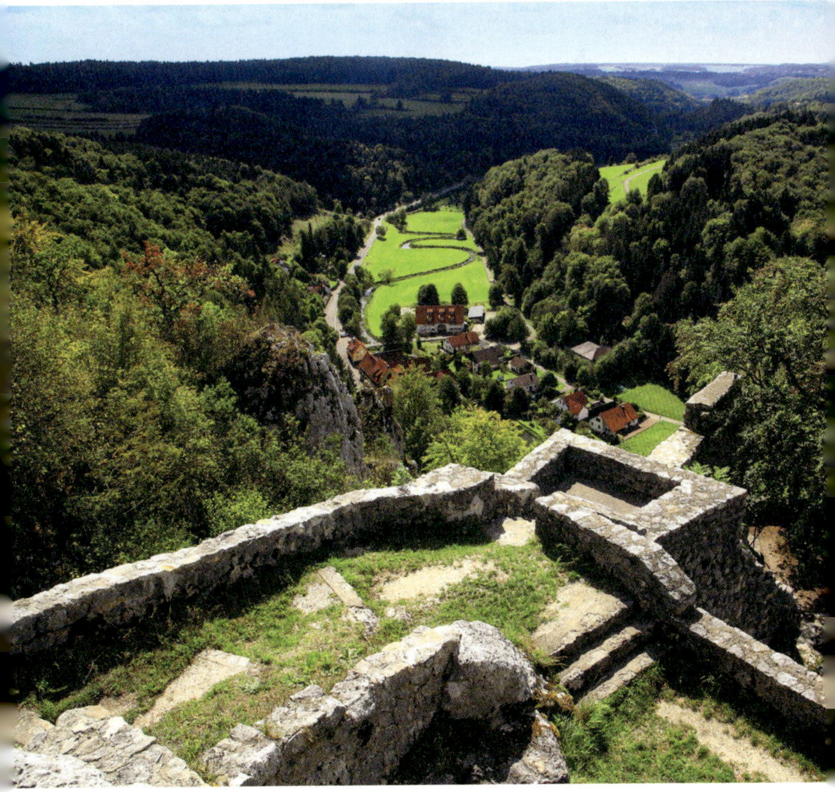

14 hochgehschätzt

Von der Wacholderheide zur Höhle

Mittel 9,2 km 200 Hm 3 Std.

Tourencharakter: Feste Wege. Andere Ausgangspunkte: Parkplatz Hayinger Brücke, Parkplatz Leihen (0,9 km), Bushaltestelle Wimsener Höhle (0,2 km), Ortsmitte Hayingen/ Holzgasse (0,8 km), Parkplatz Digelfeld.

Tourenverlauf: Parkplatz Wimsener Höhle – Alt-Ehrenfels – Hayingen – Digelfeld – Hayinger Brücke – Glastal – Schloss Ehrenfels – Wimsener Höhle

Ausgangspunkt: Hayingen (Wimsener Höhle)

Anfahrt: ÖPNV: Bahn bis Reutlingen oder Bad Urach, Bus bis Hayingen oder Wimsener Höhle. Auto: B 27, B 312 bis Metzingen, auf B 313 und B 28 bis Bad Urach. Auf B 465 nach Münsingen. Am Stadtrand rechts in L 230 nach Marbach an der Lauter, nach Hayingen, auf L 245 zur Wimsener Höhle. GPS: 48.258268, 9.448850

Karte: Wanderkarte W243 Bad Urach, 1:25 000, Hrsg.: Schwäb. Albverein e. V., Kartografie: LGL Baden-Württemberg

Information: www.hochgehberge.de

Die Sehenswürdigkeiten der Natur sind die Besonderheiten dieser Wanderung. Da wäre zuerst einmal das Glastal mit seinen spannenden Höhlen, dann die Wimsener Höhle, die man mit einem Nachen befahren kann, und abschließend noch die Wacholderheide Digelfeld, eine der schönsten der Schwäbischen Alb.

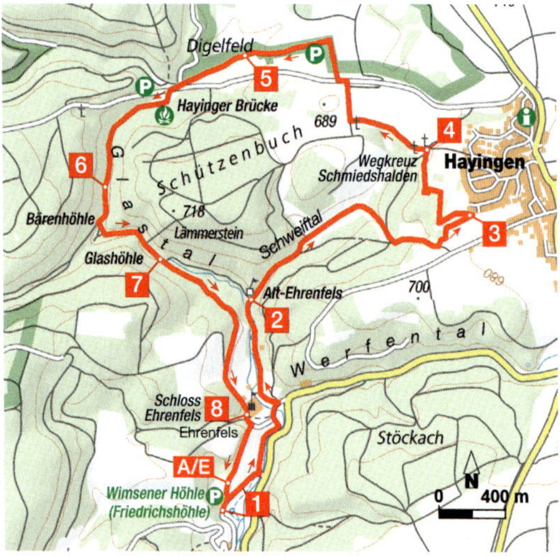

Am Ausgangspunkt stellt sich die Frage, ob man gleich zur **Wimsener Höhle** ❶ gehen und sie mit dem Nachen befahren soll, oder ob man lieber zuerst die Wanderung unternimmt. Als Entscheidungshilfe sei gesagt: Morgens ist der Andrang für die Nachenfahrt in die Höhle vielleicht nicht ganz so groß, dafür

nimmt man nach der Tour wahrscheinlich lieber die Einkehrmöglichkeit in der Gaststätte an.
Auf jeden Fall gehen wir erst zum Zufahrtssträßchen zurück. Wo dieses nach rechts zur Straße zieht, schlendern wir geradeaus über die Wiese weiter. Der Pfad verläuft links am Rand der Hecke entlang parallel zum Hasenbach. Bald stoßen wir auf die Zufahrtsstraße zu Schloss Ehrenfels.
Bei einem kleinen Parkplatz folgen wir dem Zeichen rotes Dreieck hinein ins Glastal. Im Wald zweigt bei der zweiten Brücke über den Hasenbach rechts ein schmaler Pfad ins **Schweiftal** ab 2. Auf dem steilen

Das Digelfeld ist eine der größten und schönsten Wacholderheiden der Schwäbischen Alb.

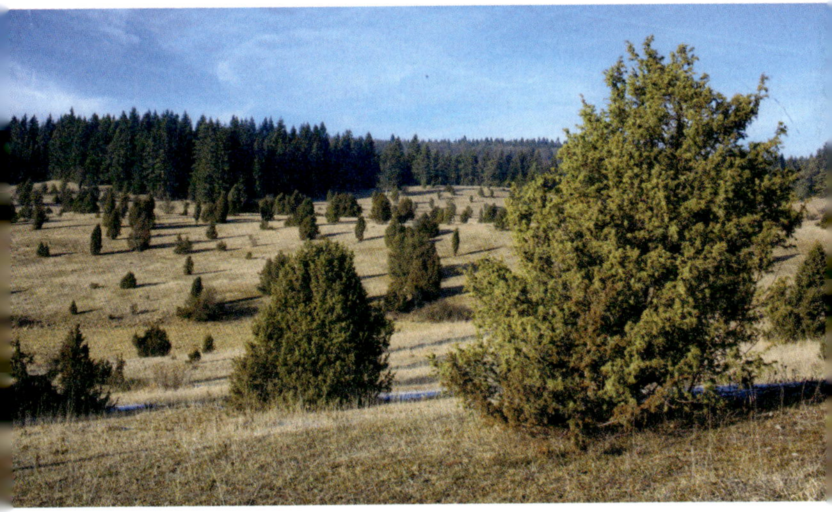

Fels am Abzweig steht die kaum zugängliche **Ruine Alt-Ehrenfels**. Sie geht auf das 13. Jh. zurück und wurde 1516 als Schlupfwinkel für Räuber und Wegelagerer vom Kloster Zwiefalten zerstört.
Wir wandern nun immer sanft ansteigend durch das Schweiftal. Später geht der Pfad in einen Feldweg

Digelfeld

Auf dem Digelfeld findet man eine der schönsten Wacholderheiden der Schwäbischen Alb, die aber teilweise bereits mit Kiefern gemischt ist. Auf den sehr artenreichen Halbtrockenrasen wächst eine Fülle seltener Pflanzen und Orchideen, je nach Jahreszeit beispielsweise Enzian, Knabenkraut, Küchenschelle, Fliegenragwurz und Kugelblume. Auch in den Getreide- und Grünlandstreifen, die in die Wacholderheiden eingestreut sind, wachsen zahlreiche der heute so seltenen Wildkräuter. An Tieren leben hier beispielsweise die Sandbiene, die in unbewachsenen Bodenstellen ihre Nester anlegt, während in den Hecken Raubwürger und Neuntöter zu finden sind. Die Forstdirektion Tübingen stufte in einer Untersuchung über Wacholderheiden das Digelfeld als »hochwertig« ein. Und nachdem man bereits 1955 rund 40 ha unter Landschaftsschutz gestellt hatte, wurde 1991 eine 121 ha große Fläche unter Naturschutz gestellt.

über und wir kommen durch eine Wacholderheide; in den Wiesen wächst manch seltene Pflanze, wie zum Beispiel im Herbst der Deutsche Enzian. Schließlich knickt der Weg rechts ab und bringt uns zum Wald. Dort mündet von links ein Weg in den unseren; nun achten wir auf die Markierung rote Gabel. Etwas später zieht der Weg nach links und wir spazieren entlang einer Lichtung.

Wo der Wald links zurückweicht, müssen wir nach links zu der Waldecke und wandern am Waldrand entlang nach rechts. Der Weg steigt bald etwas an und wir erreichen das erste Haus von **Hayingen** 3. Hier biegen wir links ab auf den Feldweg und gelangen zum Wald. Nach den ersten Bäumen erscheint rechts eine Lichtung, auf die wir scharf rechts abzweigen. Am Ende der Bäume halten wir uns links und gehen auf den Wald zu. Ein Pfad führt in diesen hinein, bis wir auf einen anderen Pfad stoßen, dem wir nach rechts hin zu einem Forstweg folgen. Wir halten uns rechts und erreichen die asphaltierte **Straße** 4. Hier biegen wir links ab und sehen bereits die »rote Säule«, einen Bildstock. Danach geht es zunächst bergab, doch bald steigt der Weg wieder an und wir wandern rechts an einem Flurkreuz vorbei, ehe wir rechts abzweigen.

Nun überqueren wir die zum Parkplatz Hayinger Brücke führende Straße und kommen danach zum

Zufahrtsweg zum Parkplatz Digelfeld. Wir folgen ihm nach links und passieren nach einer Rechtskurve den Parkplatz. Etwas später werden wir nach links verwiesen. Nun geht es durch die Wacholderheide **Digelfeld** 5 hinab zum Parkplatz Digelfeld. Vom Parkplatz aus spazieren wir auf die andere Seite der Straße, wo wir eine Grillstelle und einen Schutzpavillon finden. Nun wandern wir durch das **Glastal** 6, ein stilles, urwüchsiges Tal mit üppig wuchernder Natur, mächtigen Felsen und Höhlen.

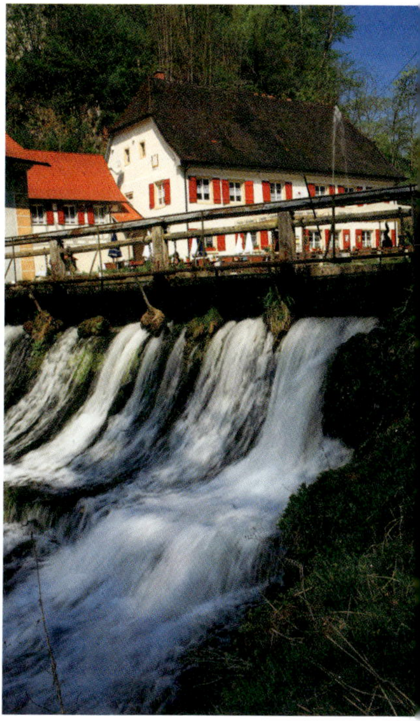

Bei der Hayinger Mühle stürzt das Wasser wie bei einem Wasserfall steil über das Wehr hinab.

Das Tal und die Glashöhle tragen ihre Namen, weil früher in der Gegend vermutlich Glashütten betrieben wurden. Hier verlief außerdem ein wichtiger Handelsweg für das Kloster Zwiefalten. Im oberen Teil ist es ein Trockental, die Felswände sind Riffe des Jurameers.

Nach einiger Zeit entdecken wir links die Bärenhöhle, gehen aber weiter und erreichen bald den Ursprung des Hasenbachs. Noch vor einer Brücke über diesen zweigen wir rechts ab auf einen sanft ansteigenden **Weg** 7.

Schloss Ehrenfels 8 ist ein lang gestrecktes barockes Gebäude und wurde 1735 als Sommersitz des Zwiefaltener Abtes Stegmüller erbaut. Seit der Säkularisation bis 2016 war es in Privatbesitz, jetzt gehört es einer Stiftung. Beim Schloss biegen wir mit dem Wanderzeichen rotes Dreieck rechts ab in Richtung Wimsen. Nun wandern wir durch eine schöne Allee von Kastanienbäumen zum Parkplatz Wimsener Höhle.

Wimsener Höhle

In der Beschreibung des Oberamts Münsingen wurde 1912 über die Wimsener Höhle Folgendes geschrieben: »… Vollustig und schweigend wie der Styr aus der Unterwelt' (Quenstedt) strömt hier das mächtige Gewässer aus der Felsenkluft, und es ist in der Tat ein Charonsbild, wenn der Nachen mit seinen Lichtern in dem geheimnisvollen Höhlenraum erscheint …

Die Fahrt mit dem Nachen in die Wimsener Höhle ist nicht nur für Kinder ein Erlebnis.

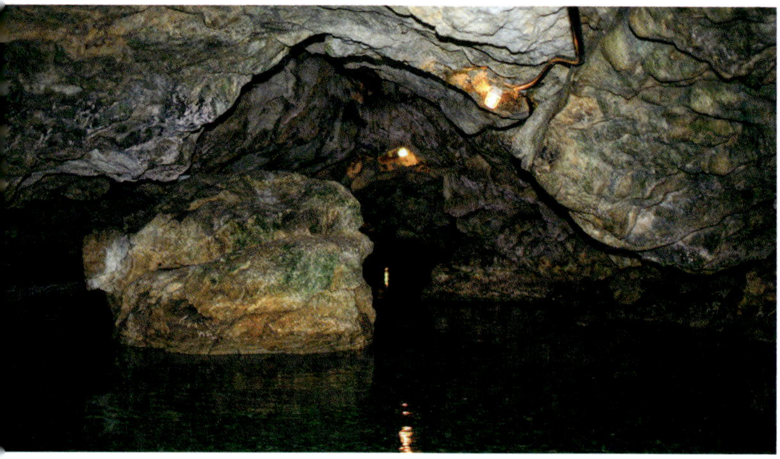

Unmittelbar am Achursprung steht, an die Felswände angedrückt, die Mühle, und die Ach stürzt sich dort über ein hohes Wehr sofort hinab in die Wimsener Klamm. Hochwasser dürfen hier nicht vorkommen; in dem engen Ausgang müßten sie sich stauen, und die Mühle, tief in die Talschlucht eingezwängt, wäre mit Mann und Maus verloren. Die Klamm ist erst seit wenigen Jahren durch die Bemühungen des Albvereins erschlossen. Ganz wie in den ähnlichen Bildungen der Hochgebirgstäler, wo sie in übertiefte Haupttäler einmünden, hat hier das Flüßchen den

Felsen so rasch und scharf durchsägt, daß neben dem Wasserlauf streckenweise überhaupt kein Raum mehr bleibt; die Felsen werden beiderseits vom Wasser bespült und unterwaschen, und der neugeschaffene Fußpfad führt bis zu 8 m hoch über dem Wasser am linken Felsgehänge hin.«

Die Höhle mit dem türkisfarbenen Wasser ist der Ursprung der Zwiefaltener Ach. Sie ist – als einzige aktive Wasserhöhle Deutschlands – auf rund 900 m erforscht und auf 70 m mit einem Nachen zu befahren, das Wasser ist bis zu 3 m tief. Sie entstand in den Oberen Massenkalken des Oberjura durch den Höhlenbach. Ihr Wasserstand ändert sich laufend, denn er hängt vom Karstwasserstand ab. Im vorderen Teil der Höhle liegt die Achquelle, die eine Schüttung von durchschnittlich 0,5 m^3/s aufweist, wobei die konkreten Werte zwischen den Extremen 0,06 und 2,5 m^3/s schwanken. Ihr Einzugsgebiet beträgt rund 100 m^2. Das Wasser besitzt eine konstante Temperatur von acht bis neun Grad Celcius. Bei der Höhle mündet der Hasenbach, der von Norden her durch das Glastal fließt, in die Ach. Der Name der Höhle kommt von dem abgegangenen Ort Wimsheim. Die Höhle wurde bereits im Jahr 1447 anlässlich eines Grenzstreits zwischen dem Besitzer von Schloss Ehrenfels und dem Kloster Zwiefalten erwähnt, als der Fluss als »der uß dem Hölnstain gat« bezeichnet wurde. Ihr anderer Name Friedrichshöhle weist auf den Besuch des Kurfürsten Friedrich I. von Württemberg, des späteren Königs, im August 1803 hin. Die marmorne Gedenktafel über dem Höhlenportal erinnert an seine Befahrung. Die Übersetzung des lateinischen Spruches lautet: »Dankbar begrüßt den hohen Besuch die hier waltende Nymphe. Fröhlicher fließet dir nun, Friedrich, die rauschende Ach«. Die Zwiefalter Ach mündet nach 8 km bei Zwiefaltendorf in die Donau.

15 Traufgängerle Hexenküche

Traumtour für Kinder

Mittel | 4,1 km | 130 Hm | 1.30 Std.

Tourencharakter: Zumeist Pfade. Kinder v. a. an den Steilabfällen beim und nach dem Schlossfelsenturm gut im Auge behalten. Kletterpark am Ausgangspunkt. Außerdem schöner Spielplatz am Ausgangspunkt.

Tourenverlauf: Albstadt-Ebingen/Waldheim – Wildgehege – Waldheim – Schlossfelsenturm – Hexenküche – Waldheim

Ausgangspunkt: Albstadt-Ebingen (Waldheim)

Anfahrt: ÖPNV: Bahn bis Ebingen, Bus bis Ebingen Süßer Grund. Auto: B 27 bis Hechingen, dann B 312 bis Hausen im Killertal, rechts ab und über Bitz nach Ebingen. Kurz vor dem Ort rechts und hinauf zum Waldheim/Wildgehege. GPS: 48.220896, 9.038353

Einkehr: Waldheim

Karte: Wanderkarte W251 Albstadt, 1:25 000, Hrsg.: Schwäbischer Albverein e. V., Kartografie: Landesamt für Geoinformation und Landentwicklung Baden-Württemberg (LGL)

Informationen: www.traufgaenge.de

Mit dem Traufgängerle Hexenküche wurde ein Rundweg ausgezeichnet, der es in sich hat. Für Kinder gibt es bei dem zweigeteilten Weg einige Attraktionen: Im ersten Teil kommt man an einem Wildgehege vorbei, beim zweiten säumen einige mächtige Felsgebilde mit höhlenartigen Auskehlungen den Weg. Auch Erwachsene werden ihre Freude an der Strecke haben, hat sie doch auch einige Aussichtspunkte hinab nach Ebingen, Truchtelfingen und Tailfingen aufzuweisen.

Beim Waldheimgelände gibt es einige Parkmöglichkeiten. Hier geht links und rechts der Wanderweg ab. Wir spazieren zuerst zum **Kletterpark** (1) und folgen links von ihm den Wanderzeichen. Gleich darauf müssen wir links auf einen Pfad abzweigen.

Dieser mündet später wieder in den breiten Forstweg, dem wir in Gehrichtung folgen. Bald darauf zweigen wir erneut scharf links auf einen Pfad ab. Dieser fällt anfangs steil ab und bringt uns wieder auf den Forstweg.

Etwas nach links versetzt biegen wir rechts ab (2), nun steigt die Strecke an. Dort, wo der Weg weiter oben rechts abknickt, stoßen wir auf den **Wildpark**. Wir gehen nun am Zaun entlang nach rechts bis zum **Aussichtsturm** (3).

Vermutlich wird das immerzu hungrige Schwarzwild an den Zaun kommen, weil es erwartet, von uns gefüttert zu werden. Wer sich entsprechend vorbereiten will: Man darf natürlich keine verdorbenen Lebensmittel, Fleisch und Wurst sowie Südfrüchte füttern.

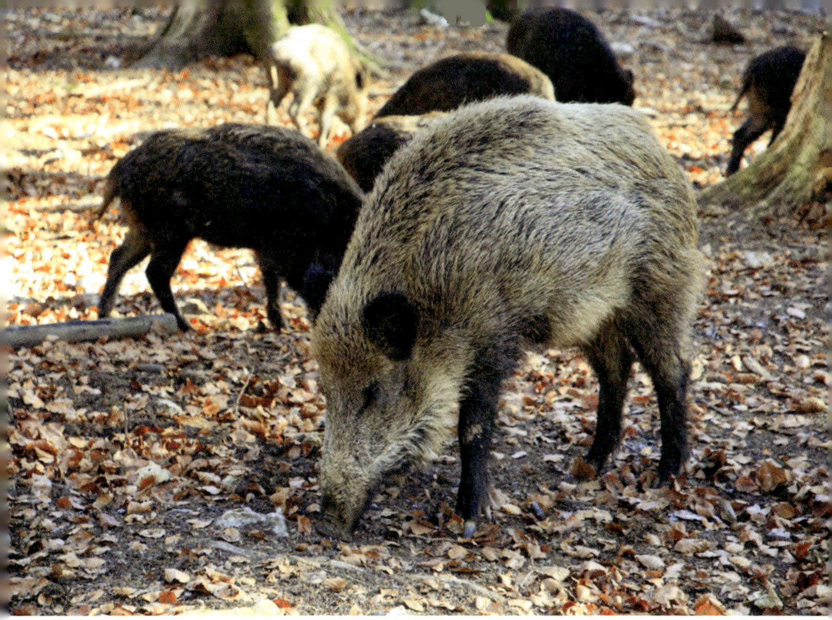

Hinter dem Aussichtsturm sehen wir ausgesägte Figuren von Tieren, wie sie hier im Wald vorkommen. Wir folgen dem Weg weiter bis zum querenden Auchtenweg. In diesen biegen wir rechts ein. Etwas später werden wir nach links auf einen Pfad verwiesen. Er bringt uns hinab zum Parkplatz, den wir nach dem Portal mit den umgedrehten Baumstämmen, bei denen die Wurzeln nach oben stehen, erreichen. Nun kann man in der **Gaststätte Waldheim** einkehren oder den Spielplatz aufsuchen.

Wildschweine zu beobachten macht immer Spaß.

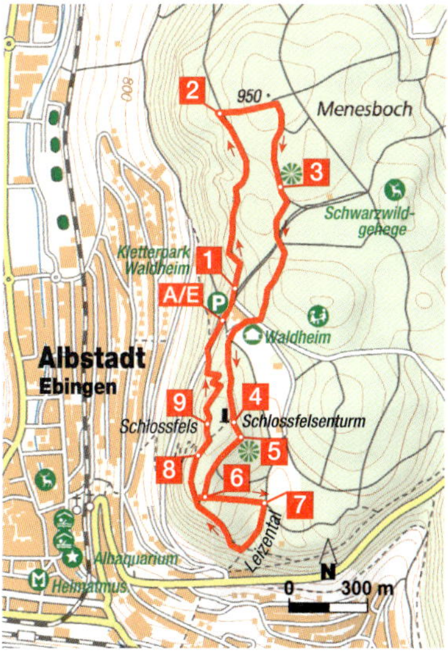

Der Wanderweg geht auf der anderen Seite weiter. Wir halten uns am Portal etwas links, dann biegen wir zwischen dem Spielplatz und der Gaststätte rechts ab. Im Wald zieht der Weg nach links und steigt etwas an. Später wandern wir rechts an einem Haus vorbei und gehen hinauf zum **Schlossfelsenturm** 4.

Nach der Besteigung spazieren wir etwas zurück, halten uns aber am Beginn der Treppe rechts. Nun geht es hinab zum **Rastplatz am Schlossfels** 5. Auch hier hat man wieder eine prächtige Aussicht. Außerdem sind dort verschiedene Holzplatten mit ausgesägten Umrissen aufgestellt.

Wir gehen weiter geradeaus. Bald sehen wir rechts einen weiteren **Aussichtspunkt** 6 mit einer Bank. Wer will, kann hier die Tour abkürzen, denn direkt unterhalb der Bank verläuft der Rückweg.

Die vollständige Runde führt uns aber nach links weiter. Bald stehen wir vor dem **Leizental** 7, eine große Lichtung mit einer Wiese. Hier knickt der Wanderweg scharf rechts ab. Bald kommen wir an einer höhlenartigen **Grotte** vorbei. Danach sind wir unterhalb des oben erwähnten Aussichtspunktes mit der Bank 6; wer abgekürzt hat, stößt hier wieder auf den Wanderweg. Etwas später treffen wir auf eine große **Höhle**. Oberhalb sieht man den Aussichtsturm wie einen Zeigefinger in den Himmel ragen. Danach erreichen wir die **Hexenküche** 8. Ein Schild weist uns darauf hin, dass die Menschen früher glaubten, dass hier die Hexen kochten. Sogar ihre Kochstelle soll noch zu sehen sein.

Schlossfelsenturm

Der heutige Turm wurde von 1898 bis 1900 als Nachfolger eines im Jahr 1875 errichteten Holzgerüsts erbaut und später mehrmals renoviert. Sein heutiges Aussehen erhielt er 1960. Im 11. und 12. Jh. stand hier eine Burg, im 13. Jh. war sie aber schon wieder verlassen. Wenn der Turm geöffnet ist, sollte man ihn besteigen, die Aussicht hinab auf Ebingen, Truchtelfingen und Tailfingen ist großartig, ebenso auf die umliegenden Albhöhen. Hat man einen der seltenen Tage mit sehr guten Sichtverhältnissen erwischt, sieht man sogar bis zu den Alpen: Von links nach rechts sind die Oberbayerischen, Allgäuer und Tannheimer Berge, die Berge Vorarlbergs und der Schweiz zu erkennen. Von den vielen Gipfeln sind die bekanntesten wohl Zugspitze, Schneefernerkopf, Thaneller, Rote Flüh, Gimpel, Kellespitze, Gaishorn, Hohes Licht, Biberkopf, Widderstein, Piz Buin, Drei Türme, Säntis, Drusenfluh, Finsteraarhorn, Eiger, Mönch und Jungfrau. Die Gipfel sind sowohl auf einer Tafel in Blickrichtung erklärt, ebenso die gesamte Alpensicht auf einer großen Übersichtstafel.

Danach kommen wir am **Schlossfelsen** 9 vorbei; hier sieht man riesige Felsgebilde, in denen wir Höhlen und sogar einen Durchschlupf erkennen. Anschließend müssen wir aufpassen, denn wir queren einen **Mountainbiketrail** – die Radler kommen vielleicht mit großer Geschwindigkeit den Hang herabgeprescht.

Anschließend führt uns der Weg durch den Wald bis zu einer riesigen Buche. Rechts sehen wir bereits die Häuser um das Waldheim. Der Pfad leitet uns nun direkt zum **Spielplatz**, hinter dem die Parkplätze liegen.

Auf dem verlockenden Spielplatz steht sogar ein kleines »Hexenhäusle«.

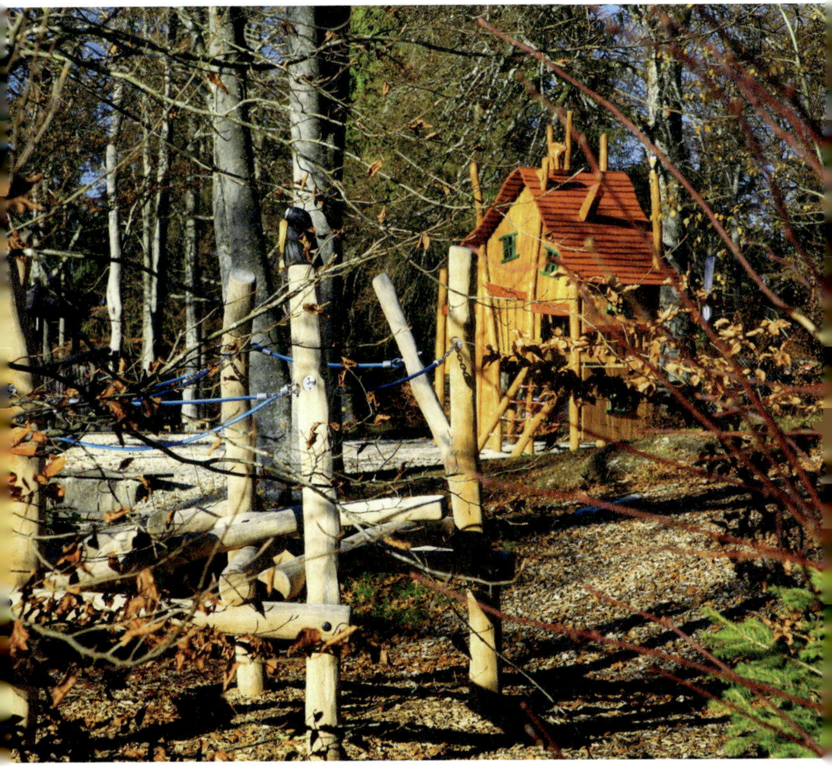

16 Zollernburg-Panorama

Berühmte Burg, berühmter Anblick

Schwer | 15,5 km | 410 Hm | 5 Std.

Tourencharakter: Zumeist Pfade. Alternative Ausgangspunkte: Parkplätze Zollersteighof, Stocken, Bödemle, Fuchsfarm und Nägelehaus.

Tourenverlauf: Stich – Heiligenkopf – Zollersteighof – Zeller Horn – Hangender Stein – Nägelehaus – Dagersbrunnen – Stich

Ausgangspunkt: Albstadt-Onstmettingen, Parkplatz Stich

Anfahrt: Von Tübingen oder Hechingen mit dem Zug nach Bisingen, dann Bus nach Albstadt-Onstmettingen/Stich oder Nägelehaus. Auto: B 27 bis Bisingen, links ab und auf L 360 hinauf nach Albstadt-Onstmettingen. Wo es vor dem Ort wieder eben wird, liegt links das Stichwirtshaus mit Parkplatz. GPS: 48.283016, 8.972843

Karte: W241 Rottenburg am Neckar, 1:25 000, LGL Baden-Württemberg in Zusammenarbeit mit dem Schwäbischen Albverein e. V.

Informationen: www.traufgaenge.de

Bei diesem Traufgang erwandern wir den schönsten und typischsten Blick auf die Burg Hohenzollern, wie man ihn von zahlreichen Abbildungen kennt. Die Wacholderheiden auf dem Raichberg, der Hangende Stein und die anderen Felsformationen, die fast an großzügige Parks erinnernde Landschaft auf dem Raichberg, die zahlreichen Orchideen und der Gelbe Enzian machen diese Wanderung zu einem Erlebnis der besonderen Art.

Beim **Stichwirtshaus** befinden sich auf beiden Seiten der Straße Parkmöglichkeiten. Dann gehen wir rechts des Gasthauses auf dem Zugangsweg zum Traufgang. Außer »Stich« als Endziel auf allen Wanderzeichen ist vorerst als Nahziel »Heiligenkopf« angegeben.
Am Hang treffen wir auf einen querenden Weg und halten uns links – am Ende kommen wir hier von rechts zurück. Nun steigt es im Wald etwas an und mit immer wieder schönen Aussichten nach links zum Bergrücken des Irrenbergs wandern wir auf teilweise überwurzeltem Weg bis zum Aussichtspunkt **Heiligenkopf** (893 m) **1**.
Weiter geht es nach rechts in Richtung »Zollersteighof«. Auch jetzt kommen wir an verschiedenen Aussichtspunkten vorbei, wobei sich uns ein Blick zum Hohenzollern bietet. Nach dem Wald gehen wir kurz über die Wiese nach rechts, dann nach links zum **Zollersteighof**. Dort orientieren wir uns links zum »Zeller Horn«. Wir wandern im Wald auf einem breiten Weg etwas abwärts. Danach geht es im Zickzack auf einem Steig hinauf zum **Zeller Horn** **2**.

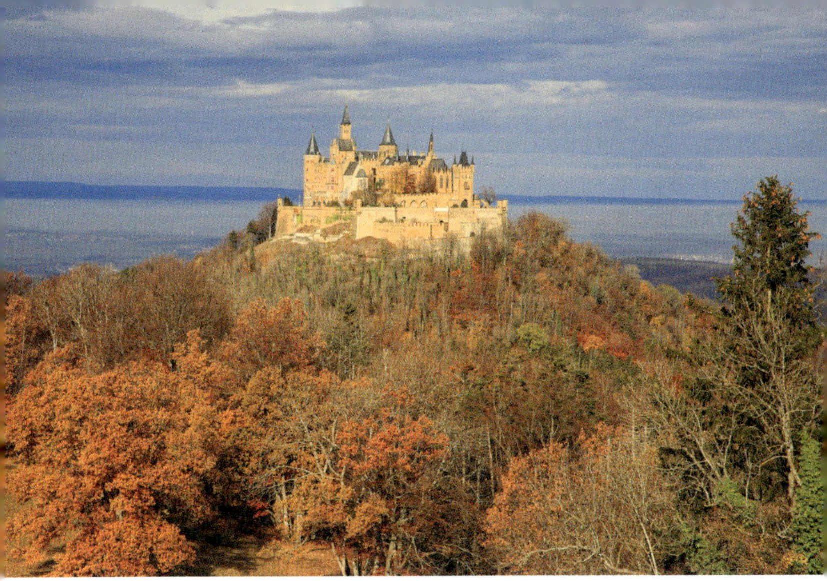

Vom Zeller Horn aus hat man den wohl bekanntesten Blick auf die Burg Hohenzollern.

Nun halten wir uns an das nächste große Ziel, den »Hangenden Stein«. Es geht erst im Wald auf gutem Weg relativ eben zurück, danach biegen wir links ab und steigen auf einem Steig etwas hinauf. Jetzt folgen weitere Aussichtsfelsen mit Blick zum Hohenzollern und ins Albvorland. Immer am Trauf entlang, vorbei am Backofenfelsen, am Trauffelsen und an markanten Bäumen geht es abwärts zum **Hangenden Stein** 3. Die vielen zum Teil tiefen Gräben im Fels am Hangenden Stein zeigen uns, wie hier langsam, aber sicher der Albtrauf abbricht und abbröckelt. Bis in etwa 15 Millionen Jahren wird die Alb eingeebnet sein.

Noch vor diesen mächtigen Felsformationen am Trauf überqueren wir einen tiefen Felsspalt auf einer Brücke. Auch hier haben

Zeller Horn

Vom Zeller Horn aus hat man den wohl schönsten Blick auf die Burg Hohenzollern, wie er auf vielen Fotos in Bildbänden und Kalendern verwendet wird. Unterhalb des 913 m hohen Aussichtspunktes lag bei der Wallfahrtskirche Mariazell früher das Dorf Zell, das aber am Ende des 15. Jh. abgegangen ist.

Die Schutzhütte am Zeller Horn geht auf die Gründung des Zollergaus des Schwäbischen Albvereins am 31. Januar 1892 zurück. Am 15. September 1892 wurde sie eingeweiht.

wir immer wieder einen schönen Blick zum gegenüberliegenden Albtrauf. Kurz nach dem Hangenden Stein zieht der Pfad nach rechts. Wir verlassen den Wald und biegen mit den Schildern des Traufgangs Richtung Parkplatz »Stocken« links ab. Nach einer Wiesenfläche wandern wir in einer Schneise am links liegenden Waldrand entlang. In diesen werden wir verwiesen. Nach kurzem Anstieg geht es an einem querenden Weg rechts weiter. Erst gehen wir aber 100 m nach links zum »Kohlwinkelfels«. Er bietet uns eine prächtige Aussicht auf den Hangenden Stein, den Albtrauf und das Albvorland. Danach gehen wir zurück und geradeaus weiter zum Waldrand. Dort biegen wir links ab.

Wir überqueren einen Feldweg, dann gehen wir am Waldrand des links liegenden Hügels »Gockeler« ent-

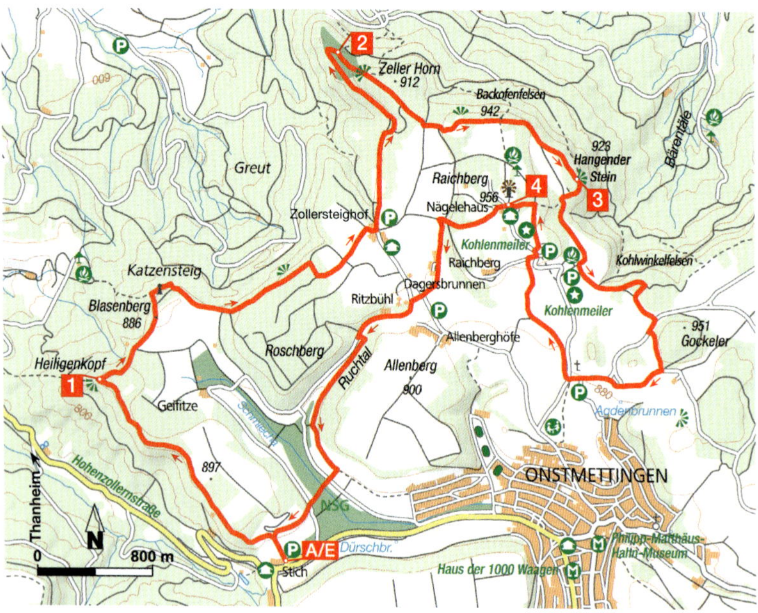

lang. Nach ihm halten wir uns vor dem links liegenden »Schafhaus« auf den Feldweg rechts. Wo von rechts ein Feldweg einmündet, weist uns das Zeichen nach links. Etwas unterhalb des Feldwegs wandern wir zum Parkplatz »Stocken«. Beim Parkplatz überqueren wir das Zufahrtssträßchen zum Nägelehaus und folgen auf der anderen Seite dem Feldweg, der uns zu einem weiteren Parkplatz bringt. Wir halten uns rechts und überqueren die Straße. Dahinter nehmen wir den Weg, der uns, vorbei an einer Köhlerstätte mit einem Meiler und danach im Wald, zum Nägelehaus und dem hinter ihm stehenden **Aussichtsturm** 4 (siehe Tour 20) bringt.

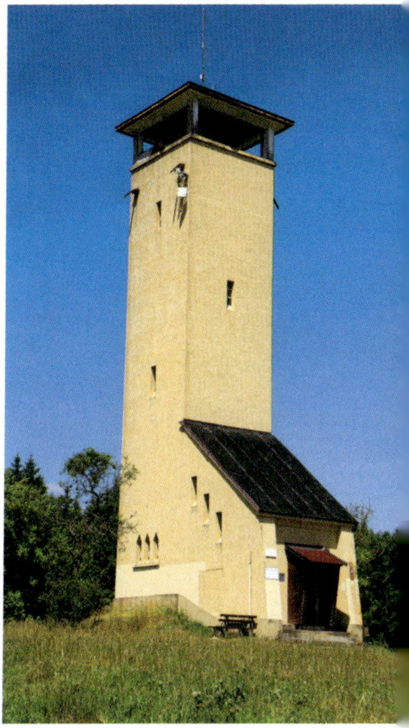

Der Aussichtsturm auf dem Raichberg liegt nahe am Nägelehaus des Schwäbischen Albvereins. Von ihm bietet sich eine großartige Rundumsicht.

Ab dem Nägelehaus folgen wir der Beschilderung Richtung »Dagersbrunnen«. Es geht erst über eine Wiese, dann durch ein Waldstück und darauf nach links. Wir wandern an ein paar Bauernhäusern, der Ansiedlung **Dagersbrunnen,** vorbei und treffen danach auf eine Straße. Wir überqueren sie und wandern bergab zu einem breiten Weg. Hier biegen wir links ab in Richtung »Stich«. Der Weg führt uns zwischen Wäldern durch das Ruchtal, wo wir einmal auf die linke Talseite wechseln müssen, unsere Richtung aber beibehalten. Der Weg zieht nach links und wir wandern unterhalb einer Wacholderheide, bis wir im rechten Winkel nach rechts verwiesen werden. Wir überqueren die **junge Schmiecha** und gehen durch ein Feuchtgebiet wieder etwas hinauf. An einem querenden Weg geht es etwas nach rechts versetzt auf der anderen Seite weiter bis zur bekannten Verzweigung vor dem Stichwirtshaus. Nach links kommen wir zurück zum Ausgangspunkt.

17 Felsenmeersteig

Durch ein wildes Felsenmeer

Schwer | 17 km | 720 Hm | 6 Std.

Tourencharakter: Wir wandern auf festen Wegen und auf Pfaden, nicht zu empfehlen bei Nässe, Schnee und Eis, Vorsicht an den Steilabhängen.

Tourenverlauf: Lautlingen – Felsenmeer – Schalksburg – Burgfelden – Böllat – Heersberg – Margrethausen – Lautlingen

Ausgangspunkt: Albstadt-Lautlingen, Sportplatz

Anfahrt: ÖPNV: Bahn bis Lautlingen oder Laufen. Auto: B 27 bis Balingen, dann B 463 nach Lautlingen zum Parkplatz beim Sportplatz, Mühlgasse 11. GPS: 48.216854, 8.959458

Einkehr: Lautlingen, Burgfelden

Karte: Wanderkarte W241 Rottenburg am Neckar, 1:25 000, Landesamt für Geoinformation und Landentwicklung Baden-Württemberg (LGL) in Zusammenarbeit mit dem Schwäbischen Albverein e. V.

Informationen: www.traufgaenge.de

Zu den längsten und anspruchsvollsten der Traufgänge zählt diese Tour. Dafür bietet sie aber auch viel: herrliche Wälder, immer wieder Aussichtspunkte – der schönste ist wohl der Böllat –, eine Burgruine, ein beeindruckendes Felsenmeer, Mammutbäume und eine malerische Wacholderheide-Landschaft am Heersberg. Kunsthistorisch Interessierte schauen sich die Fresken im alten Michaelskirchlein in Burgfelden an.

Der offizielle Startpunkt der Tour ist am Parkplatz Albstadt-Burgfelden. Deshalb steht auch auf den ganzen Wegschildern »Burgfelden« als Ziel. Ein Start in Albstadt-Lautlingen ist jedoch nicht nur für diejenigen, die mit der Bahn anreisen, der beste Ausgangspunkt. Von hier hat man die meisten Steigungen auch in der ersten Hälfte der Tour und geht danach fast nur noch abwärts.

Weitere Ausgangspunkte sind der Parkplatz Heersberg in Albstadt-Burgfelden, Albstadt-Margrethausen Friedhof, Wanderparkplatz Albstadt-Laufen.

Vom Sportplatzparkplatz in Lautlingen folgen wir dem steil ansteigenden, durch die Wiesen führenden Muliweg in Richtung »Parkplatz Burgfelden Felsenmeer«. Noch unterhalb des Waldes an einem Absatz der Wiesen werden wir nach links, dann nach schräg rechts oben zu einer Bank verwiesen. Nach ihr wandern wir auf einem festen Sträßchen weiter in den Wald. Dort ignorieren wir die rechts abgehenden Wege und kommen mit leichtem Auf und Ab zu einem querenden Weg. Ihm folgen wir nach links. An

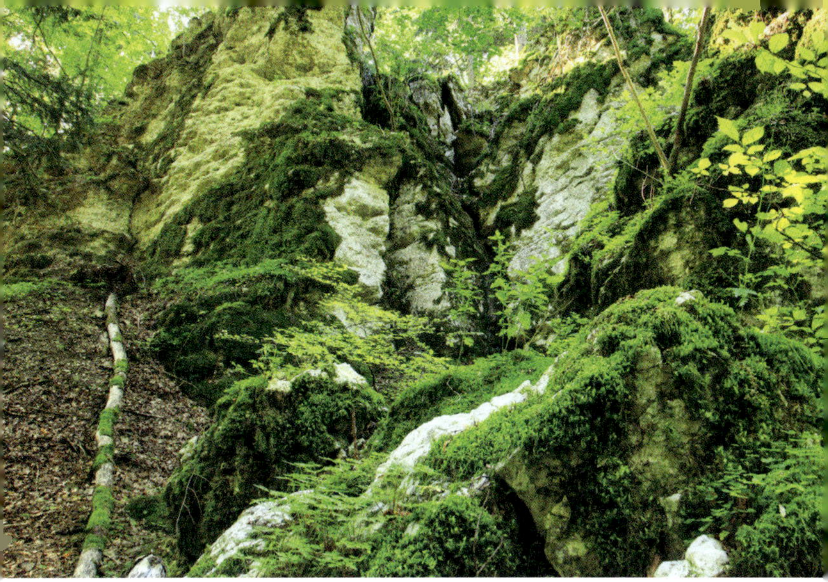

Als hätte die Felsbrocken einer hingeworfen: Mitten im Wald liegt ein Felsenmeer.

der scharfen Linkskurve bei einer modernen Bank gehen wir geradeaus weiter. Kurz danach zweigt der Steig zum »Felsenmeer« rechts ab. Er ist mit »Nur für Geübte« gekennzeichnet. Wer ihn nicht benutzen will, folgt dem Schild geradeaus, mit dem man das Felsenmeer umgeht. Später treffen beide Wege wieder zusammen. Ansonsten steigen wir im Zickzack steil hinauf ins **Felsenmeer** 1, das dieser Wanderung den Namen gegeben hat. Hier ragen mitten im dichten Wald riesige Felsbrocken aus Juragestein meterhoch empor, sodass sich ein wildes Landschaftsbild bietet. Es entstand durch Frostsprengung, also das Wechselspiel von Kälte, Hitze, Frost und Auftauen im Zusammenwirken mit Wasser.

An einer zeichenlosen Verzweigung nehmen wir den rechten Weg, der uns zu einer Art Schlucht bringt. Danach folgen

Burgfelden

Burgfelden wurde 1064 erstmals genannt. Es kam 1403 von den Grafen von Zollern an die Württemberger. Im Friedhofsbereich liegt die frühromanische Kirche Sankt Michael mit bedeutenden Fresken der Reichenauer Schule (Ende 11. Jh.). 1957 fand man den Grundriss einer Grablege. Möglicherweise handelt es sich um die Stiftergrablege (8. Jh.), wahrscheinlicher um eine spätmittelalterliche Bestattung hochstehender Persönlichkeiten.

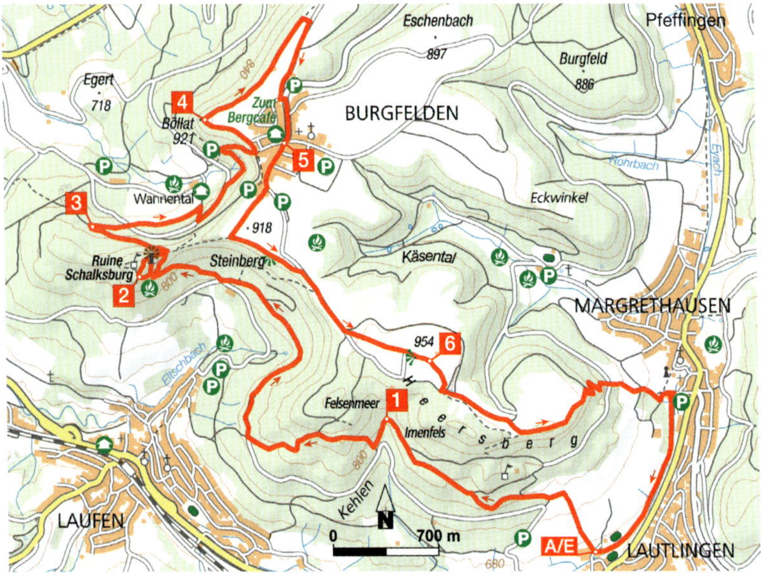

noch weitere riesige Felsungetüme. Am Ende des Felsenmeers kann man nach rechts dem Schild »Abkürzung Parkplatz Burgfelden« folgen. Ansonsten gehen wir nach links steil hinab in Richtung »Schalksburg«. Schließlich treffen wir an einer Kreuzung auf den Umgehungsweg des Felsenmeers. Hier halten wir uns rechts. Wenn man die Umgehung gewandert ist, geht man aber geradeaus weiter.

Nach weiterem Bergab treffen wir auf einen querenden breiten Forstweg. Wer am Parkplatz Laufen gestartet ist, folgt hier dem geradeaus weiterweisenden Schild (0,9 km, Zeichen rote Raute), ansonsten biegen wir rechts ab. Nun wandern wir eben auf dem breiten Weg bis zu einer Kreuzung. Hier kommen wir links nach 1 km ebenfalls zum Parkplatz Laufen (Zeichen rotes Dreieck). Ansonsten steigen wir nach rechts steil hinauf in Richtung »Schalksburg«. Der

Weg geht in einen schmalen Steig über. Oben werden wir nach links zur »Schalksburg« verwiesen, die nach weiterem Anstieg links liegt. Wer will, kann von der **Schalksburg** (910 m) 2 aus noch den Höhenrücken, auf dem sich einst die Burg ausbreitete, umrunden (etwa 0,6 km zusätzlich). Man kommt dabei an zwei herrlichen Aussichtspunkten und an einem Mauerrest der Burg vorbei.

Danach wandern wir von der Burg wieder zurück, bis wir nach links verwiesen werden. Nun geht es steil hinab. Wir treffen nach dem Steig auf einen breiteren Weg, dem wir nach links zu einer Kreuzung folgen. Hier können wir nach links zu den **Mammutbäumen** 3 gehen, kehren aber wieder hierher zurück. Dann nehmen wir den Wiesenpfad, der, von oben gesehen, nach rechts am Waldrand und rechts der Wiesen des Hofguts Wannental entlangführt.

Schalksburg

Die Schalksburg auf dem rund 2,7 ha großen Felsplateau war einst eine der größten und umfangreichsten Burganlagen der Schwäbischen Alb, was man heute nicht mehr erkennen kann. Der Bergsporn war schon recht früh besiedelt, denn hier fand man Gegenstände aus der Bronze-, der Urnenfelder-, der Hallstatt- und der La-Tène-Zeit, ebenso römische Scherben. Seit dem 12. Jh. lebten auf der um 1100 entstandenen Burg die Herren von Schalksburg, aus denen die Grafen von Zollern hervorgingen. 1288 gründete Graf Friedrich der Junge die Linie der Grafen von Zollern, Herren zu Schalksburg. Über diese Familie, die sich später »von Rosenfeld« nannte, wurden die Schalksburger Ahnherren der Großherzöge von Baden.

Im Jahr 1403 verkaufte Graf Friedrich von Zollern die Herrschaft an Württemberg, 1464 wurde die Schalksburg von Graf Niklas von Zollern belagert und zerstört. Nach 1554 verfiel sie und 1624 wurde sie als »ein alt abgegangen Schloß« bezeichnet. Zwischen 1957 und 1960 hat man die Ruine wieder instand gesetzt und der Schwäbische Albverein baute den Bergfried als Aussichtsturm wieder auf. Nach diesem Aussichtsturm kann man auf einem Pfad zur ehemaligen Kernburg an der höchsten Stelle gehen. Sie war an zwei Seiten durch steil abfallenden Fels geschützt. Etwas weiter auf dem Bergsporn kommt man zu einem kleinen gemauerten Wandstück, einem Rest eines ehemaligen Turmes.

Nach links zurück haben wir einen schönen Blick ins Vorland, links vor uns sehen wir zum felsigen Böllat. Schließlich stehen wir vor dem querenden Wald und gehen hier kurz nach rechts hinauf zu einem breiten Forstweg. Ihm folgen wir nach links. Schließlich zweigt der Traufgang rechts ab. Nun steigen wir auf einem wieder steilen Steig hinauf zu einem asphaltierten Weg. Rechts sehen wir die ersten Häuser von Burgfelden. Hier halten wir uns links und sind in wenigen Minuten am **Aussichtsfels Böllat** 4. Er bietet uns wohl die schönste Sicht des Tages.

Danach folgen wir dem Trauf nach rechts. Es geht an weiteren Aussichtspunkten vorbei, dann in zwei Rechtsknicken zurück zum Parkplatz Burgfelden. Wir kommen weiter nach Burgfelden hinein und wandern an der **Sankt-Michaels-Kirche** 5 vorbei. Am Querweg danach liegt rechts die Bushaltestelle Burgfelden Mitte. Es folgt eine weitere Querstraße, auf der wir etwas nach rechts versetzt im Burgweg weitergehen. Am Ortsende befindet sich links der Parkplatz Heersberg. Wir spazieren aber geradeaus weiter, nach dem letzten Haus über die Wiesen zum Trauf. Hier halten wir uns links. Nun folgen einige schöne Aussichtspunkte, die uns einen Blick hinab ins Eyachtal und nach Laufen bzw. Lautlingen bieten. Später sehen wir links einen großen Spielplatz.

Vor allem im Frühjahr finden wir in den mageren Wiesen eine reiche Flora.

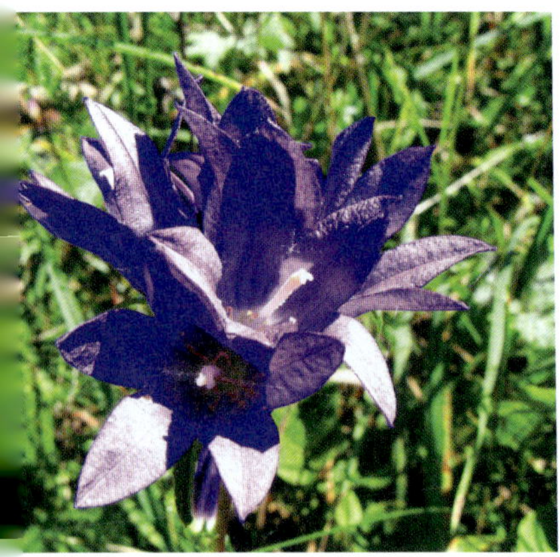

Wir wandern erst rechts des Sträßchens auf einem Wiesenpfad, dann werden wir auf die linke Seite verwiesen. Nun steigt es an auf den **Heersberg** 6. An der höchsten Stelle kommen wir am Wasserbehälter vorbei, danach geht es noch kurz geradeaus, dann zieht unser

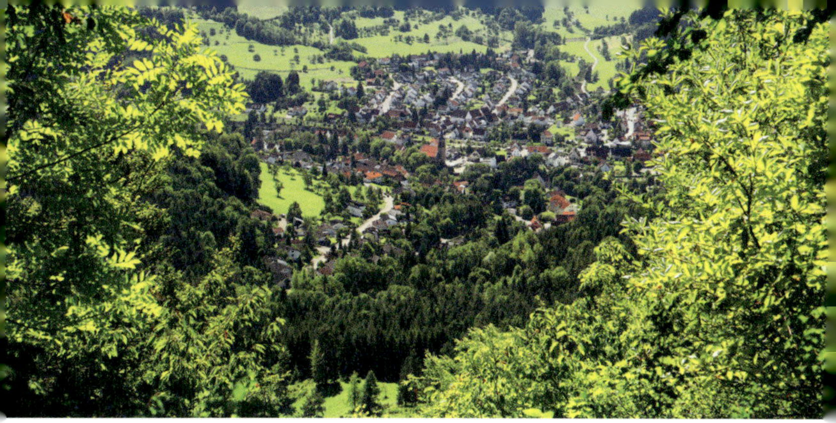

Blick hinab ins Eyachtal

Weg nach rechts. An der Kreuzung mit dem festen Weg gehen wir nach links weiter, direkt am Waldrand entlang.

Kurz danach knickt der Weg rechts ab. Leicht ansteigend kommen wir hinauf auf einen Höhenrücken, dem wir nach links folgen. Schließlich fällt es steil ab. Wo rechts ein Aussichtspunkt liegt, wandern wir weiter am Trauf entlang in Richtung »Margrethausen«. Nach dem Schild mit der Erklärung zum **Muliweg** geht es wieder in den Wald, nun wieder etwas ansteigend und weiter am Steilabfall. Der Muliweg erhielt seinen Namen nach den Mulis, die in den Jahren 1940/41 mit den Gebirgsjägern vom Truppenübungsplatz Heuberg fast jeden Tag diesen Aufstieg benutzt haben.

Schließlich wandern wir im Zickzack hinab auf Margrethausen zu. Nach dem Wald gehen wir durch die Wiesen kurz nach links und am nächsten Querweg nach rechts. Nach dem Wasserbehälter müssen wir nach links hinunter, entlang des plätschernden Baches. An der querenden Asphaltstraße biegen wir links ab und kommen hinab zur Eyach, die vor Margrethausen fließt. Vor dem Bach geht es nach links zum Parkplatz, nach rechts werden wir nach »Lautlingen« verwiesen. Immer entlang der Eyach kommen wir zurück zum Parkplatz Sportplatz in Lautlingen.

18 Wiesenrunde

Parkartige Landschaft am Irrenberg

Mittel | 10,5 km | 300 Hm | 3.30 Std.

Tourencharakter: Feste und Naturwege. An den Steilabhängen sollte man bei feuchtem Wetter und im Winter aufpassen. Auch auf Kinder sollte hier geachtet werden.

Tourenverlauf: Parkplatz Pfeffingen – Zitterhof – Irrenberg – Hörnle – NSG Roschbach – Parkplatz

Ausgangspunkt: Albstadt-Pfeffingen

Anfahrt: ÖPNV: Bahn bis Ebingen, dann Bus bis Pfeffingen Lamm. Von dort auf Zillhauser Str. Richtung »Balingen« aus Pfeffingen hinaus bis Parkplatz Pfeffingen. Auto: B 27 bis Bisingen, links ab und auf L 360 hinauf zum Stichwirtshaus. Rechts ab nach Pfeffingen zum Wanderparkplatz Wünschtal vor dem Ort, Zillhauser Str. 63. GPS: 48.256535, 8.953687

Karte: Wanderkarte W241 Rottenburg am Neckar, 1:25 000, LGL Baden-Württemberg in Zusammenarbeit mit dem Schwäbischen Albverein e. V.

Informationen: www.traufgaenge.de

Vom Titel »Wiesenrunde« darf man sich nicht täuschen lassen: Außer durch prächtige Wiesen, die von zahlreichen, teils seltenen Blumen bewachsen sind, wandern wir auch durch schöne Waldstücke. Unterwegs haben wir immer wieder einen schönen Ausblick.

Diese Wanderung beginnt am Parkplatz Pfeffingen. Die Bushaltestelle liegt weiter im Ort, wer also mit den Öffentlichen kommt, muss noch etwa 2 km und 30 Hm dazurechnen. Ein alternativer Ausgangspunkt

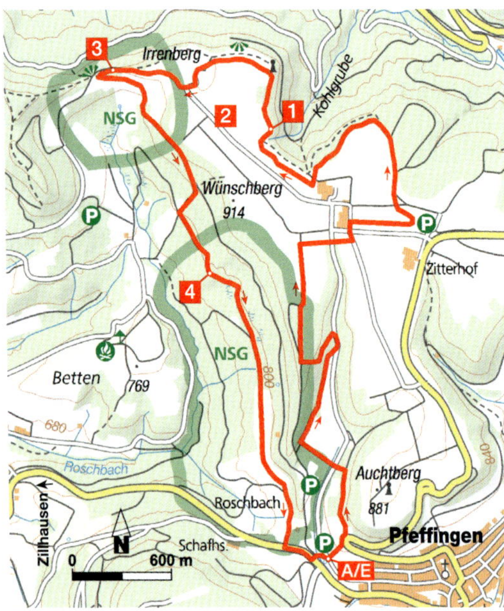

wäre der Parkplatz Zitterhof. Wer dort startet, hält sich am Ende des Parkplatzes links. Am nächsten Schild zieht der Schotterweg nach rechts. Geradeaus verläuft ein Wiesenweg weiter; auf ihm kommen wir dann am Schluss zurück.

Von unserem Startpunkt aus, dem **Parkplatz Pfeffingen**, steigen wir auf dem steil ansteigenden Schotterweg hinauf bis zu einer Kurve der Landstraße. Dort biegen wir links ab in den Kurzwünschtalweg. Bald werden wir nach links verwiesen. Wir überqueren einen Asphaltweg und steigen dahinter auf einem Wiesenweg an bis zum Waldrand. Dort werden wir etwas nach rechts versetzt in den Wald geschickt. Auf dem querenden Weg biegen wir rechts ab.

Wo der Pfad auf den Asphaltweg trifft, zweigen wir links ab in den Wünschbergweg. Es steigt nun weiter

Idyllische Landschaft am Irrenberg

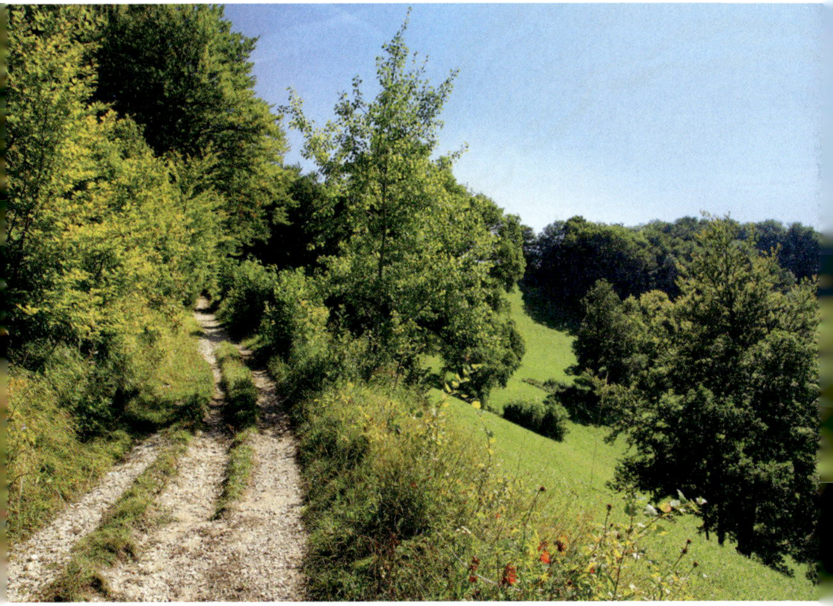

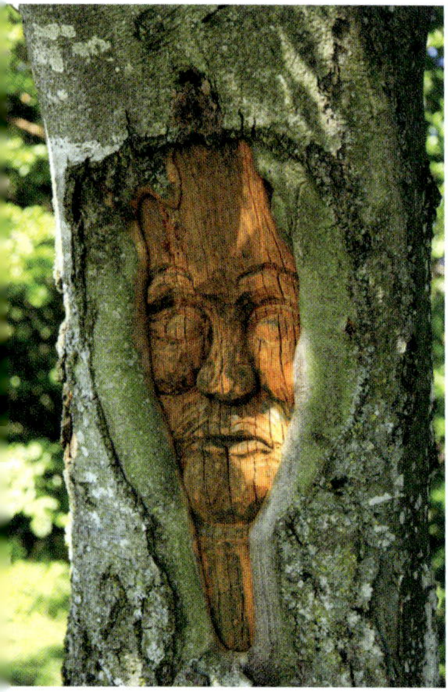

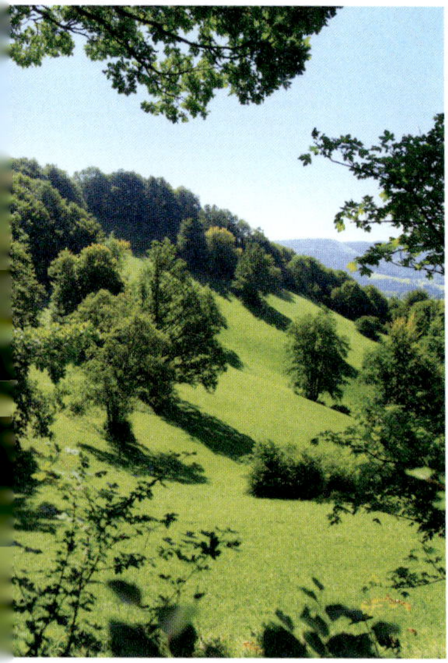

an. Oben auf dem Höhenrücken treffen wir auf einen querenden Weg, dem wir nach rechts folgen. Nach dem Wald wandern wir durch Wiesen und Felder bis zum ersten Querweg. Hier biegen wir rechts ab, nach dem Zitterhof links. Wo der Asphaltweg nach links zieht, zweigen wir rechts auf den Wiesenweg ab.

Am nächsten Schild gehen diejenigen Wanderer, die am Parkplatz Zitterhof gestartet sind, geradeaus zum bereits sichtbaren Parkplatz weiter. Wer am Parkplatz Pfeffingen gestartet ist, hält sich hier links in Richtung »Irrenberg«.

Nun wandern wir am Waldrand entlang und gehen am querstehenden Wald in diesen hinein. Gleich darauf biegen wir links ab und spazieren weiterhin am Waldrand entlang. Immer wieder kommen wir an Aussichtspunkten vorbei. Wir verlassen den Wald vor einer Scheune und halten uns rechts. Noch immer geht es am Waldrand weiter, später sind wir dann im Wald. Dort kommen wir an einem Gedenkstein für die 1889 verunglückte A. Marie Strobel vom Zitterhof vorbei. Danach verlassen wir den Wald und stoßen auf den Aussichtspunkt **Zollerburg-Blick** 1. Hier findet man auch einen in einen Baumstamm geschnitzten Kopf, der das sagenhafte »Keaweible« darstellt.

Kurz danach gehen wir nach links zum Wasserbehälter, wandern rechts an ihm vorbei und anschließend nach links zur asphaltierten Zufahrtsstraße. Hier biegen wir rechts ab. Gleich darauf an der Linkskurve und am Schild zum Naturschutzgebiet Irrenberg biegen wir rechts ab in Richtung »Hörnle«. Nun geht es am **Irrenberg** 2 entlang bergab.

Im Wald können wir nach rechts einen Abstecher von 100 m zum **Aussichtspunkt Steinhofen** 3 machen, wo wir auf eine Tafel des Geologischen Wanderwegs Zillhausen treffen. Zurück wandern wir weiter bergab bis zum nächsten Schild des Naturschutzgebiets Irrenberg. Hier biegen wir links ab.

Wir wandern nun durch die Wiesen des Irrenbergs und kommen nach einer Rechtskurve in den Wald. Durch diesen recht urtümlichen Wald wandern wir teils auf breitem Weg, teils auf einem Pfad. An Tafel 9 des Geologischen Wanderwegs biegen wir rechts ab in den Crieseweg (Kirschenweg) und wandern abwärts zu einem querenden Weg. Rechts sehen wir die Tafel 10 des Geologischen Wanderwegs, biegen aber links ab. Nun wandern wir immer geradeaus durch einen schönen Wald, später durch das **Naturschutzgebiet Roschbach** 4.

Nach dem Wald geht es durch eine Schneise, in welcher wir sowohl Obstbäume als auch Wacholdersträucher finden. Immer geradeaus gehend, kommen wir bis kurz vor die Straße. Hier biegen wir links ab und wandern in wenigen Minuten zurück zum Parkplatz Pfeffingen.

Irrenberg

Die Landschaft am Irrenberg ging aus ehemaligen Holzwiesen hervor. Diese dienten lange als Waldweide und zum Holzeinschlag. In den sechziger Jahren des 20. Jh. bestand die Gefahr, dass die Wiesen mit Nadelbäumen aufgeforstet werden. Deshalb wurden sie vom Schwäbischen Heimatbund aufgekauft. Seit 1972 werden sie alljährlich von ehrenamtlichen Helfern in der »Aktion Irrenberg« abgemäht, um den Kalkmagerrasen und damit den alpinen Charakter der Natur zu erhalten. Man findet hier seltene Pflanzen wie Küchenschellen, Traubenhyazinthen, Berghähnlein, Gelben Enzian und Arnika. Außerdem leben hier zahlreiche Schmetterlingsarten, Eidechsen und Vögel.

Links oben: Das »Keaweible« erinnert an eine alte Sage.

Links unten: Wie ein englischer Landschaftspark – die Landschaft am Irrenberg

19 Schneewalzer

Bequemer geht es im Winter kaum

Leicht | 5,2 km | 100 Hm | 2 Std.

Tourencharakter: Der Weg ist nur bei ausreichender Schneemenge präpariert und begehbar. Nach Schneefall kann es etwas dauern, bis er präpariert ist.

Tourenverlauf: Burgfelden – Heersberg – Burgfelden

Ausgangspunkt: Albstadt-Burgfelden, Burgweg 44

Anfahrt: Mit dem PKW auf B 27 bis Balingen, dann auf B 463 Richtung Albstadt-Ebingen. Weiter auf L 442 über Dürrwangen, Stockenhausen und Zillhausen bis kurz vor Pfeffingen. Rechts ab nach Burgfelden. Dem Burgweg aus dem Dorf hinaus folgen bis zum Parkplatz. GPS: 48.245661, 8.932516

Karte: Wanderkarte W241 Rottenburg am Neckar, 1:25 000, Landesamt für Geoinformation und Landentwicklung Baden-Württemberg (LGL) in Zusammenarbeit mit dem Schwäbischen Albverein e. V.

Einkehr: Burgfelden

Informationen: www.traufgaenge.de

Im Bereich Albstadt gibt es neben sieben »normalen« Premiumwanderwegen auch zwei der wenigen Premium-Winterwanderwege in Deutschland – einer davon ist der »Schneewalzer«. Dieser führt von Burgfelden zum Heersberg und wieder zurück und verläuft auf gewalzten Wegen. Sollte der Weg noch nicht präpariert sein, kann man immer noch auf dem normalen Weg zum Heersberg wandern. Optimal ist es, wenn man Schneeschuhe dabeihat, um über die ungebahnte Schneefläche wandern zu können.

In **Burgfelden** folgen wir dem Burgweg zum Parkplatz Heersberg. An dessen Anfang führt der gebahnte Premium-Winterwanderweg nach rechts. Er ist gut mit blauen Schildern markiert, denen man nur zu folgen braucht. Links der Häuser wandern wir

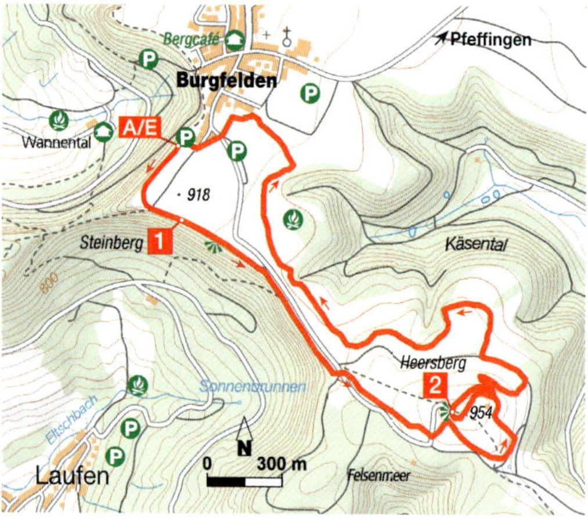

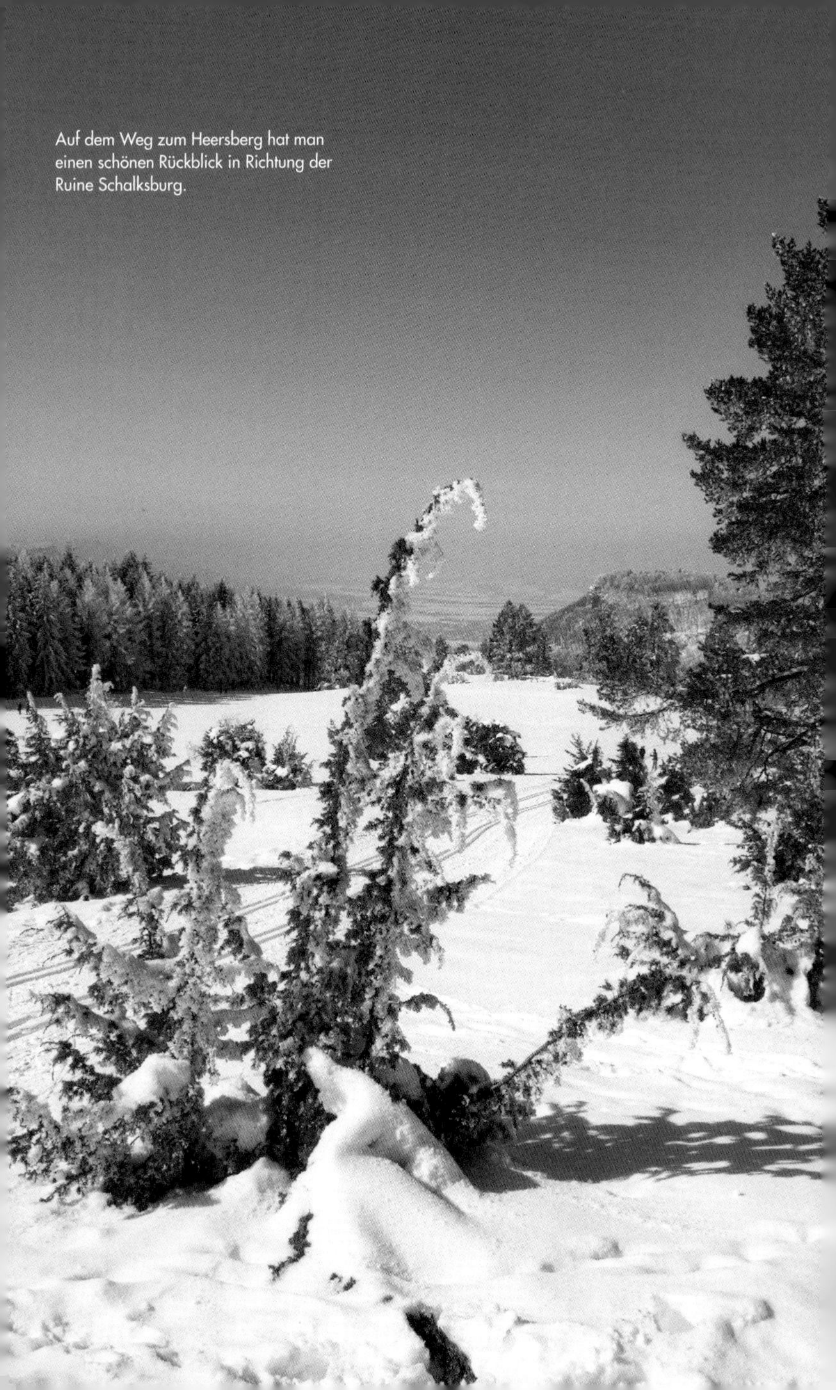

Auf dem Weg zum Heersberg hat man einen schönen Rückblick in Richtung der Ruine Schalksburg.

zum Trauf und halten uns dort links. Am nächsten Linksknick befindet sich ein **Aussichtspunkt** ❶ mit herrlichem Blick hinab ins Eyachtal und zu den Albhöhen dahinter. Hier ist ein Abstecher zur Schalksburg empfehlenswert, sollten bereits Wegspuren nach rechts hinabführen. Der Weg dorthin lohnt sich, er beträgt einfach nur 0,7 km.

Ansonsten folgen wir dem gebahnten Weg nach links. Er verläuft ständig am Trauf und bringt uns an einigen Aussichtspunkten vorbei. Schließlich überqueren wir das Sträßchen und wandern auf seiner linken Seite sanft aufwärts. Wir überqueren den vom Sträßchen im rechten Winkel links abknickenden Weg zum Wasserbehälter. Etwas später führt der präparierte

Gerade im Winter sind gute Markierungen wichtig. Bei Premiumwanderwegen ist dies sogar Voraussetzung.

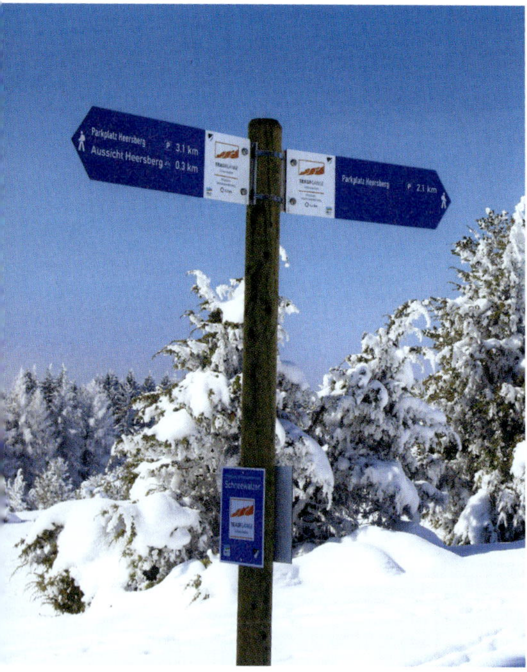

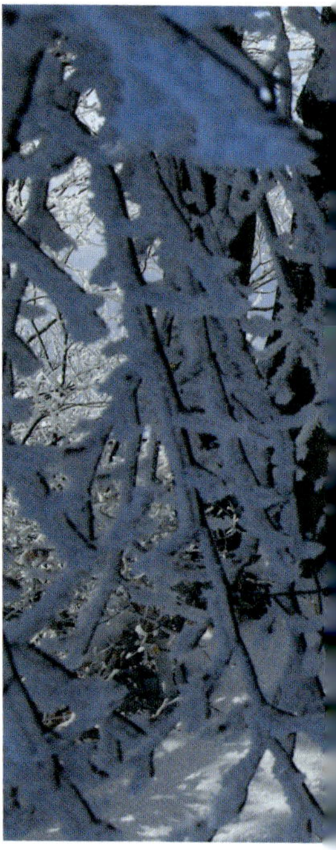

Weg ebenfalls nach links etwas hinauf zum **Heersberg** ❷. Auf diesem wächst eine für die Schwäbische Alb typische Wacholderheide mit markanten Bäumen, die durch die Wirkung der Schneelast im Winter teils bizarre Formen angenommen haben. Vom höchsten Punkt bietet sich eine weite Aussicht über das Gebiet, auf Burgfelden und zur Schalksburg. Dann wandern wir in einigen Kurven wieder hinab. Unser Weg zieht kurz nach rechts, dann wieder abwärts und schließlich nach links. Nach einer »Ausbuchtung« nach rechts führt der Weg uns wieder in die Nähe des Sträßchens. Er verläuft nach dem Spielplatz nach rechts bis kurz vor die Häuser und von dort nach links zurück zum Ausgangspunkt.

Blick hinab ins Eyachtal

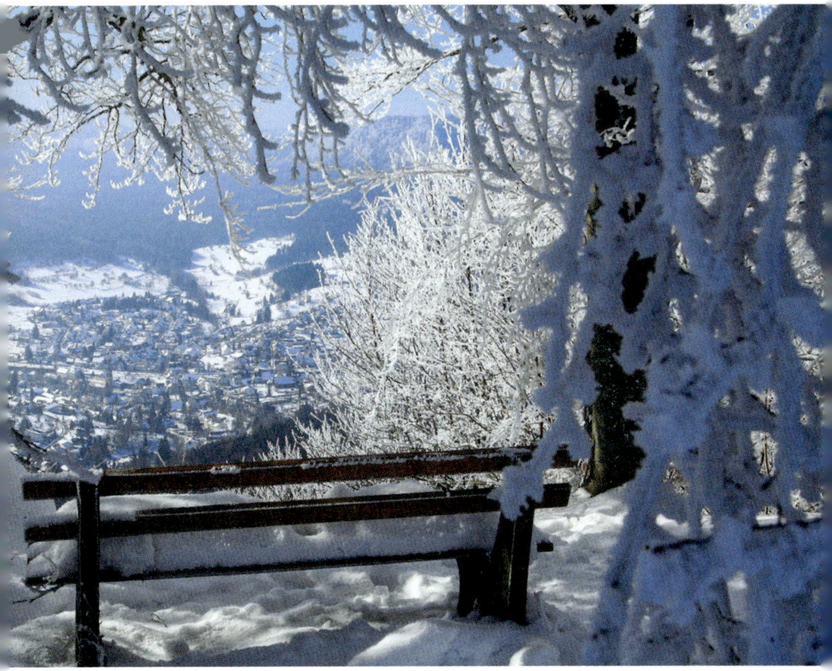

20 Wintermärchen

Auf präpariertem Weg über den Raichberg

Leicht | 7,5 km | 170 Hm | 2.30 Std.

Tourencharakter: Geräumter Winterwanderweg, bei ausreichender Schneelage präpariert. Ausweichparkplätze: Dagersbrunnen, Zollersteighof, Nägelehaus, Fuchsfarm und Langer Weg

Tourenverlauf: Parkplatz Stocken – Dagersbrunnen – Zollersteighof – Raichbergturm/Nägelehaus – Gockeler – Parkplatz

Ausgangspunkt: Albstadt-Onstmettingen, Parkplatz Stocken.

Anfahrt: ÖPNV: Bahn bis Ebingen, Bus bis Onstmettingen Rathaus oder Hofäckerstraße. Auto: B27 bis Bisingen, links ab und auf L360 hinauf nach Albstadt-Onstmettingen. Im Ort Beschilderung zum Raichberg/Nägelehaus folgen zum Parkplatz Stocken. GPS: 48.294222, 8.999419

Einkehr: Zollersteighof, Nägelehaus, Onstmettingen

Karte: W241 Rottenburg am Neckar, 1:25 000, LGL Baden-Württemberg/Schwäb. Albverein e. V.

Informationen: www.traufgaenge.de

Wie der Winterwanderweg »Schneewalzer« führt auch dieser zweite Winterwanderweg in Albstadt durch eine herrliche Landschaft. Man wandert meist über freie Flächen, bei denen sich ein weiter Blick über die lebhaft strukturierte Hochfläche der Zollernalb bietet. Wer will, macht einen Abstecher zum Zeller Horn, danach geht es hinauf zum Nägelehaus und zum Aussichtsturm des Schwäbischen Albvereins.

Für eine echte Winterwanderung brauchen wir natürlich Schnee. Dass hier auf dem Raichberg welcher liegt, ist zwar nicht immer garantiert, bei einer Höhe

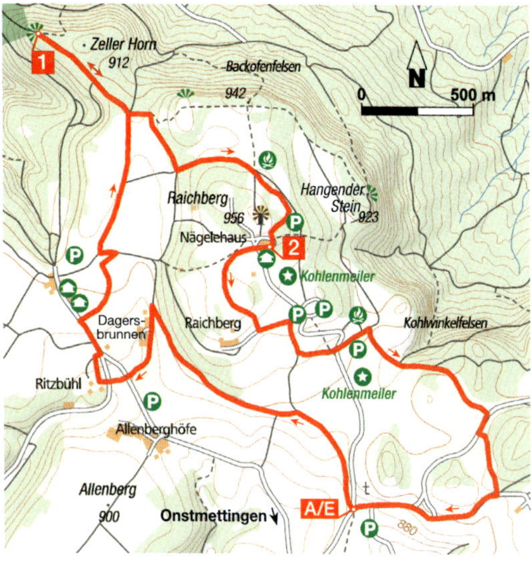

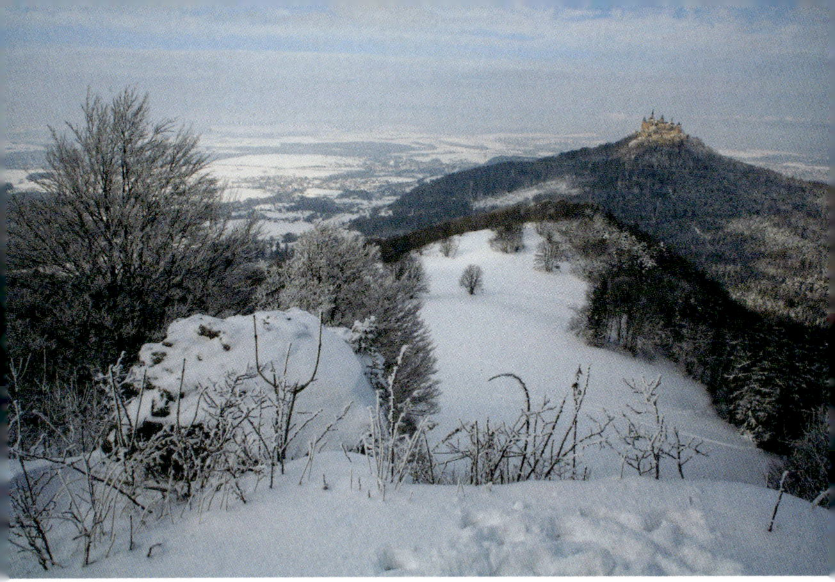

Blick vom Zeller Horn zur Burg Hohenzollern

von rund 1000 m aber doch ziemlich wahrscheinlich. Der Parkplatz Stocken ist der erste nach Onstmettingen kurz nach der Verzweigung Zollersteighof/Nägelehaus in Richtung Nägelehaus. Der Winterwanderweg beginnt auf der anderen Straßenseite. Er zieht kurz danach nach links, dann knickt er scharf links ab. Wir wandern nun über der zum Zollersteighof führenden Straße in den Wald und durch ihn weiter. Wo wir an seinem Rand auf einen querenden Weg treffen, werden wir nach links in Richtung »Dagersbrunnen« verwiesen. Es geht an einem Stromumsetzer, dann an einem Hof vorbei. Wo die Zufahrtsstraße nach diesem nach rechts zieht, wandern wir geradeaus weiter. Nach dem eingezäunten Grundstück mit einem Holzhaus knickt der Wanderweg scharf rechts ab. Wir überqueren die Straße und gehen über die Freifläche hinab zu einer anderen Straße. Hier halten wir uns rechts.

Sie vereinigt sich bald mit einer anderen Straße. Hier behalten wir die Richtung zum bereits sichtbaren **Zollersteighof** bei. Gleich danach werden wir aber nach rechts verwiesen. Nun wandern wir über Wiesenflächen bis zu einem querenden Weg, wo es nach links in Richtung »Zollersteighof« geht. Vor ihm noch weist uns das Wanderzeichen jedoch nach rechts in Richtung »Raichberg-Turm«. Wir gehen geradeaus auf den Waldrand zu. Dort führt unser Wanderweg im rechten Winkel nach rechts weiter. Empfehlenswert ist jedoch der 0,5 km lange Abstecher in Gehrichtung durch den Wald zum **»Zeller Horn«** ❶. Hier hat man eine herrliche Aussicht zur Burg Hohenzollern und ins Albvorland. Danach kehren wir wieder zum Abzweig zurück und biegen links ab.

Vor dem Wald weist uns das Zeichen nach rechts. Es geht am Waldrand entlang und schließlich folgen wir dem Wegweiser scharf nach links und wandern, später mit einem weiten Rechtsbogen, hinauf zum Raichbergturm und dem dahinter liegenden **Nägelehaus** ❷. Danach folgen wir dem Zeichen weiter in Richtung »Parkplatz Fuchsfarm«, den wir nach einer Links-, dann einer Rechtskurve erreichen. Wir gehen am Querweg ein paar Schritte in Richtung Parkplatz, dann zweigen wir rechts ab in Richtung »Parkplatz Langer Weg«. Nach etwas Bergab müssen wir scharf links abbiegen. Wir überqueren die Straße

Raichberg und Wanderheim

Der Raichberg (956 m) ist eine Kuppe auf der Albhochfläche inmitten einer recht urtümlichen und teilweise parkartig wirkenden Landschaft mit Wacholderheiden und Weidbuchen. Im Sommer wachsen an einzelnen Stellen der Gelbe und der Deutsche Enzian. Auch den duftenden Wilden Thymian und den Fransenenzian findet man auf den Blumenwiesen. Die Weidbäume wurden in früheren Zeiten stehen gelassen, um dem Vieh Schatten zu bieten. Bis in Kopfhöhe der Tiere wurden die Äste abgefressen, darüber haben die Bäume meist mächtige Kronen. Die ältesten sind einige hundert Jahre alt.

Das Wanderheim Nägelehaus wurde wie der Turm 1928 erbaut und nach Prof. Dr. Eugen Nägele, einem Mitbegründer des Schwäbischen Albvereins, benannt. Es entstand aus dem Wunsch der bereits in den 1920er-Jahren fast 300 Mitglieder starken Ortsgruppe Onstmettingen nach einem Wanderheim (und einem Aussichtsturm). Der Turm wurde in Betonbauweise erstellt. Von der 19 m hoch gelegenen Aussichtsplattform hat man einen herrlichen Blick über die westliche Alb und bei guter Sicht bis zur Alpenkette von der Zugspitze bis zum Berner Oberland.

und gehen durch den Parkplatz hindurch. Kurz nach ihm knickt unser Weg scharf rechts ab. Es geht etwas abwärts, dann schwenkt der Wanderweg nach links und steigt etwas an. Nach einem kurzen Waldstück

Auf dem Weg zum Zeller Horn

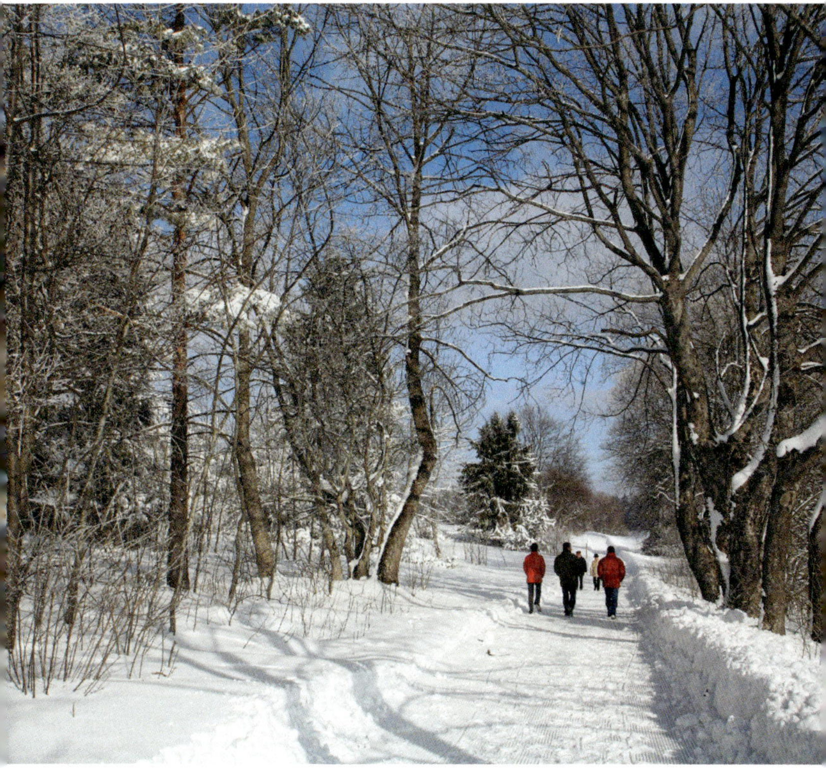

zieht der Wanderweg etwas nach rechts und trifft bei einem querenden Sträßchen auf eine Waldecke. Hier wandern wir geradeaus, rechts des Waldes und der Erhebung Gockeler weiter. Danach treffen wir wieder auf einen festen Weg. Er führt uns in wenigen Minuten nach rechts hinab zum Ausgangspunkt.

21 Tieringer Hörnle

Traumhafte Landschaft, grandiose Aussicht

Mittel | 10,5 km | 360 m | 4 Std.

Tourencharakter: Zumeist Pfade. Vorsicht an den Steilabstürzen! Alternativ kann man am Parkplatz Stockäcker, am Parkplatz Alte Steig und am Hörnleparkplatz starten. Wer am Hörnleparkplatz beginnt, geht von hier aus am besten zum Hörnle.

Tourenverlauf: Tieringen Schlichemhalle – Parkplatz Alte Steige – Hörnle – Hülenbuchwiesen – Parkplatz Stockäcker – Backofenfels/Höhle Hohler Backofen – Schlichemquelle – Tieringen

Ausgangspunkt: Meßstetten-Tieringen, Schlichemhalle

Anfahrt: ÖPNV: Bahn bis Albstadt-Ebingen, Bus bis Tieringen Rathaus. Auto: B 27 bis Balingen, kurz B 463 folgen und auf L 440 und Lochenpass nach Tieringen. Dort in Schlichemstr. zu Schlichemhalle/Barfußpfad. GPS: 48.203584, 8.876451

Einkehr: Tieringen, Grillmöglichkeit: Hörnle, Schlichemquelle

Karte: Freizeitkarte F507 Villingen-Schwenningen (LGL)

Höhepunkte der Wanderung sind die vielen Aussichtspunkte, die Höhle Backofenfels/Hohler Backofen, die Schlichemquelle und die weite Wiesenlandschaft der Hülenbuchwiesen um das Hörnle. Mit leichtem Auf und Ab wandern wir dabei rund um Tieringen.

Den Parkplatz der Schlichemhalle im Rücken wandern wir in der Straße Hinter Burg nach links. Vorerst orientieren wir uns immer an der Beschilderung zum »Hörnle«. Wir biegen kurz danach links ab in

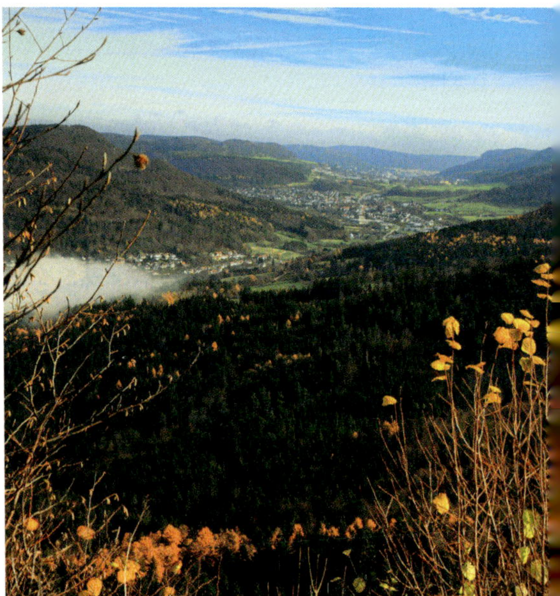

die Straße Am Hasenbrunnen. Am Schild **Am Hasenbrunnen** (840 m) zweigen wir rechts ab und wandern auf dem Wiesenweg (Nackwegle) sanft ansteigend bzw. fast eben über Tieringen weiter, bis wir auf ein Asphaltsträßchen stoßen. Auf ihm gehen wir nach links hinauf zum Parkplatz Alte Steig. Hier überqueren wir die Straße, die nach links zum Hörnleparkplatz führt, und wandern eben über die Felder weiter. Der Feldweg knickt bald links ab. Am zweiten querenden Weg, einem unbefestigten Wiesenweg, biegen wir mit dem Zeichen rechts ab. Vor dem Wald zieht der Weg nach links und bringt uns in den Wald, der als Bannwald ausgewiesen ist. Wir gehen bis zum Trauf, wo wir nach links verwiesen werden.

Nun geht es zeitweise am Steilabfall und immer wieder mit Aussicht auf einem schmalen Pfad durch

Links: Blick vom Hörnle durch das Eyachtal

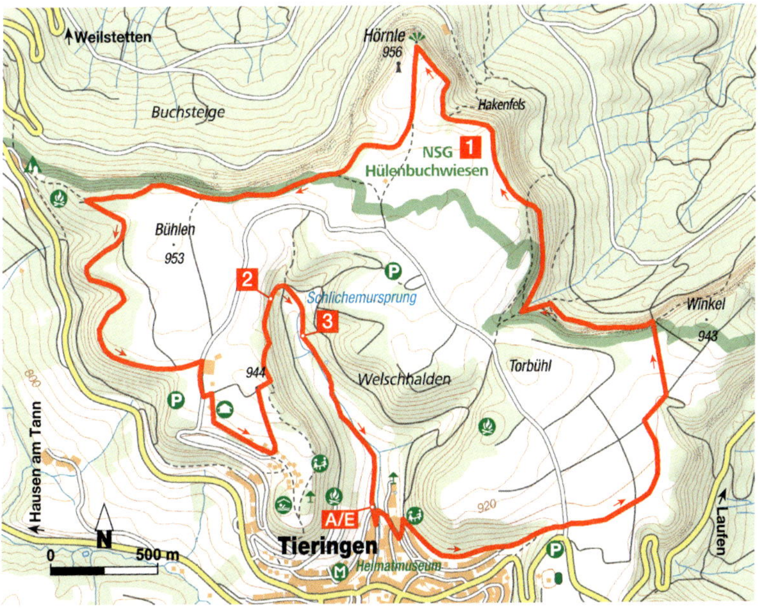

Hülenbuchwiesen

Die Hülenbuchwiesen mit ihrem fast parkartigen Charakter entstanden aus jahrhundertelanger extensiver Bewirtschaftung – wohl weil sie eine von Ansiedlungen weit entfernte Lage aufweisen. Es waren einmähdige, ungedüngte Magerwiesen, die deshalb auch eine besondere Flora entwickeln und behalten konnten.

den Wald. Dahinter biegen wir rechts ab. Es folgen ein paar Aussichtspunkte, von denen wir schön hinab ins Eyachtal sehen können; auch der Gräbelesberg schaut markant hervor. Nun wandern wir über die **Hülenbuchwiesen** ❶ und vorbei am Hakenfels zum Hörnle, einem weiteren Fels mit herrlicher Aussicht. Am Hörnle gehen wir in Richtung »Lochenstein Parkplatz Stockäcker« weiter. Kurz nach dem Hörnle passieren wir das **Gefallenenehrenmal** der 4. Gebirgsdivision/Enzian-Division. Der Weg führt nun teilweise am Trauf entlang, teilweise am Waldrand und über die Hülenbuchwiesen. Der Plettenberg ist immer wieder zu sehen. Mit leichtem Auf und Ab kommen wir zum Aussichtspunkt Schinderlucke, danach in den Wald. Wir gehen bis zum Druckreglerhäuschen, wo wir scharf nach links verwiesen werden.

Nun wandern wir auf einem geschotterten Waldweg mit vielen Windungen bis zu einer Bank an

Mit einem kurzen Abstecher erreicht man die Höhle »Hohler Backofen«.

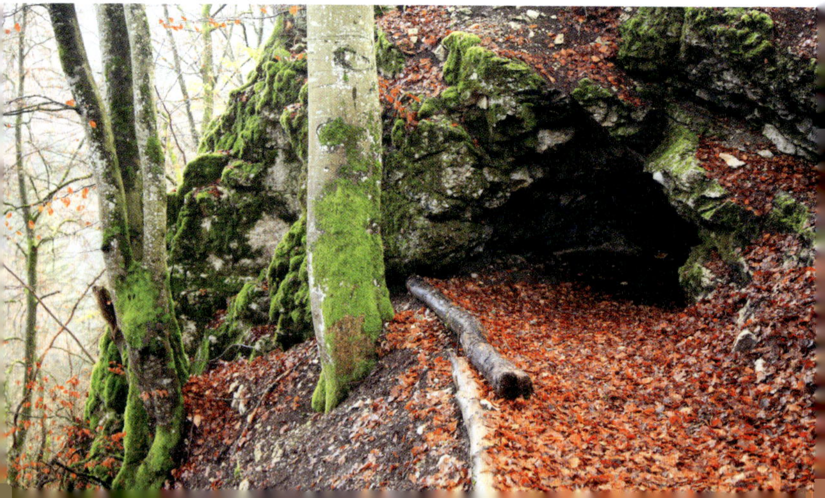

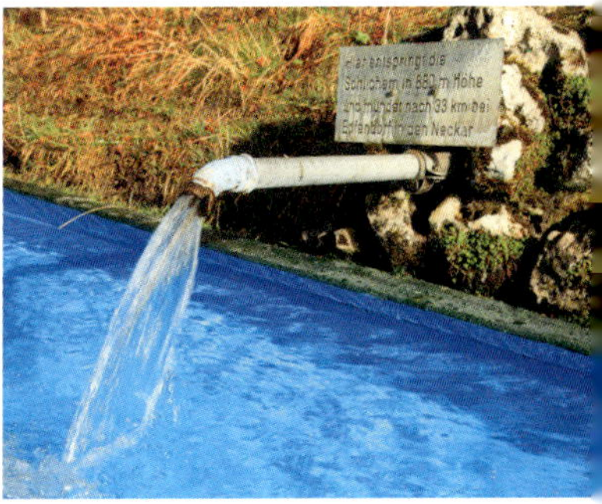

Frisches Wasser gibt's an der Schlichemquelle.

einem **Aussichtsplatz**, von der aus man bei guter Sicht den Feldberg erblickt. Etwas später erreichen wir den Parkplatz Stockäcker. Hier biegen wir rechts ab. Jetzt folgen wir der Beschilderung zur »Schlichemquelle«. Das Zeichen weist uns kurz darauf am Schild Am Kurzensteig (929 m) nach links, dann gleich wieder rechts. Nun geht es wieder auf einem Wiesenpfad oberhalb des Feriendorfs weiter. Nach den Liegen werden wir scharf nach links verwiesen. Es steigt kurz an, dann wandern wir am Steilabfall entlang und schließlich etwas abwärts in den Wald. Kurz danach geht es steil bergab. Rechts liegt die kleine Kalksteinhöhle **»Hohler Backofen«** **2**, zu der man einen kurzen Abstecher machen kann. Ansonsten geht es auf schmalem Steig weiter hinab bis zu einem querenden Forstweg vor einer Lichtung. Hier finden wir eine Schutzhütte und einen Grillplatz. Zur Schlichemquelle folgen wir dem Pfad über die Wiese. Die auf 860 m Höhe oberhalb von Tieringen in der Nähe der Europäischen Wasserscheide entspringende **Schlichem** **3** ist ein rechter Nebenfluss des Neckars. Nach 33 km mündet sie bei Epfendorf (570 m) in den Neckar, nachdem sie noch durch die beeindruckende Schlichemklamm geflossen ist. Auf ihrem Lauf durchquert oder streift sie u. a. Tieringen, Hausen am Tann und Schömberg. Bei Schömberg ist sie zu einem beliebten Badesee aufgestaut.

Ab der Quelle wandern wir auf einem Feldweg durch das Schlichemtal. Von rechts kommt immer wieder ein Wasserlauf, der in die Schlichem führt. Kurz vor dem Ausgangspunkt Schlichemhalle begleitet uns der Barfußpfad, auf dem wir unseren müden Füßen ein völlig anderes Gehgefühl bieten können.

22 Hossinger Hochalb

Alte Siedlung, Burgstelle und eine Leiter

Schwer 14 km 420 Hm 5.30 Std.

Tourencharakter: Meist auf Pfaden. Bei feuchtem Wetter teils rutschig. Vorsicht an den Steilstellen. Vom Lerchenbühl direkt zum Parkplatz, geringerer Höhenunterschied (100 m). Alternative Parkplätze: Dorfplatz Hossingen bei der Turn- und Festhalle (Ecke Schul-/Goethestraße), ehemalige Burg Hossingen

Tourenverlauf: Hossingen/Parkplatz Heimberg – Triebfelsen – Gräbelesberg – Michelfeld – Hossingen – Hossinger Leiter – Parkplatz

Ausgangspunkt: Meßstetten-Hossingen, Parkplatz Heimberg

Anfahrt: ÖPNV: Bahn bis Albstadt-Ebingen, Bus bis Hossingen Rathaus. Auto: B 27 bis Balingen, B 463 folgen bis Albstadt-Laufen. Rechts ab und in Tieringer Str. bis Meßstetten-Hossingen. Im Laufener Weg links bis Parkplatz Heimberg. GPS: 48.201653, 8.917378

Einkehr: Hossingen

Karte: W251 Albstadt, 1:25 000, Schwäb. Albverein e. V./LGL Baden-Württemberg

Mit dem historisch interessanten Gräbelesberg, der einstigen Burg Hossingen und der Hossinger Leiter ist diese Tour auch für Wanderer mit einem Faible für Geschichte ein Erlebnis. Wichtiger ist aber sicherlich, was die Natur uns bietet: wunderbare Aussichtsfelsen, Wälder und Wiesen.

Vom Parkplatz Heimberg gehen wir hinauf zum Wald und biegen links ab. An der Kreuzung halten wir uns am Schild Hinter dem Heimberg (880 m) geradeaus in Richtung »Triebfelsen«. Der Weg zieht nach links, hinab in einen Einschnitt, dann wieder hinauf zum

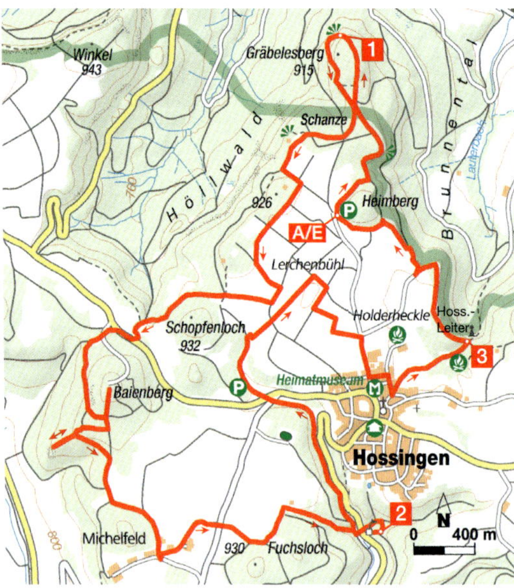

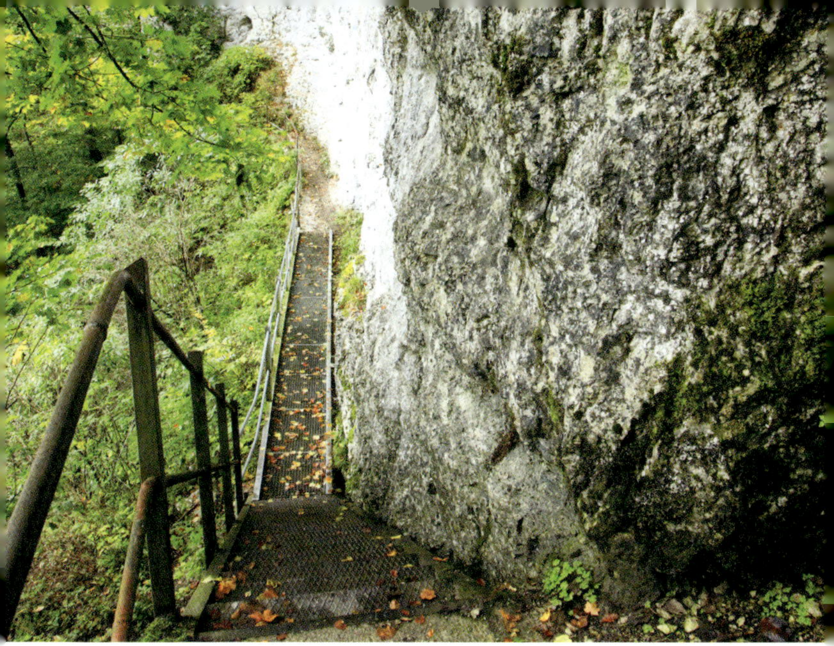

Die Hossinger Leiter: Früher war sie gefährlich, heute ist sie gut ausgebaut und entschärft.

Triebfelsen. Etwas später treffen wir auf einen breiten Forstweg, dem wir nach rechts folgen. Kurz nach der Erklärungstafel zur ehemaligen Siedlung auf dem Gräbelesberg zweigen wir rechts ab auf den Rundweg; geradeaus würde es direkt zum Aussichtsfelsen gehen. Wir wandern an einem Schacht mit höhlenartigen Erweiterungen vorbei und kommen zum Aussichtsfelsen beim **Sendemast** 1.

Weiter folgen wir dem Rundweg und haben kurz danach einen schönen Blick zum Hörnle. Schließlich treffen wir wieder auf den breiten Weg mit der etwas weiter rechts stehenden Erklärungstafel und biegen rechts ab. Nun folgen wir immer der Beschilderung zum »Baienberg«. Bald sind wir an der ehemaligen **Schanze**, die heute noch als Erdwall zu erkennen ist. Am Schild Schanze (910 m) biegen wir rechts ab, kurz danach halten wir uns vor dem Wall am Schild Schanze West (907 m) noch einmal rechts und folgen dem Wall bis zu dessen Ende vor dem Steilabfall.

Wir wandern um den Wall herum und wandern direkt am Steilabfall zu einem **Aussichtsfelsen** über dem Höllwald und mit Blick zum Hörnle. Danach geht es etwas weiter links zwischen Wiesen und Waldrand weiter. An der Waldecke beim Schild Höllwald (910 m) halten wir uns links, am Schild Enger Weg (919 m) biegen wir rechts ab in den Feldweg. Wo der Weg nach links zieht, gehen wir mit den Zeichen rechts am Waldrand entlang weiter, dann führt uns ein Wiesenweg nach links auf Hossingen zu. Danach folgen wir einem querenden Wiesenweg nach rechts zum Wald. Am Schild Schopfenloch (910 m) wandern wir geradeaus in den Wald und biegen kurz danach links ab.

Es geht im Wald und über Wiesen hinab und zur Landstraße. Etwas nach rechts versetzt wandern wir auf ihrer anderen Seite auf dem schmalen Schotterweg wieder in den Wald hinein. An einem querenden Asphaltweg biegen wir links ab. Kurz danach geht es auf einem Naturweg steil hinauf. Etwas später sehen wir links oben das Felsmassiv des **Baienbergs**. Wir wandern geradeaus weiter und kommen zum Schild

Die Wanderung führt an mächtigen Felsen aus Massenkalk vorbei.

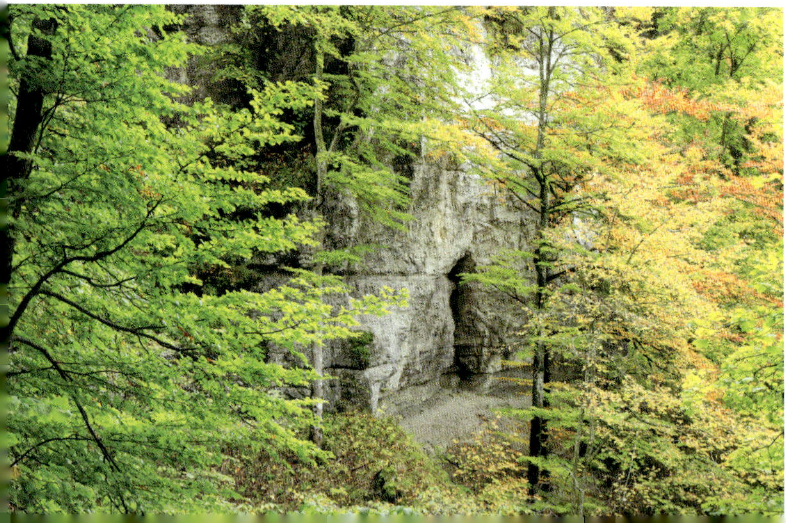

Unterm Baienberg (953 m). Hier sollte man den kurzen Abstecher (200 m) nach links hinauf machen – am **Aussichtspunkt** hinter dem Sendemast hat man einen schönen Blick zum Plettenberg.

Danach kehren wir zurück zum Schild und wandern in der ursprünglichen Richtung weiter zu einem breiten Schotterweg mit dem Schild Am Baienberg Süd (938 m). Hier biegen wir rechts in Richtung »Spitzfelsen Michelfeld« ab. Nach kurzem Bergab geht es nach links ab. Beim Schild Beim Spitzfelsen (921 m) sollten wir einen kurzen Abstecher nach rechts zu dem Aussichtsfelsen machen. Von ihm aus sieht man schön über das Bäratal nach Tieringen. Anschließend folgen wir am Schild dem Weg weiter. An einem breiten Forstweg biegen wir rechts ab und wandern nach Michelfeld mit dem Reiterhof. Danach kommen wir zur Landstraße.

Auf ihrer anderen Seite wandern wir geradeaus über die Wiese weiter. Links auf einem Hügel sehen wir dolinenartige Löcher. Dahinter findet man einen Rastplatz mit Liege, Tisch und Bänken. Von hier aus bietet sich ein herrlicher Blick nach Hossingen. Wir

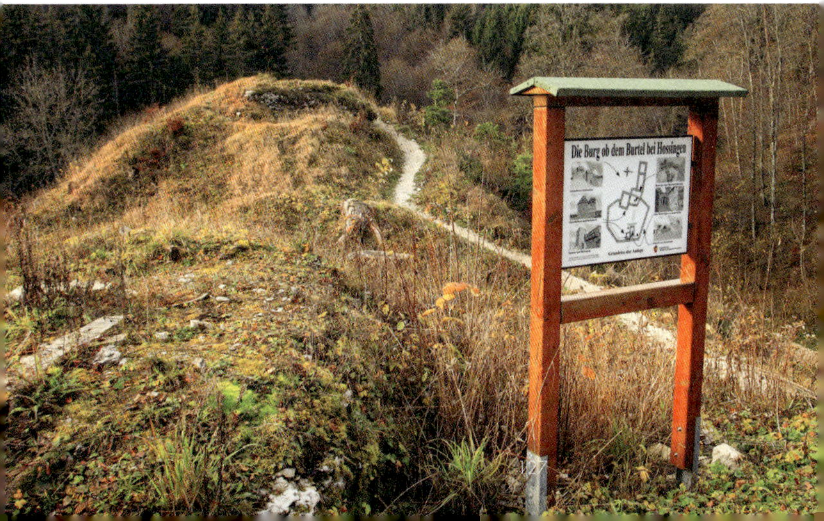

Von der ehemaligen Burg ist zwar nichts mehr zu sehen, auf der Tafel findet man aber gute Informationen.

wandern geradeaus bergab zum Wald, halten uns kurz links und gleich darauf am Schild Fuchsloch (887 m) rechts in Richtung »Lerchenbühl«. Nun geht es im Wald bergab, wir überqueren den breiten Eichbühlweg an seiner Kurve und wandern bergab bis zur Landstraße. Vor ihr noch führt der Wanderweg nach links weiter, zuerst sollten wir aber zum Burghügel hinter der Straße gehen. Dazu folgen wir dem Weg links des Hügels etwas hinauf bis zu der Schutzhütte und gehen hier nach rechts auf den Burghügel. Von der ehemaligen **Burg Ob dem Burtel/Hossingen** 2 sieht man zwar nichts mehr, aber es sind interessante Erklärungstafeln angebracht und man kann über eine Brücke zur höchsten Stelle gehen.

Viele Wege führen über die Zollernalb. Die Hochalbpfade gehören zu den schönsten.

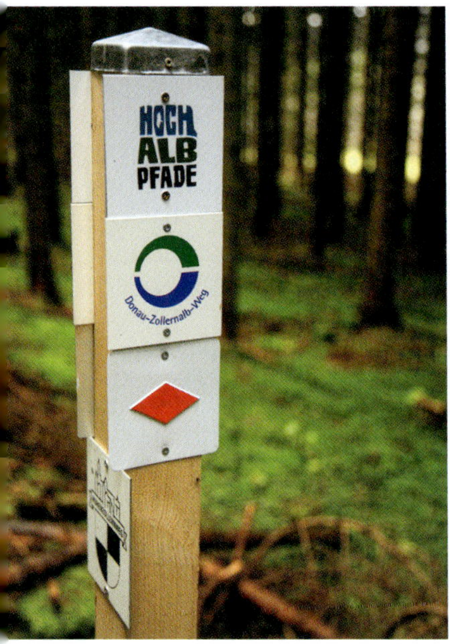

Dann wandern wir auf dem unbefestigten und oft recht schmierigen Weg entlang der Straße weiter. Er zieht nach einer Weile nach links und bringt uns zur K 7143. Etwas nach links versetzt wandern wir zwischen den Waldflanken in das Tal hinein. Am Ende der Linkskurve werden wir nach rechts auf einen Wiesenweg verwiesen. Auf diesem Weg steigen wir hinauf zu einem festen Querweg. Dort behalten wir unsere Richtung bei zum Schild Lerchenbühl (910 m), wo wir der Bezeichnung zur »Hossinger Leiter« folgen. Etwas später am Schild Kochenäcker (918 m) kann man geradeaus zum bereits sichtbaren Parkplatz Heimberg gehen, wenn man nicht mehr über die Hossinger Leiter wandern will.

Ansonsten biegen wir rechts ab. An der nächsten Kreuzung sehen wir eine Rastmöglichkeit mit Blick auf Hossingen. Wir biegen rechts auf einen Schotterweg, dann gleich links auf die Wiesen ab. Mit einem Rechts-, dann Linksknick erreichen wir die Zufahrtsstraße zum Parkplatz. Wir halten uns rechts und kommen nach Hossingen. An der Kreuzung mit dem Schild Hossingen Laufener Weg (900 m) biegen wir links ab in die Hintere Gasse. Gleich darauf halten wir uns rechts in die querende Dorfstraße. Kurz danach werden wir am Schild Hossingen Brühlgässle (883 m) nach links verwiesen. Über die Wiesen gehen wir zum Wald, danach über eine Lichtung zu einer Hütte mit Grillplatz. Dahinter befindet sich die **Hossinger Leiter** 3. Zwar benutzen wir diese bei unserer Tour nicht, aber wer will, kann ein Stück geradeaus hinab zu ihr gehen und dann zur Hütte zurückkehren.

Hossinger Leiter

Die Hossinger Leiter befindet sich an einer Stelle, wo die Felswand durch abfließendes Wasser tief eingeschnitten wurde. Während hier anfangs tatsächlich eine Leiter stand, wurde diese später durch eine Eisentreppe ersetzt. Sie diente den Hossingern dazu, zum Bahnhof in Lautlingen zu gelangen. Früher gab es ab und zu Unfälle an dieser damals gefährlichen Stelle.

Bei der Hütte und dem Schild Finstertal (850 m) biegen wir links ab. Nun steigt es kurz steil an, dann wandern wir auf einem schmalen Kamm zum Waldende und zwischen Steilabfall und Wiesen weiter. Wir werden kurz in den Wald zum **Kübelhansfelsen** verwiesen, dann biegen wir links ab und kommen zu einem Rastplatz mit dem Schild Beim Kübelhansfelsen (880 m). Hier folgen wir kurz dem breiten Schotterweg, dann weist uns das Zeichen nach links hinauf. Wir gehen, bis der Wald links abknickt. Hier biegen wir links ab und folgen dem Weg in seiner Rechtskurve durch den Wald. Etwas später geht es nach links hinab zum Ausgangspunkt.

23 Wacholderhöhe

Heiden, Wälder und Aussicht

Mittel	9,5 km	300 Hm	3 Std.

Tourencharakter: Feste und Naturwege/Pfade.

Tourenverlauf: Albstadt-Tailfingen/Parkplatz Schützenhaus – Tailfinger Schloss – Leimenfelsen – Meinetshaldenfelsen – Strichfelsen – Schönhaldenfelsen – Sandlöcher – Schafhaus – Parkplatz

Ausgangspunkt: Albstadt-Tailfingen, Parkplatz Schützenhaus. Alternativen: Parkplatz Schafhaus Truchtelfingen, Parkplatz Sandlöcher, Parkplatz vor dem Gasthaus Schönhaldenfelsen

Anfahrt: ÖPNV: Bahn bis Ebingen. Vom Busbhf. bis Tailfingen Mitte. Auto: B 27 bis kurz vor Hechingen (aus Norden) oder Hechingen (aus Süden), dann B 32 bis Hausen im Killertal. Rechts ab und auf L 442 bis kurz vor Tailfingen. Links ab zum Parkplatz Schützenhaus, Schönbuch 3. GPS: 48.257142, 9.037997

Einkehr: Schönhaldenfelsen, Schützenhaus

Karte: W251 Albstadt, 1:25 000, Hrsg.: Schwäb. Albverein e.V., Kartografie: LGL Baden-Württemberg

Bei den ersten zwei Dritteln dieser Tour wandern wir durch den Wald, von Aussichtsfelsen zu Aussichtsfelsen. Ein Höhepunkt ist das »Alte Schloss« hoch über Tailfingen; in früher Vorgeschichte stand hier eine Wallanlage und ab dem Mittelalter eine Burg. Danach folgt eine Landschaft mit Weiden und Wacholderheide, dazwischen die interessanten Sandlöcher. Anschließend wandern wir wieder über eine Heide und durch den Wald zurück.

Vom Parkplatz Schützenhaus gehen wir nach rechts zu dem festen Sträßchen und halten uns hier links. Auf den Wegweisern entlang der Strecke ist stets »Schützenhaus« angeschrieben, an dieser Stelle außerdem unser nächstes Ziel »Tailfinger Schloss«. Es geht vorbei am Übungsplatz der Hundefreunde, danach wandern wir auf einem Pfad im Wald. Wir überqueren einen Asphaltweg und kommen zu einem Schotterweg, wo wir uns rechts halten. Gleich darauf geht es rechts ab auf einen schmalen Schotterweg. Er geht schließlich in einen Naturweg über und steigt an zu unserem ersten **Aussichtspunkt** 1. Danach fällt er steil ab.

Wir überqueren eine Schneise mit Elektroleitungen, dann folgen wir dem Forstweg geradeaus. Nun gehen wir erneut über eine Schneise mit einem Schlepplift und der Mountainbike-Strecke. Danach nehmen wir den rechts abgehenden Pfad (Albert-Haller-Weg), der uns hinauf zu einem Querweg bringt. Hier halten wir uns rechts und kommen hinauf zum **Schlossfelsen** (932 m) 2.

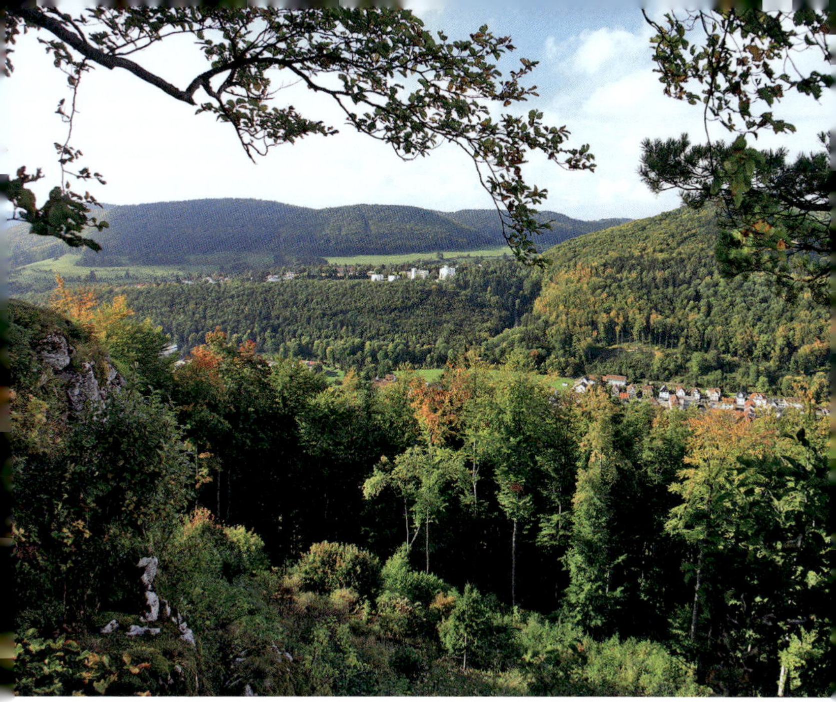

Weiter Blick vom Wanderweg in die Täler und über die bewaldeten Höhen der Schwäbischen Alb

Wir halten uns links, gehen auf dem Pfad zu einem breiteren Weg, dem wir in Gehrichtung folgen und halten uns am nächsten Querweg rechts, nun in Richtung »Meinetshaldenfelsen«. Gleich darauf, vor der Mountainbike-Strecke, geht es auf einem Pfad nach rechts hinauf zur Bergstation des Schleppliftes, bei dem wir uns geradeaus halten. Kurz darauf liegt rechts der **Leimenfelsen**. Wir folgen dem Pfad bergab, wechseln kurz auf einen breiteren Weg und biegen dann rechts in einen breiten Forstweg ein. Gleich darauf zweigen wir nochmal rechts ab auf einen Naturweg.

Am **Meinetshaldenfelsen** 3 halten wir uns links auf einem Forstweg, dem wir nach rechts in Richtung »Schönhaldenfelsen« folgen. Wir verlassen den Wald und gehen auf dem Wiesenweg rechts hinab. Bald kommen wir zum **Strichfelsen**. Etwas später wandern wir entlang eingezäunter Weiden zur Straße und auf ihrer anderen Seite, etwas nach rechts versetzt, weiter. Nach dem Parkplatz zweigen wir rechts ab. Wir gehen an der Lichtung links am Waldrand entlang und erreichen kurz darauf das Gasthaus. Rechts von uns liegt der **Schönhaldenfelsen** 4.

Wir biegen links ab und wandern im Wald am Trauf entlang. Nach dem Wald kommen wir zu einem Feldweg, dem wir nach links in Richtung »Sandlöcher« folgen. Bald mündet ein anderer Feldweg in den unseren, wir aber wandern weiter durch eine Gegend mit Wacholderheiden. Etwas später zweigen wir rechts ab und wandern auf dem Naturweg an einem schönen **Rastplatz** mit Tisch, Bänken und Holzliege vorbei. An dem querenden Asphaltweg biegen wir links ab. Vor dem nächsten **Parkplatz** liegen rechts

Blick auf Tailfingen

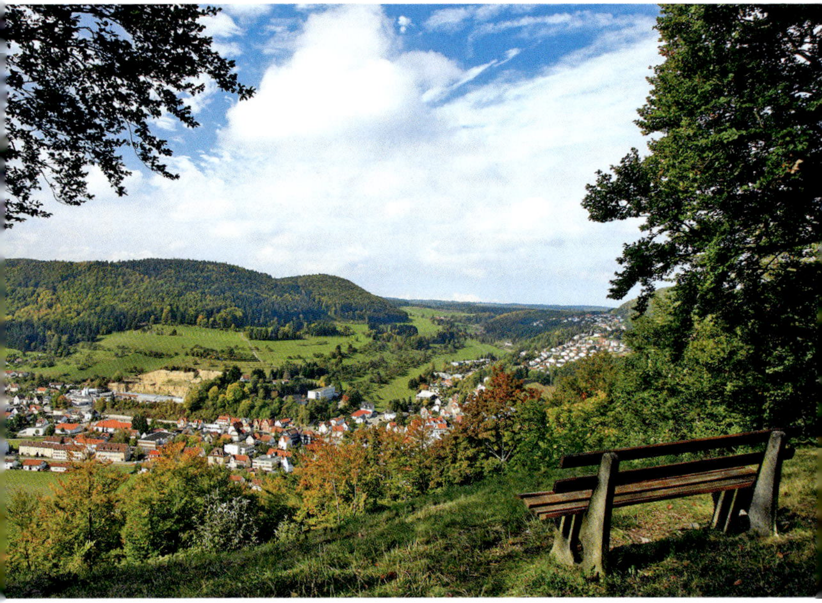

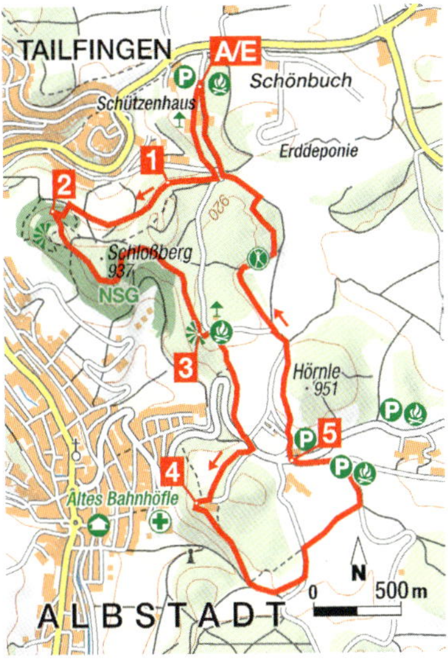

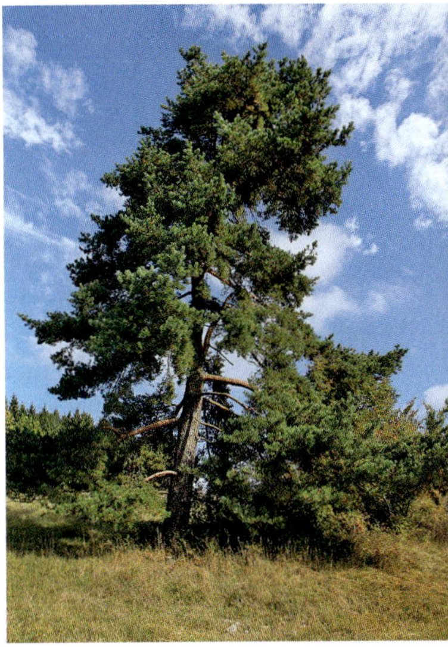

Immer wieder kommt man an markanten Bäumen vorbei.

die **Sandlöcher** 5, höhlenartig ausgewaschene Kalkfelsen. Nach ihnen halten wir uns am Parkplatz links und wandern zur Straße.

Auf der anderen Straßenseite folgen wir links vom Schafhaus kurz dem Asphaltsträßchen und zweigen gleich darauf rechts ab. Wir wandern auf einem Pfad leicht bergauf durch eine Wacholderheide, treffen aber bald wieder auf den festen Weg. Hier biegen wir links ab und werden kurz danach nach rechts verwiesen. Der Leimenweg führt uns nun in Richtung Wald. An einem Querweg biegen wir rechts ab und gehen nach der Linkskurve links in den Wald hinein. Nun können wir gelenkschonend auf der mit Holzhackschnitzeln belegten Finnenbahn laufen. Am nächsten Querweg biegen wir links ab und kommen zu einem querenden breiten Forstweg. Hier zweigen wir rechts ab und gehen auf der links des Weges verlaufenden Finnenbahn zum Ausgangspunkt.

24 Ochsenbergtour

Aussicht und Frühgeschichte

Mittel | 10 km | 370 Hm | 3.30 Std.

Tourencharakter: Zumeist Naturwege, stellenweise geschotterte Wege.

Tourenverlauf: Albstadt-Ebingen/Parkplatz Kälberwiese – Schnecklesfels – Heidensteinhöhle – Alpenblick – Ochsenberg – NSG Mehlbaum – Parkplatz Kälberwiese

Ausgangspunkt: Ochsenberg. Alternative: Gasthaus Ochsenberg, Parkplatz Schafhaus Truchtelfingen, Parkplatz Sandlöcher, Parkplatz Gasthaus Schönhaldenfelsen

Anfahrt: ÖPNV: Bahn bis Albstadt-Ebingen. Dann mit dem Bus von Albstadt-Ebingen Bürgerturm/Martinskirche zur Haltestelle Lortzinger Straße. Auto: B 27 bis Balingen, dann B 463 bis Ebingen. Links ab und hinauf zum Wanderparkplatz Ochsenberg; Anfahrt über Kreuzbühlstr. GPS: 48.224279, 9.006655

Einkehr: Schönhaldenfelsen, Schützenhaus

Karte: W251 Albstadt, 1:25 000, Hrsg.: Schwäbischer Albverein e.V., Kartografie: LGL Baden-Württemberg

An heißen Sommertagen wird man dankbar sein für diesen Wandervorschlag, geht man doch überwiegend im schattigen Wald. Von verschiedenen Aussichtspunkten am Trauf hat man weite Aussichten auf Ebingen und in die Täler, einer nennt sich sogar »Alpenblick«. Interessant ist die Heidensteinhöhle; prächtige Landschaften finden wir in den Heidelandschaften am Alpenblick und am Mehlbaum.

Auf den Wegweisern finden wir stets »Parkplatz Kälberwiese« sowie das nächste Ziel angezeigt. Am **Parkplatz Kälberwiese** orientieren wir uns am Schild zum »Schnecklesfels«. Wir folgen kurz dem Schotterweg, dann werden wir nach rechts über die Wiese zum Wald verwiesen. Nach ein paar Minuten können wir nach rechts einen Abstecher zum ersten Aussichtspunkt machen, der sogar mit einem »Gipfelkreuz« aufwartet.

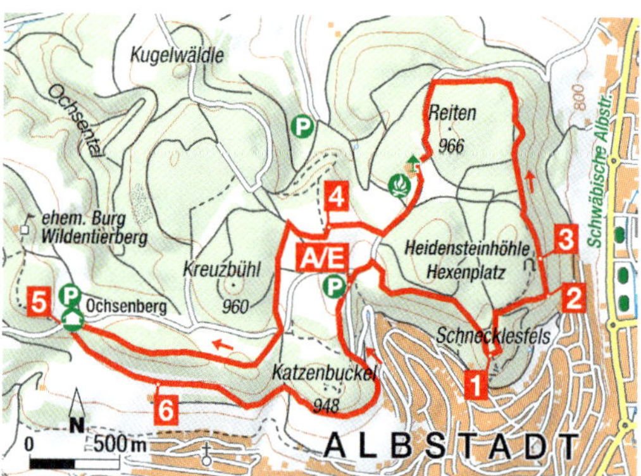

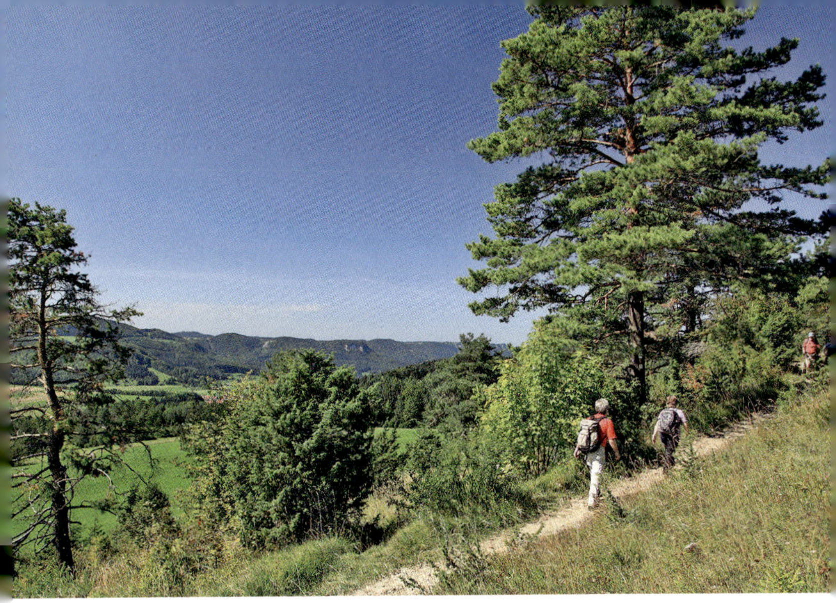

Man wandert auf einem wunderschönen Pfad mit Blick ins Tal.

Kurz darauf werden wir nach rechts auf einen Pfad verwiesen. Es geht leicht bergab, dann wandern wir auf einem breiteren Weg weiter. Bald leitet uns das Zeichen nach rechts zum Trauf und zum **Schnecklesfels** 1. Hier befand sich vom 5. bis 7. Jh. v. Chr. eine keltische Siedlung.

Nachdem wir die Aussicht genossen haben, gehen wir zurück zum breiten Forstweg. Auf seiner anderen Seite werden wir auf einem Pfad zur »Heidensteinhöhle« geleitet. Bald mündet unser Weg in einen Forstweg, dem wir nach rechts folgen. Gleich darauf halten wir uns erneut rechts, dann links. Der Pfad bringt uns zum **Klarafels** 2, wo wir einen schönen Blick zum Schlossfels haben. Jetzt knickt der Pfad links ab. Bald können wir nach links einen Abstecher von 100 Metern zur **Heidensteinhöhle** 3 machen. Es geht leicht hinauf zu einem Forstweg, dahinter liegt die Höhle.

Danach gehen wir zurück zum Weg und wandern nach links in Richtung »Aussichtspunkt Alpenblick«.

Wir kommen am **Martinsfels** vorbei, streifen danach kurz den Forstweg, wandern dann aber auf dem Pfad weiter. Später gelangen wir wieder kurz auf den Forstweg, bevor wir ein paar Meter danach erneut rechts zu einem Aussichtspunkt abzweigen.

Schließlich wandern wir auf dem Forstweg weiter. Er beschreibt eine Linkskurve, etwas später zweigen wir links ab. An der Kreuzung nach einer Lichtung halten wir uns rechts. Wir wandern an einer Hütte mit Grillstelle vorbei, dann hinab auf eine große Lichtung. Sobald wir auf den querenden Forstweg treffen, halten wir uns rechts (aber nicht auf den scharf rechts abgehenden Weg).

Am Ende der rechts liegenden Lichtung schickt uns der Wegweiser nach rechts. Nun geht es auf einem Wiesenweg durch eine Wacholderheide hinauf zum **Aussichtspunkt Alpenblick** ❹, wo wir auch Tisch und Bänke finden. Bei klarer Sicht sieht man hier auf die Alpen, von Eiger und Säntis bis zur Zugspitze.

Anschließend wandern wir hinab zu einem breiten Weg, halten uns rechts und zweigen gleich darauf links ab in Richtung »Parkplatz Ochsenberg«. Nun wandern wir am Waldrand entlang. Wir überqueren einen Asphaltweg und gehen auf einem Schotterweg weiter. Gleich darauf zweigen wir links ab auf einen Naturweg. Er bringt uns hinauf auf den Kamm eines Höhenrückens, dann wieder hinab. Danach steigt es erneut an und fällt anschließend zum **Parkplatz Ochsenberg** ❺ mit der Gaststätte ab. Hier finden wir auch einen schönen Spielplatz.

Links von den Gebäuden am Waldrand werden wir

Heidensteinhöhle

Die 40 Meter lange **Heidensteinhöhle** ist eine albtypische Jurahöhle und Fundort prähistorischer Gegenstände. In der letzten Eiszeit wurde sie von altsteinzeitlichen Menschen bewohnt. Außerdem gehört sie zu den wenigen Fundstellen von Menschenaffenrelikten in Deutschland.

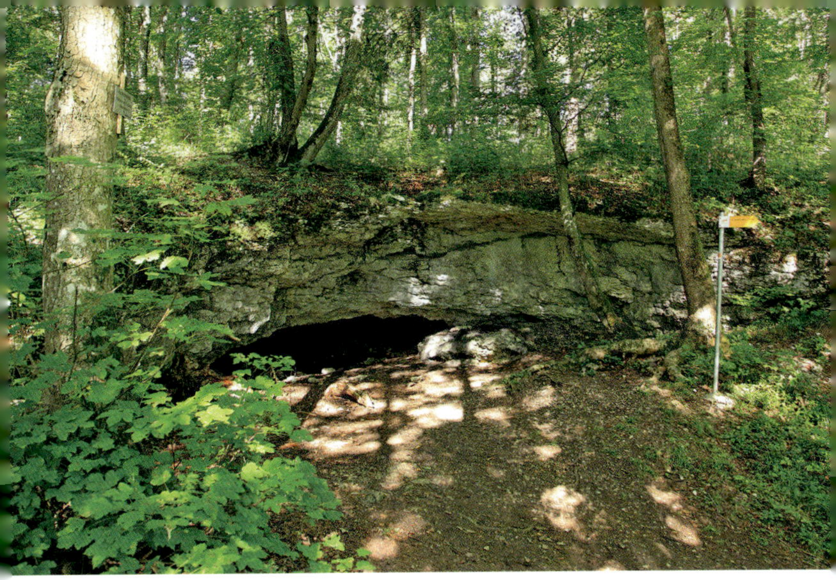

Die Heidensteinhöhle war schon früh besiedelt.

auf einer Treppe abwärts verwiesen. Unten angekommen treffen wir auf den Wegweiser »Naturschutzgebiet Mehlbaum«. Wir halten uns links und verlassen bald den Wald. Nun wandern wir auf einem Pfad durch das stille **Naturschutzgebiet Mehlbaum** 6, in welchem wir zahlreiche seltene Pflanzen finden. Nach rechts eröffnet sich uns der Blick ins Tal und auf Ebingen.

Nach der Heide treffen wir auf einen breiten Weg, dem wir nach links folgen. An einer Rechtskurve werden wir nach links in den Wald verwiesen. Wir verlassen ihn aber bald wieder und wandern durch eine weitere Wacholderheide am Abhang des Katzenbuckels. Nach rechts haben wir einen wunderbaren Blick auf den Schlossfels und auf den Schnecklesfels. Wir kommen wieder in den Wald und zweigen links ab. Nun steigt es steil an. Bald sehen wir rechts eine Straßenkurve, gehen aber weiter geradeaus hinauf. Oben biegen wir rechts ab. Es steigt noch etwas an, dann geht es durch eine Heide hinab zum bereits sichtbaren Parkplatz Kälberwiese.

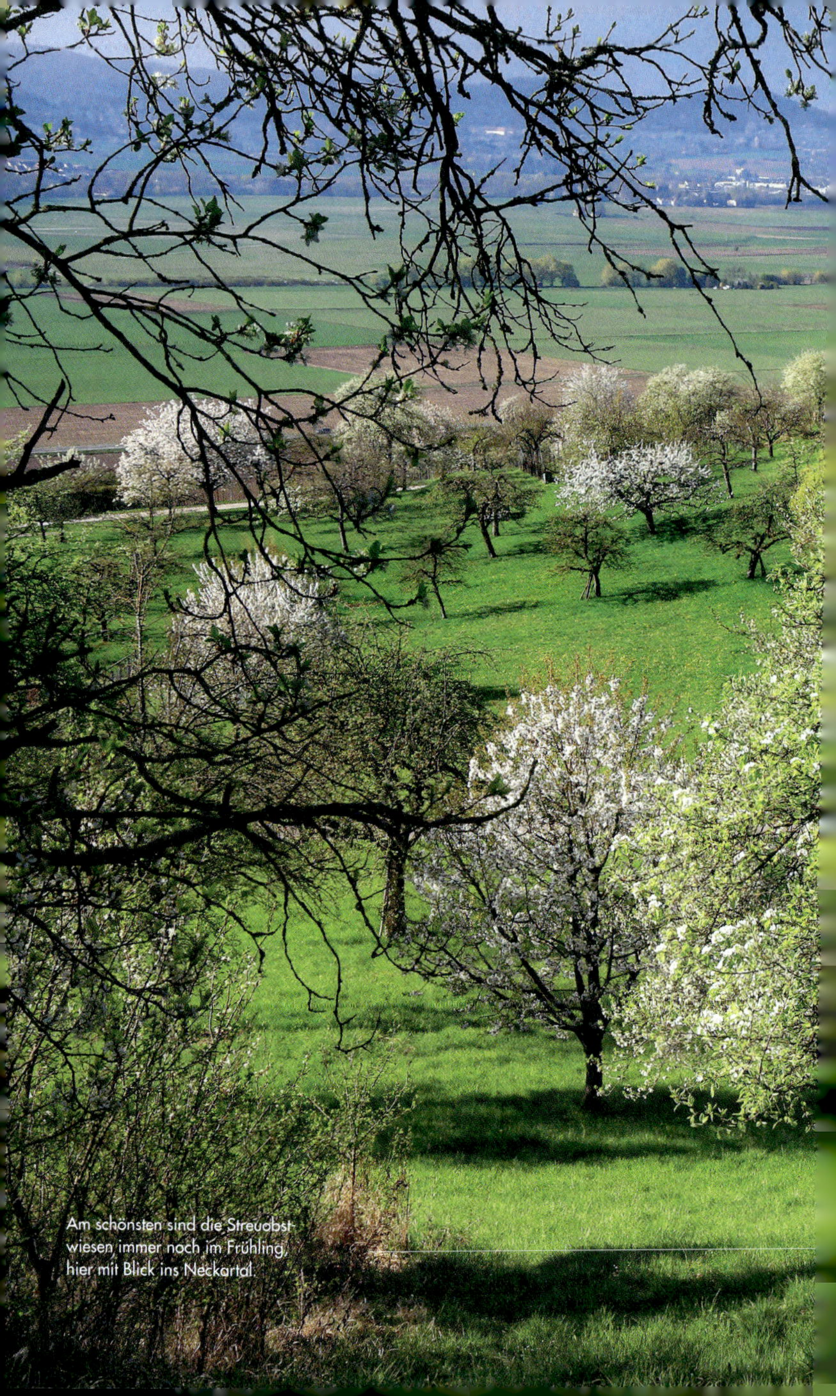

Am schönsten sind die Streuobstwiesen immer noch im Frühling, hier mit Blick ins Neckartal.

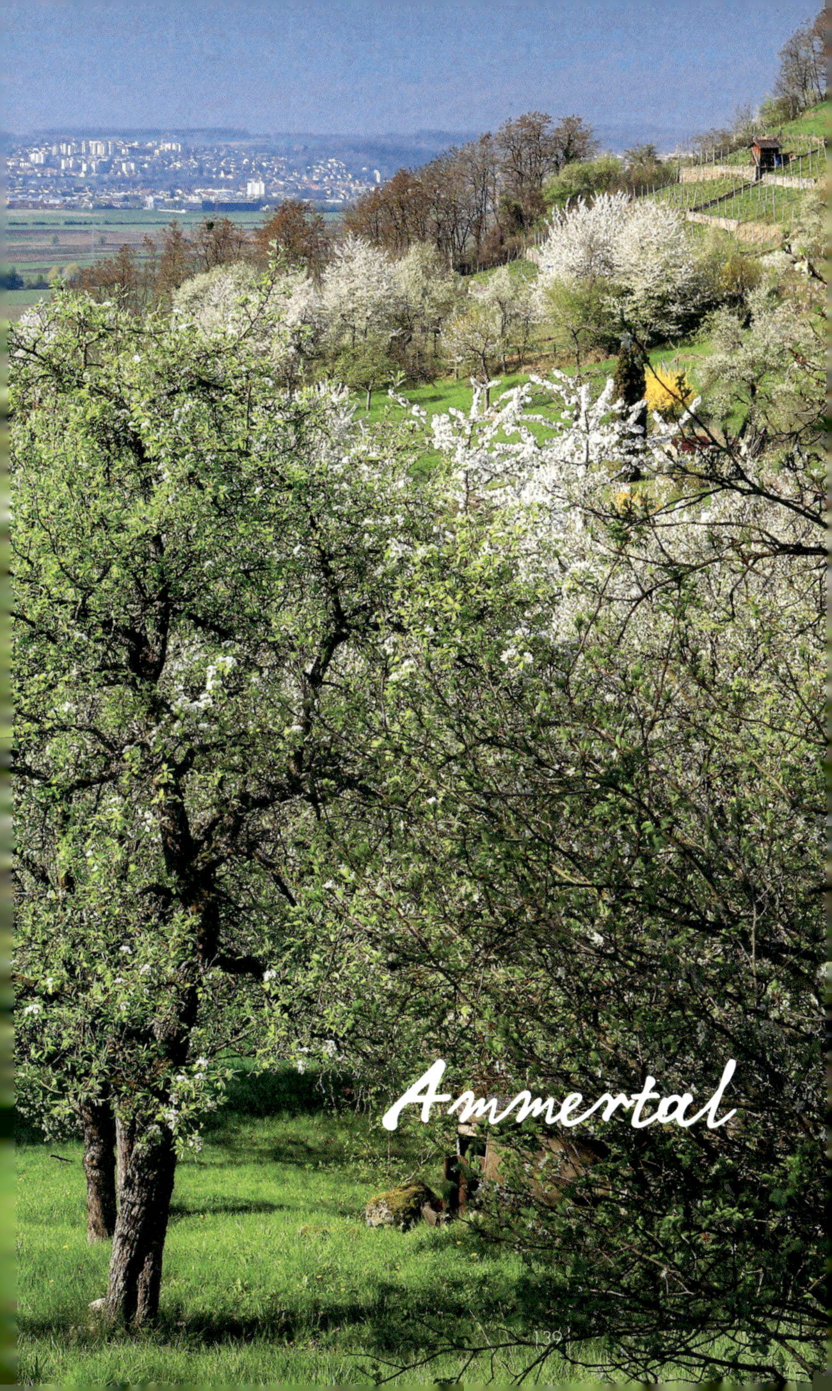

Ammertal

25 Hirschauer Spitzbergwegle

Unterwegs auf einem Premium-Spazierwanderweg

Leicht | 6,1 km | 190 Hm | 2 Std.

Tourencharakter: Wir wandern auf festen Wegen und Pfaden. An den Steilabstürzen sollte man vorsichtig sein.

Tourenverlauf: Hirschau/Friedhof – Spielplatz Holzacker – Aussichtspunkt Ammersteige – Sattel – Hirschauer Berg – Friedhof

Ausgangspunkt: Tübingen-Hirschau, Im Öschle 34

Anfahrt: ÖPNV: Bahn bis Tübingen, Bus bis Hirschau Volksbank. Auto: B27 bis Tübingen, dort kurz B28, dann L371 bis Hirschau, Im Öschle 34. GPS: 48.502117, 9.010028

Einkehr: Hirschau, Grillmöglichkeiten: Am Sattel Ost unterhalb der Wurmlinger Kapelle

Karte: Wanderkarte W237 Tübingen Schönbuch, 1:25 000, Hrsg.: Schwäbischer Albverein e.V., Kartografie: Landesamt für Geoinformation und Landentwicklung Baden-Württemberg (LGL)

Informationen: www.fruechtetrauf.de

Diese Tour verläuft über den Hirschauer Berg, den Ausläufer des Spitzbergs zur Wurmlinger Kapelle. Wir haben einen prächtigen Blick hinab ins Neckartal und zum dahinterliegenden bewaldeten Höhenzug Rammert, am Wendepunkt auch zur Wurmlinger Kapelle. Das Hirschauer Spitzbergwegle kann mit dem Premium-Spazierwanderweg Wurmlinger Kapellenwegle (s. Tour 26) zu einer längeren Tour zusammengelegt werden.

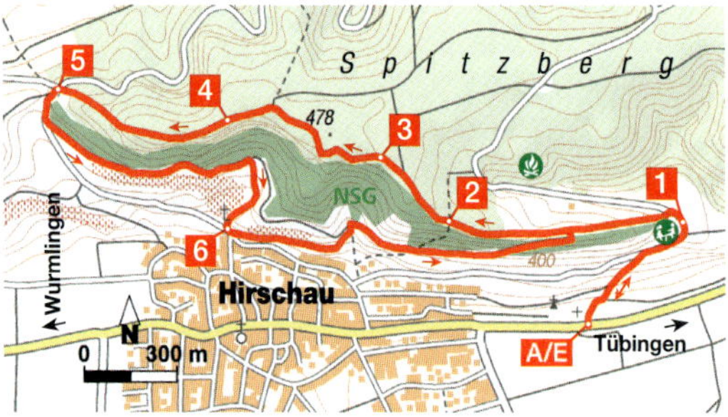

Am Friedhofsparkplatz beim Schild Friedhof Hirschau (336 m) folgen wir dem Wanderzeichen, das uns in den Friedhof hinein weist. Dort halten wir uns gleich rechts zum Schild Nördlich Friedhof Hirschau (345 m). Nun steigen wir hinauf, verlassen den Friedhof und kommen zum Schild Im Keltergarten (345 m). Hier folgen wir dem Feldweg nach rechts.
Es steigt nun ständig an bis zur Kreuzung mit dem Schild Holzacker (385 m). Wir halten uns links und kommen zum **Rast- und Spielplatz Holzacker** (390 m) ❶. Hier biegen wir scharf links ab. Wir

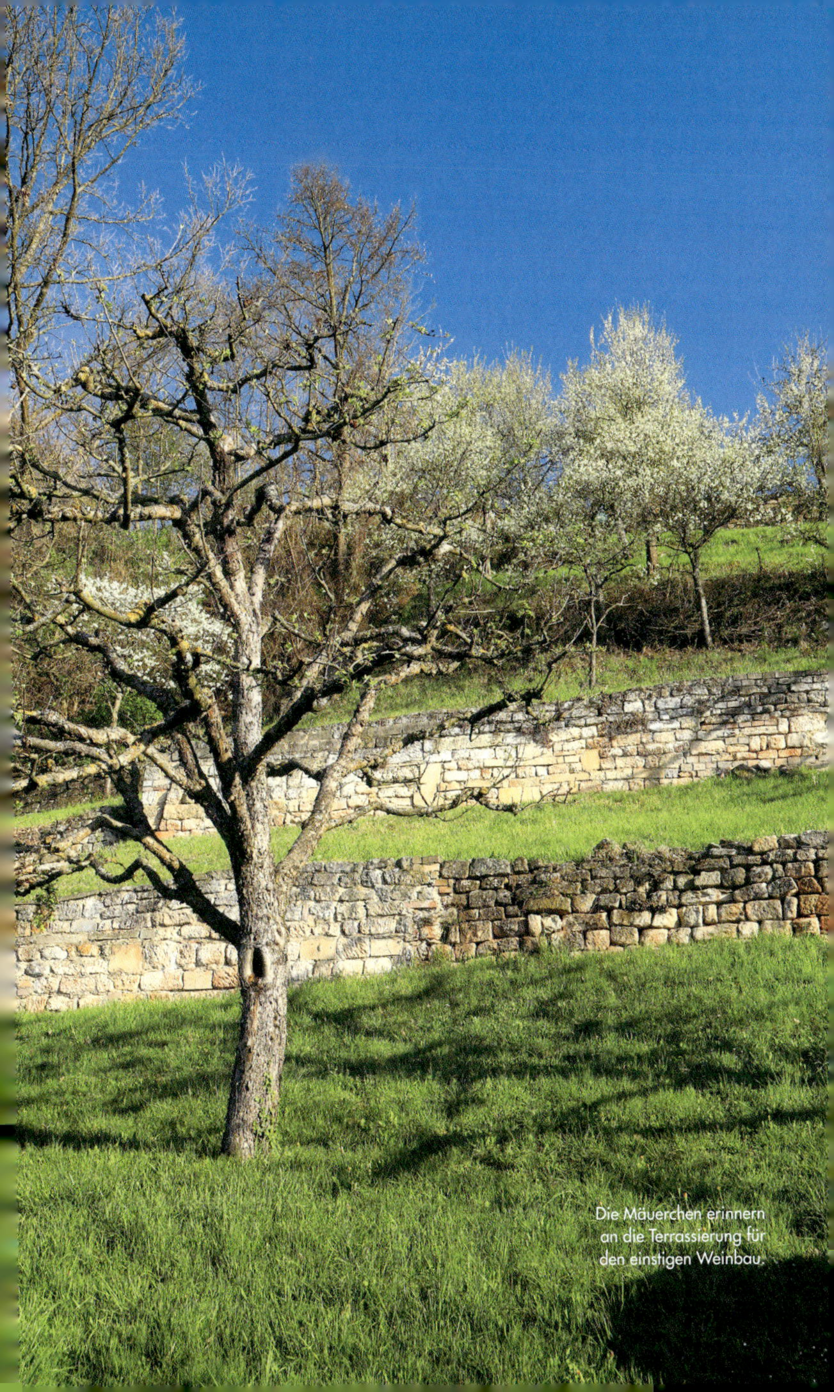

Die Mäuerchen erinnern an die Terrassierung für den einstigen Weinbau.

wandern entlang der Weiden weiter leicht ansteigend bis zum Schild Infotafel Spitzer Berg (423 m). Wir gehen weiter auf dem Weg, wobei wir links am Steilabfall immer wieder an Aussichtspunkten hinab ins Neckartal und zum Rammert vorbeikommen.

Schließlich erreichen wir das Schild **Nördlich Aussicht Ammersteige** (446 m) **2**. Hier können wir nach links hinaus zu einer Bank gehen und die Aussicht genießen. Danach folgen wir weiter dem Weg. An einer Verzweigung halten wir uns links und folgen dem Pfad durch das Naturschutzgebiet. Wir kommen an einem Sendemast **3** vorbei, danach erreichen wir das Schild Infotafel Hirschauer Berg (478 m). Auch hier behalten wir unsere Richtung bei.

Der Pfad bringt uns zu einem Forstweg beim Schild **Südöstl. Burgstall** (480 m) **4**. Wir wandern in Gehrichtung auf dem Forstweg weiter und kommen schließlich zum Schild **Am Sattel Ost** (422 m) **5**. Hier kann man zum Wurmlinger Kapellenweg übergehen und wir finden einen Grill- und Rastplatz. Wir biegen scharf links ab auf den Asphaltweg. Kurz danach am Schild Südl. Sattel (418 m) werden wir nach links verwiesen.

Nun wandern wir auf einem herrlichen Panoramaweg, immer zwischen Baumwiesen und Weinbergen. Die Hänge sind mit Steinmäuerchen terrassiert, im Zurückblicken sehen wir die Wurmlinger Kapelle und rechts haben wir die bekannte Aussicht hinab ins Neckartal. Auch nach

Hirschauer Berg

Das rund 22 ha große Gebiet des Hirschauer Bergs ist der ökologisch wertvollste Teil am Südhang des Landschaftsschutzgebietes Spitzberg. Hier lebt eine einzigartige Tier- und Pflanzengemeinschaft, zum Teil als »Vorposten« südlicher und südöstlicher Lebensräume. Bis zum Dreißigjährigen Krieg wurde an den Hängen Weinbau betrieben, danach Obstanbau; heute ist das Gebiet versteppt. Kleinräumig wechseln auf den mageren Böden Halbtrocken- und Trockenrasengesellschaften, Wald und Gebüsche. Gerade im Halbtrockenrasen leben kontinentale und mediterrane wärmeliebende Pflanzen und Tiere, die aus dem Süden, dem Osten und dem Südosten Europas eingewandert sind. Auf engstem Raum ist im Spitzberggebiet fast die gesamte Spannbreite der in Mitteleuropa bestehenden Vegetationsbedingungen zu finden. Man zählt rund 2000 Pflanzen- und 4000 Tierarten.

Hirschau bietet sich uns ein schöner Blick. Nach einiger Zeit sehen wir vor uns die Skulptur eines Hirsches. Am Schild **Unterm Hirsch** (397 m) **6**, das sich direkt über Hirschau befindet, können wir nach links hinauf zu dieser Skulptur sehen. Etwas später kommen wir nach einer Linkskurve wieder zum Schild Infotafel Spitzer Berg oberhalb der Weiden. Nun geht es nach rechts auf bekanntem Weg zurück.
Zum Abschluss können wir hier noch der Friedhofskirche mehr Beachtung schenken, der Wallfahrtskapelle »Zu Unseren lieben Frau im Holderbusch und Sankt Urban«. Die frühere Urbanskapelle wurde 1396 geweiht und ist ein Relikt aus der Weinbauzeit, seit 1852 dient sie als Friedhofskapelle. An der Außenwand sieht man Hufeisen, vor ihr steht ein altes Sühnekreuz.

Blick über Hirschau ins Neckartal

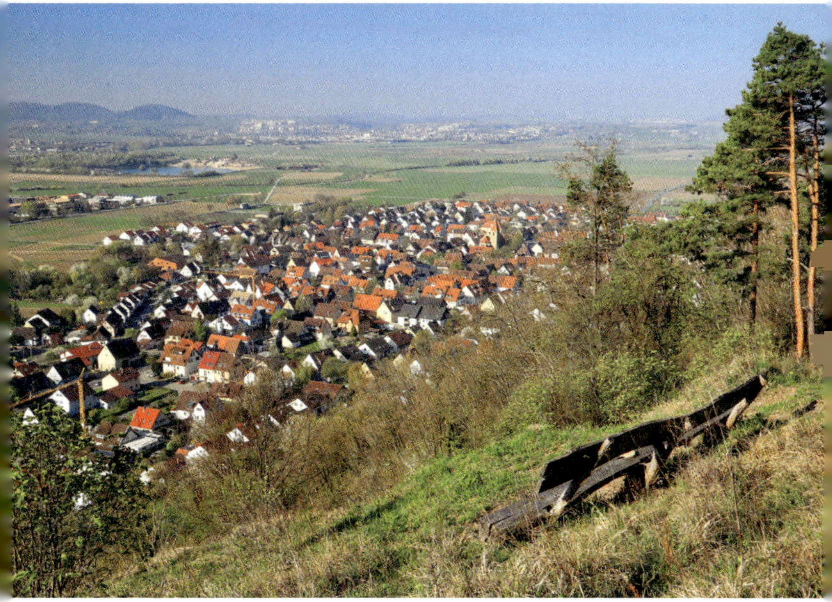

26 Wurmlinger Kapellenwegle

Besuch bei einer gedichtumrankten Kapelle

Leicht | 5,5 km | 140 Hm | 1.30 Std.

Tourencharakter: Feste Wege und Pfade

Tourenverlauf: Wurmlingen – Wurmlinger Kapelle – Kreuzwegstationen – Weinlehrpfad – Hirschau – Wurmlingen

Ausgangspunkt: Rottenburg am Neckar-Wurmlingen (Rastplatz unterhalb der Wurmlinger Kapelle)

Anfahrt: ÖPNV: Bahn bis Rottenburg/Neckar, Bus bis Wurmlingen Rössle. Auto: A81 bis Ausfahrt Rottenburg, dann B28 bis Rottenburg, dort in Sülchenstr. bis Wurmlingen. Kurz L371 nach rechts folgen zum Park-/Rastplatz bei Uhlandhalle unterhalb Wurmlinger Kapelle, Bernbühlweg 6. GPS: 48.502895, 8.969987

Einkehr: Wurmlingen, Grillmöglichkeiten: Rastplatz am Sattel

Karte: Wanderkarte W237 Tübingen Schönbuch, 1:25 000, Hrsg.: Schwäbischer Albverein e.V., Kartografie: Landesamt für Geoinformation und Landentwicklung Baden-Württemberg (LGL)

Informationen: www.fruechtetrauf.de

Das Wurmlinger Kapellenwegle gehört wie das Hirschauer Spitzbergwegle zu den zertifizierten Premium-Spazierwanderwegen. Bestimmendes Element bei dieser Wanderung sind außer den Streuobstwiesen auch die Weinberge, durch die man wandert, sowie die Aussicht: Nach Norden sieht man ins Ammertal und zum Schönbuch, nach Süden über das Neckartal zum Höhenzug Rammert und zur Schwäbischen Alb.

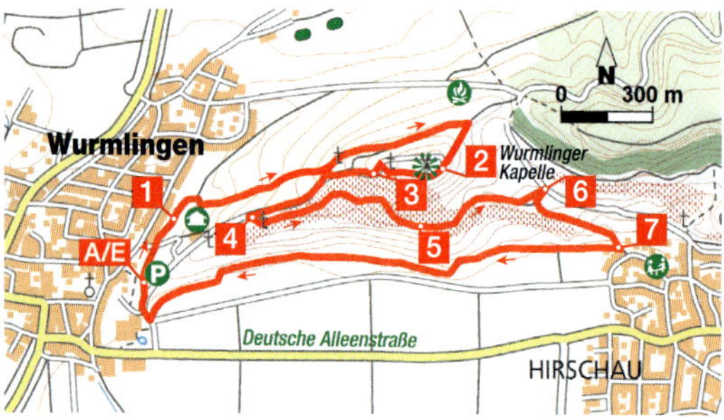

Wir fahren von der Hirschauer Straße/L 371 durch den vorderen Parkplatz hindurch bis zum hinteren. Dort gehen wir am Schild Bernbühlweg Ost (348 m) im Bernbühlweg hinab in Richtung der Häuser, biegen aber vorher rechts ab auf den schmalen Schotterweg. Er führt uns durch Streuobstwiesen bis zu einem **Asphaltsträßchen** ❶. Hinter ihm steht das Schild Beim Wurmlinger Kapellenweg (348 m); hier folgen wir weiter dem Schotterweg. Er zieht bald nach rechts, wir passieren das Schild Östlich Wurmlingen (352 m), nun steigt der Weg sanft an. Hier haben wir eine herrliche Aussicht nach Wurmlingen und ins Ammertal. Links des Weges sehen wir Baumwiesen, rechts bald eine kleine Wacholderheide.

Bald erreichen wir das Schild Am Sattel (426 m). Nach links geht es zu einem schönen Rast- und Grillplatz, wer die Wanderung mit der Tour 25 (Hirschauer Spitzbergwegle) verknüpfen will, findet hinter dem Grillplatz den Anschluss an diese Wanderung. Ansonsten biegen wir rechts ab und steigen an in Richtung der **Wurmlinger Kapelle** 2. Nach einem Linksknick erreichen wir sie.

Zur Fortsetzung der Wanderung gehen wir zu dem kleinen Platz unterhalb der Kapelle, dort führt der Weg auf der Neckartalseite des Kapellenwegs weiter. Wir wandern unterhalb der Kapelle bis zu einem gepflasterten Weg bei der Kreuzwegstation 12 und dem Schild **Ammertalblick** (430 m) 3. Dort biegen wir erst rechts, dann gleich darauf links ab.

Kurz darauf erreichen wir wieder den Zufahrtsweg zur Kapelle und das Schild Beim **Kreuzweg** (411 m) 4. Wir halten uns links zum Schild Südlich Kreuzweg (400 m) und folgen dem mit interessanten Tafeln versehenen Weinlehrpfad, der am Hang entlang durch die Weinberge in Richtung der links oben stehenden Kapelle führt. Er geht in einen schmalen

Wurmlinger Kapelle

Die auch Wurmlinger Kapelle genannte Remigiuskapelle war früher ein Wallfahrtsziel. Hier oben sollen Hölderlin, Schelling und Hegel, angeregt von der französischen Revolution, die deutsche Republik ausgerufen haben. Die ältesten Mauerreste stammen aus der Karolingerzeit. 1644 wurde der Bau durch ein Feuer zerstört. Beim großen Erdbeben 1911 wurde die Kapelle stark beschädigt, danach aber wieder renoviert. Zu sehen sind romanische Säulen mit schwarzen Würfelkapitellen, Holzreliefs und Holzplastiken (15.–18. Jh.) sowie Altäre (um 1682/85). Die Kapelle ist, man kann es nicht anders sagen, »gedichtumrankt«: Zu den bekanntesten Gedichten gehören das 1832 von Nikolaus Lenau (1802–1850) geschriebene: »Luftig wie ein leichter Kahn,/auf des Hügels grüner Welle,/ schwebt sie lächelnd himmelan,/dort die friedliche Kapelle ...« und das Gedicht von Ludwig Uhland (1787–1862), geschrieben im September 1805: »Droben stehet die Kapelle,/ Schauet still ins Tal hinab./ Drunten singt bei Wies' und Quelle/Froh und hell der Hirtenknab ...«

Pfad über und bringt uns zum Schild **Katzenloch** (404 m) **5**. Danach erreichen wir das Schild **Wasserbehälter** (386 m) **6**, wo wir nach rechts abwärts verwiesen werden. Wir kommen zu den ersten Häusern von **Hirschau** **7**, wo wir scharf rechts abbiegen. Nun wandern wir bis zu einem Linksknick in Richtung des Asphaltwegs im Tal. Wir biegen links

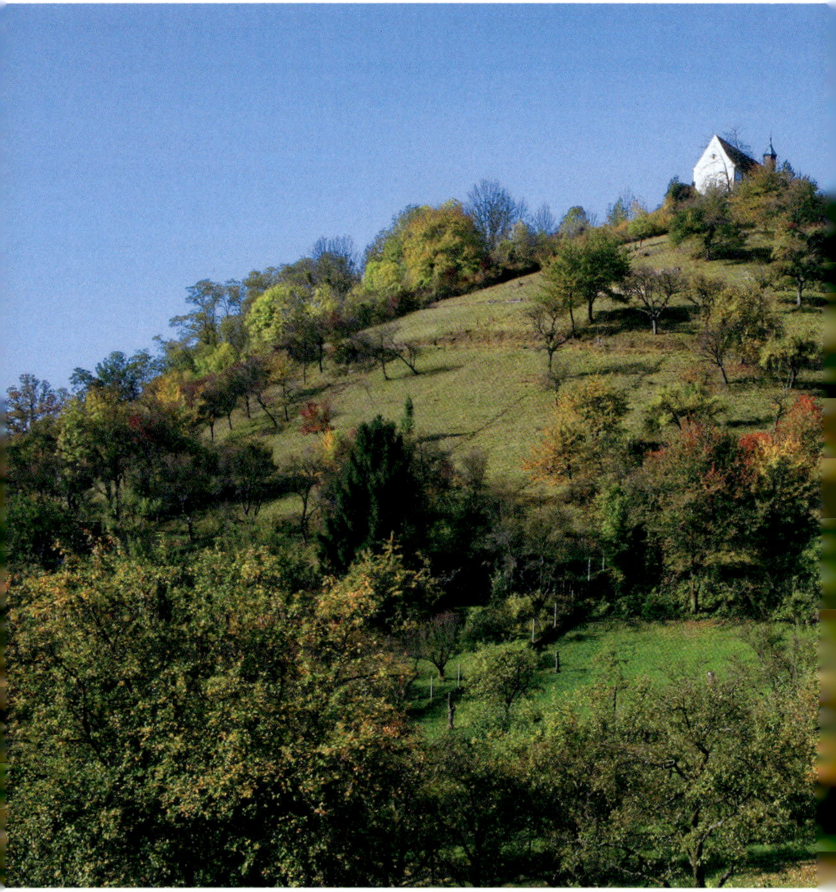

ab, halten uns jedoch noch vor dem Talweg auf dem Wiesenweg rechts. Nun wandern wir wieder durch Baumwiesen, wobei uns der Weg an den Wanderschildern Heilbronner Mauern vorbeiführt. An einer Verzweigung vor einem Gehölz nehmen wir den linken Weg und erreichen bald darauf wieder die Parkplätze.

Wie eine Perle steht die Wurmlinger Kapelle auf dem Gipfel des Bergs.

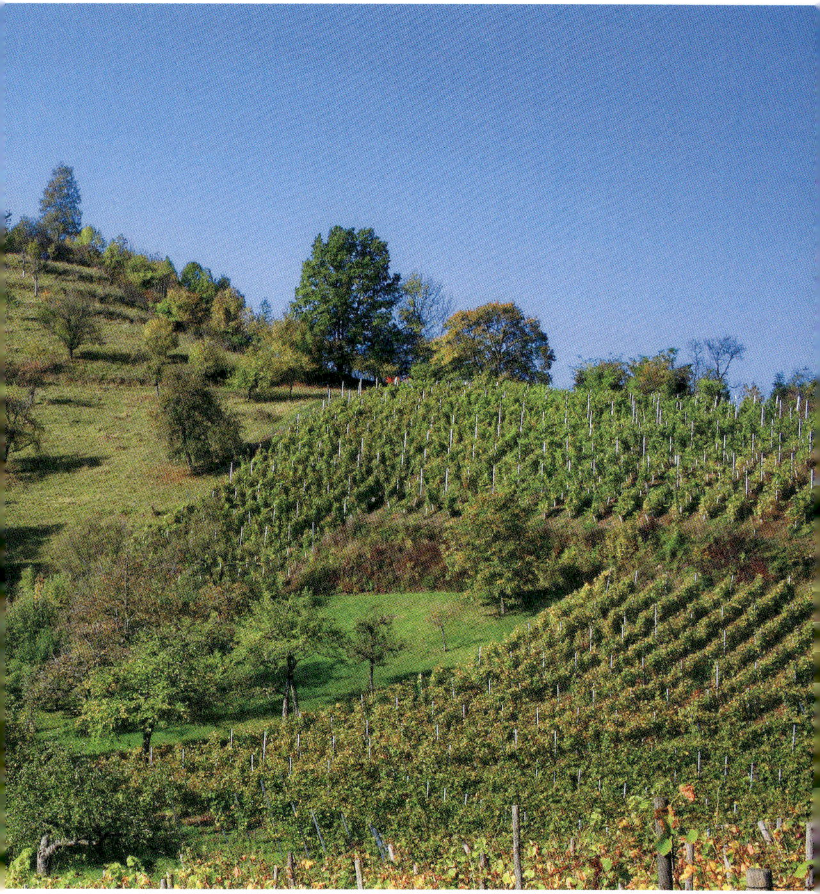

27 Schönbuchspitzrunde

Streuobstwiesen und »schöner Schönbuch«

Leicht | 8 km | 130 Hm | 2.30 Std.

Tourencharakter: Pfade und feste Wege. Weitere Ausgangspunkte: Entringen und Parkplatz Saurucken oberhalb von Entringen. Die Tour kann mit dem »Ammerbucher Gigeleswegle« (s. Tour 28) kombiniert werden.

Tourenverlauf: Breitenholz – Aussichtspunkt Sägmehlhütte – Rastplatz Mädlesstein – Schönbuchspitz – Aussichtspunkt Gigeleshalde – Nubenhäusle – Breitenholz

Ausgangspunkt: Ammerbuch-Breitenholz (Parkplatz am Friedhof)

Anfahrt: ÖPNV: Bahn bis Entringen, Bus bis Breitenholz Lamm. Auto: A 81 bis Ausfahrt Herrenberg, dann B 296 bis Ausfahrt Breitenholz. Links zum Ort und Parkplatz am Friedhof, Friesenweg. GPS: 48.570262, 8.960652

Einkehr: Sportheim Entringen, Entringen, Breitenholz

Karte: Wanderkarte W237 Tübingen Schönbuch, 1:25 000, Hrsg.: Schwäbischer Albverein e.V., Kartografie: LGL Baden-Württemberg

Viel Aussicht bietet diese Wanderung am südlichen Schönbuchrand. Man sieht über Weinberge und Streuobstwiesen und blickt hinab ins Ammertal. Breitenholz und Entringen hat man als Nahziele vor Augen, aber der Blick reicht bis zur Schwäbischen Alb. Im Frühjahr erfreuen uns die blühenden Obstbäume, im Herbst hat man die Farbenpracht der Obstbäume, des Waldes und der Weinberge vor Augen.

Wir gehen vom Parkplatz Breitenholz (407 m) in Verlängerung des Zufahrtsweges zum Wanderschild östlich Parkplatz Breitenholz (405 m) und halten uns dort links zum Schild Müneckstraße (408 m). An diesem biegen wir rechts ab und kommen zum Schild nördlich SAV Häusle Breitenholz (411 m).
Nun folgen wir der ansteigenden Straße zum reich ausgestatteten **Spielplatz Neue Steige Ost** (426 m) **1**. Kurz danach biegen wir vor dem Weinberg am Schild Weinberge Breitenholz Südwest (436 m) links ab. Vorbei an Weinbergen und Streuobstwiesen und mit viel Aussicht ins Ammertal und auf Breitenholz wandern wir zum Schild Reute (443 m). Hier wenden wir uns nach rechts und steigen auf einem Pfad steil hinauf. Oben spazieren wir am Schild **nordwestlich Weinberge Breitenholz** (469 m) **2** rechts auf dem Grasweg weiter. Nach einer Linkskurve des Weges betreten wir am Schild Hinterhalde West (489 m) kurz den Wald, danach geht es an einer Wiese entlang. Nach dem Schild Hörnle (496 m) biegen wir am Schild **Oberes Tal** (508 m) **3** in spitzem Winkel rechts ab.

Bald erreichen wir das Schild **Sägmehlhütte** (516 m) ④, hier wandern wir auf dem Schotterweg nach links. Die kleine Schutzhütte folgt kurz danach. Wir passieren einen Felsaufschluss mit Buntem Mergel, weitere werden folgen. Nach dem Schild Hinterhalde Ost (420 m) kommen wir in den Wald.

Etwas später dürfen wir den Abzweig nach links nicht verpassen. Neben dem Zeichen des Früchtetraufs weisen auch die Wegweiser nach »Bebenhausen Tübingen« auf den Pfad. Kurz darauf gehen wir am Schild westlich Hirschenäcker (533 m) vorbei und wandern mit dem Wanderzeichen roter Balken durch den Wald. Vor einem breiten **Forstweg** ⑤ werden wir nach rechts wieder auf einen Naturpfad verwiesen.

Beim Schild Neue Steige Nord (535 m) überqueren wir ein Sträßchen. Bald kommen wir an einem Grenzstein mit dem Hirschgeweih der Württemberger vorbei, etwas später an einem weiteren. Nach dem **Rastplatz Mädlesstein** (492 m) ⑥ halten wir uns kurz links, zweigen aber gleich darauf beim Schild Nubenweg (492 m) rechts ab. Der **Mädlesstein** steht um die

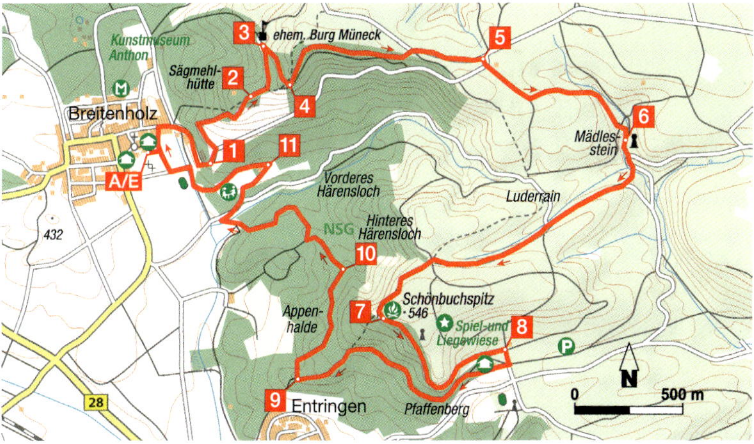

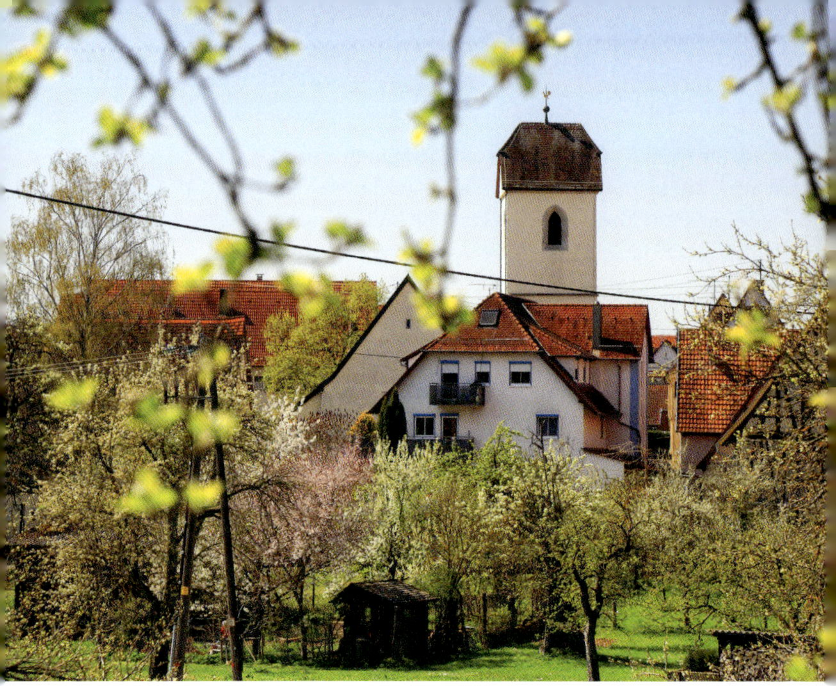

Blick auf das hübsche Breitenholz

nächste Kurve und erinnert an ein Mädchen aus Entringen. Es wurde beim Heuholen in der Dämmerung aufgrund der über dem Kopf getragenen Heubüschel mit einem Hirsch verwechselt und erschossen.

Der Weg führt uns an den Schildern Bogenackertor Nord (519 m) und östlich Sandgrube (530 m) vorbei. Nun befinden wir uns am **Schönbuchspitz** 7 und am Pfaffenberg, wo wir eine herrliche Aussicht über die Weinberge ins Ammertal und hinab nach Entringen haben. Beim Schild nördlich Sportheim (489 m) biegen wir rechts ab. Gleich darauf stoßen wir auf das Schild **Sportheim Entringen** (483 m) 8. Links befindet sich hier nicht nur der Parkplatz Saurucken, wo man die Tour ebenfalls beginnen könnte, sondern mit dem Sportheim auch eine Einkehrmöglichkeit.

Nun leitet uns der Weg vor allem durch Streuobstwiesen, wobei die Wiesen eine prächtige Artenvielfalt an Blumen zeigen. Wir kommen am Schild Mittlerer

Pfaffenbergweg (480 m) vorbei und stoßen auf das Schild **Bogenackerweg** (454 m) **9**. Hier kann man, wenn man die Tour mit dem Gigelesweg (s. Tour 28) verbinden möchte, nach links bergab gehen. Ansonsten halten wir uns rechts und wandern auf einem teilweise schmalen Pfad weiter durch die Baumwiesen.
Am Schild **Gigeleshalde** (465 m) **10** haben wir von der Bank aus eine großartige Aussicht. Der Weg führt uns nun mit Blick über die Wiesen, den Schönbuchtrauf und nach Breitenholz abwärts. Am Schild Härenslochweg Süd (442 m) zieht der feste Weg nach links, wir gehen jedoch geradeaus auf einem unbefestigten Grasweg weiter.
Im Tal angekommen, beleben nun auch Felder die Landschaft. Am Schild Fuchswasen (405 m) halten wir uns rechts, zweigen aber gleich darauf am Schild Nubenhäusle (407 m) links ab auf einen Naturpfad. Bald erreichen wir das kleine **Nubenhäusle** (418 m) **11**. Diese kleine Schutzhütte stammt aus dem frühen 19. Jh. Wenn man seinerzeit in Richtung Stuttgart unterwegs war, konnte man sich vor dem Ausstieg auf den Schönbuch ausruhen. Vor ihr steht eine alte Grubbank, die zum Abstellen der Lasten diente.
Hinter dem Häuschen biegen wir links ab. Vor dem Fußballplatz führt der Weg nach rechts weiter zum Schild nordöstlich Bolzplatz (410 m). Wir spazieren nach links zum Schild nordwestlich Bolzplatz (409 m). Nun geht es kurz nach rechts, dann nach links zum Ausgangspunkt.

Fachwerkscheune in Breitenholz

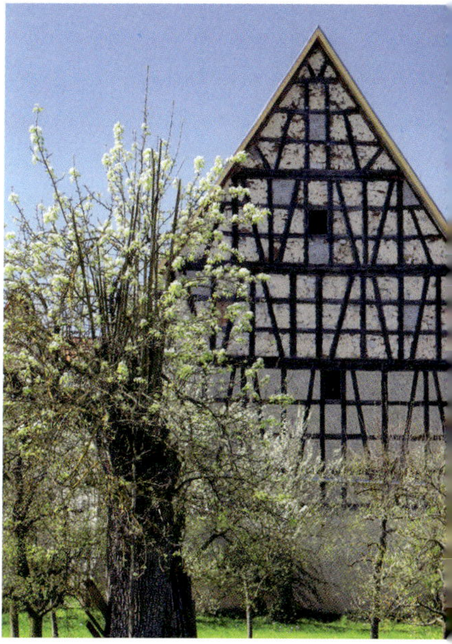

28 Gigeleswegle

Spazierweg »zum Gucken«

Leicht | 4,8 km | 90 Hm | 1.30 Std.

Tourencharakter: Wir wandern auf festen Wegen und Pfaden. Verbinden kann man diese Tour mit dem Premiumweg »Schönbuchspitzrunde« (s. Tour 27).

Tourenverlauf: Ammerbuch-Breitenholz – Nubenhäusle – Gigeleshalde – Entringen – Hungerbrunnen – Gipsbruch – Breitenholz

Ausgangspunkt: Ammerbuch-Breitenholz (Parkplatz am Friedhof)

Anfahrt: ÖPNV: Bahn bis Entringen. Auto: A 81 bis Ausfahrt Herrenberg, dann B 296 bis Ausfahrt Breitenholz. Links zum Ort und Parkplatz am Friedhof, Friesenweg. GPS: 48.570262, 8.960652

Einkehr: Breitenholz, Entringen

Karte: Wanderkarte W237 Tübingen Schönbuch, 1:25 000, Hrsg.: Schwäbischer Albverein e.V., Kartografie: Landesamt für Geoinformation und Landentwicklung Baden-Württemberg (LGL)

Informationen: www.fruechtetrauf.de

Eine kurze und vergnügliche Tour ist das Ammerbucher Gigeleswegle. Es führt uns, vorbei an einer alten Schutzhütte und durch Streuobstwiesen, hinaus zu einem herrlichen Aussichtspunkt. Dort verstehen wir auch, woher der Name des Weges kommt: Hier lässt es sich herrlich in die weite Landschaft »gigele« – also schauen. Die Gegend ist nicht nur Naturschutzgebiet, sondern gehört auch zu dem europaweiten Schutzgebietsnetz »Natura 2000«.

Wir gehen vom Parkplatz in Verlängerung des Zufahrtsweges zum Wanderschild östlich Parkplatz Breitenholz (405 m). Hier biegen wir links ab. An der Straße halten wir uns beim Schild Müneckstraße (408 m) rechts und gleich darauf am Schild nördlich **SAV Häusle Breitenholz** (411 m) (1) erneut rechts. Nun spazieren wir hinaus in die Wiesen. Kurz nach dem Schild nordöstlich Bolzplatz (410 m) zweigen wir links ab und kommen zum **Nubenhäusle** (418 m) (2) (s. Tour 25). Hier halten wir uns rechts und gehen auf dem Wiesenweg zum Schild südwestlich Nubenhäusle (407 m). Gleich danach biegen wir am Schild Fuchswiesen (405 m) links ab. Jetzt wandern wir durch die Streuobstwiesen und mit schönem Blick zum südlichen Schönbuchabhang hinauf zur **Gigeleshalde** (465 m) (3). Dort biegen wir rechts ab. Es geht nun, teilweise auf einem schmalen Pfad, zwischen artenreichen Blumenwiesen und Obstbäumen zum Schild **Bogenackerweg** (454 m) (4). Wir orientieren uns rechts und marschieren steil bergab zu den ersten Häusern von Entringen. Vorbei am

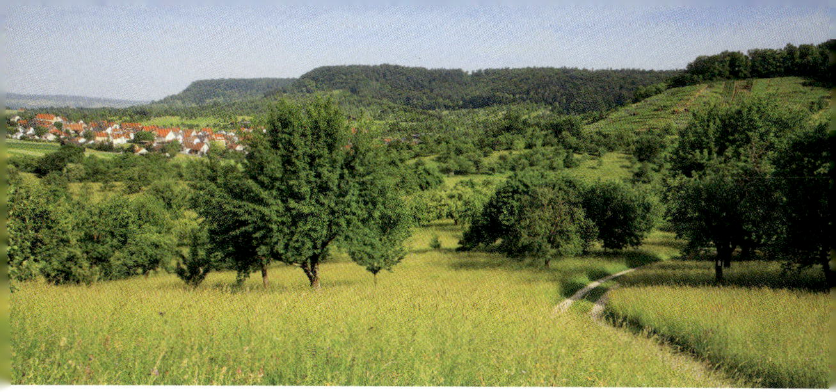

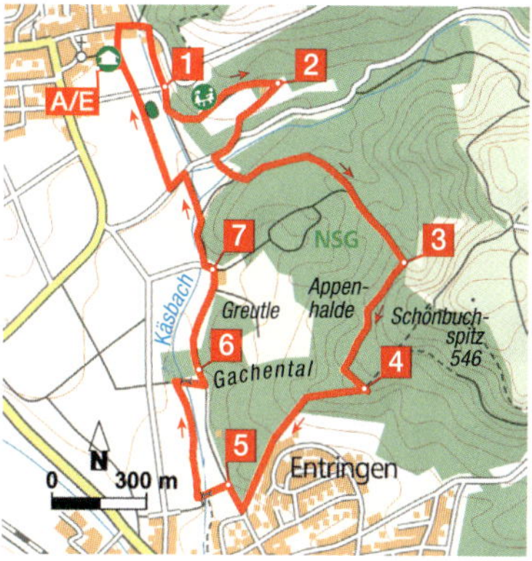

Schild Baumgartenring (405 m) erreichen wir das Schild **Steinbruchweg Entringen** (389 m) ❺. Kurz danach zweigen wir rechts ab und spazieren wieder hinaus in die Wiesen und Felder. In der Folge werden wir am Schild südlich Hungerbrunnen (388 m) nach rechts auf einen Wiesenpfad geleitet.

Nach der Brücke über den Käsbach halten wir uns rechts und kommen zu dem zeitweise Wasser führenden **Hungerbrunnen** (383 m) ❻, der von einer mächtigen Trauerweide beschützt wird. Nach rechts finden wir zurück zum Feldweg, wo wir am Schild östlich Hungerbrunnen (385 m) rechts abbiegen. Vorbei am Schild Gefelgte Wiesen (386 m) erreichen wir das Gebäude des ehemaligen **Gipsbruchs** (398 m) ❼. Hier gehen wir hinter dem querenden Schotterweg geradeaus weiter.

Nach dem Schild Schuwiesen (398 m) wandern wir auf einem schmalen Pfad hinaus in die Wiesen. Am Schild Käsbach Nord (399 m) halten wir uns links, gleich danach am Schild südlich Bolzplatz (400 m) rechts. Vorbei am Schild nordwestlich Bolzplatz (409 m) kommen wir zum Schild östlich Parkplatz Breitenholz (405 m). Links davon liegt unser Parkplatz.

Blick über die Streuobstwiesen auf den Schönbuchtrauf

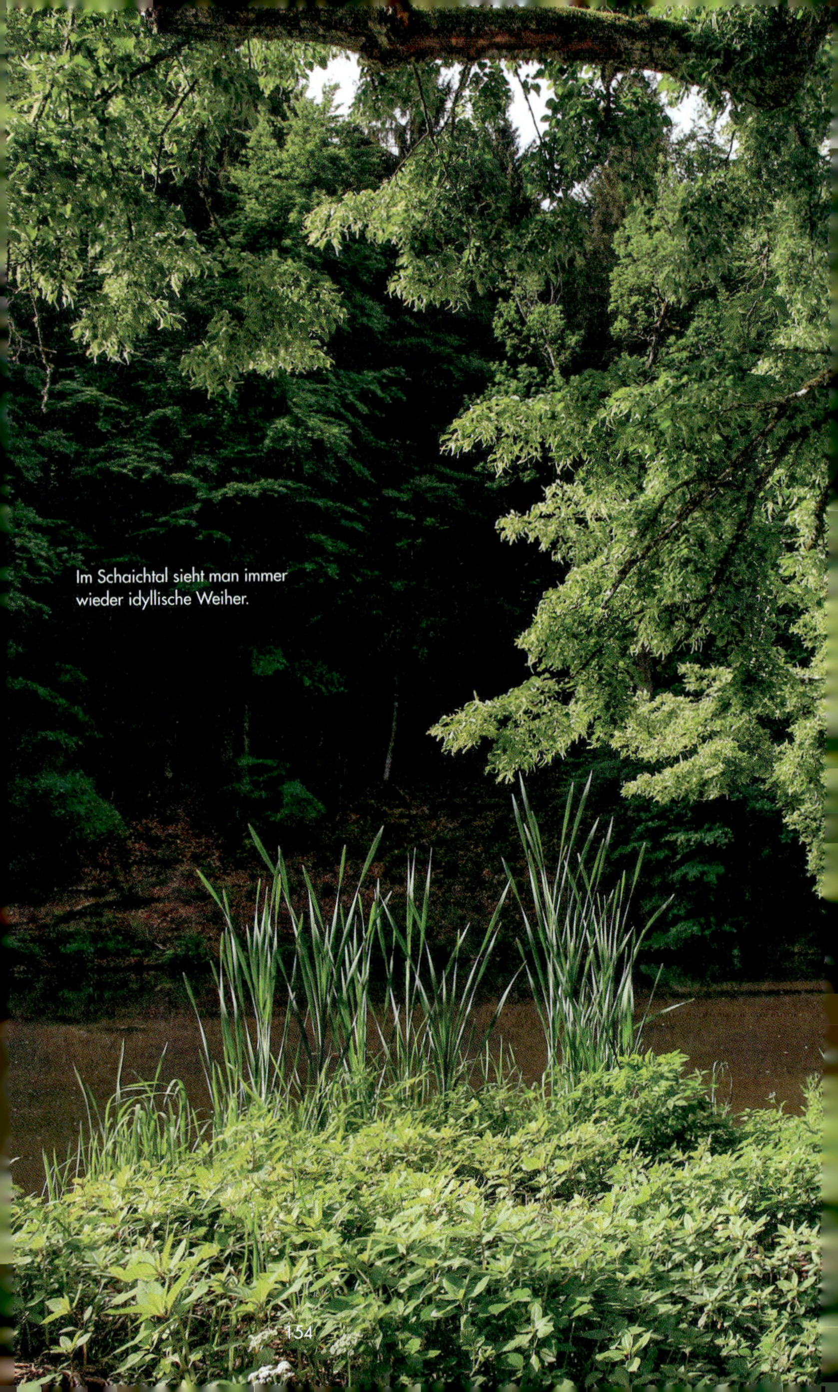

Im Schaichtal sieht man immer wieder idyllische Weiher.

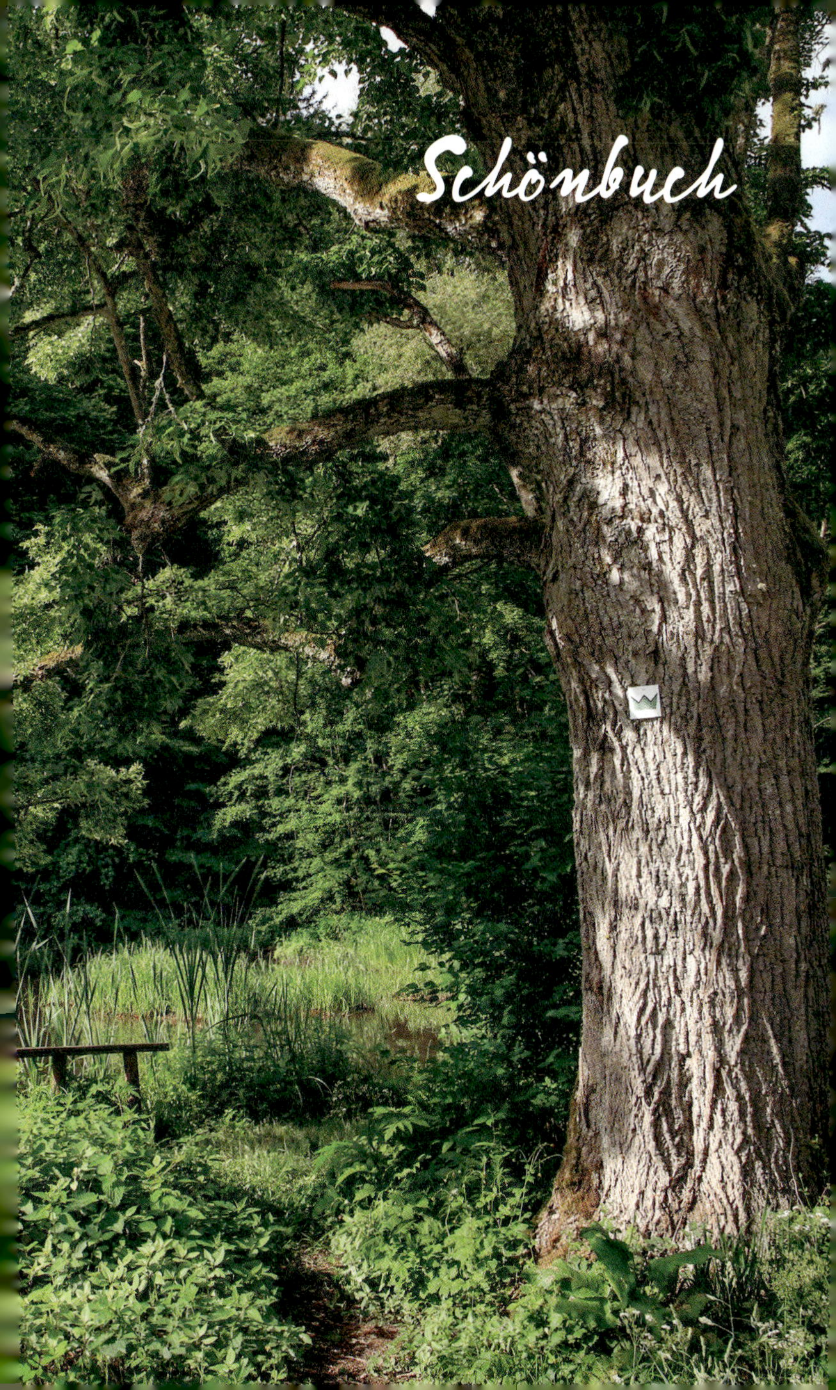
Schönbuch

29 Herzog-Jäger-Pfad

Historische Erinnerungen und prächtige Natur

Schwer 13,7 km | 230 Hm | 4.30 Std.

Tourencharakter: Überwiegend Naturwege, bei feuchtem Wetter rutschig und bergab schwierig zu begehen.

Tourenverlauf: Waldenbuch/Parkplatz Betzenäcker – Schaichtal – Rastplatz – Sandsteinabbau – Am Stern – Knaupwiesen – Jungviehweide – Mammutbaum – Parkplatz

Ausgangspunkt: Waldenbuch/Parkplatz Betzenäcker (Braunäcker)

Anfahrt: ÖPNV: Bahn oder S-Bahn bis Böblingen, Schönbuchbahn bis Dettenhausen.
Auto: Über Leinfelden-Echterdingen, Steinenbronn und Waldenbuch Richtung Dettenhausen. Vor dem Ort links zum Parkplatz Betzenäcker (Braunäcker). GPS: 48.615666, 9.117406

Einkehr: Regiomat beim Eichenhof, Waldenbuch

Karte: Wanderkarte W237 Tübingen Schönbuch, 1:25 000, Hrsg.: Schwäbischer Albverein e.V., Kartografie: LGL Baden-Württemberg

Informationen: www.waldenbuch.de

Diese Wanderung führt durch den Schönbuch und bietet uns immer wieder idyllische, lauschige Ecken im Wald. Aber das ist noch nicht alles: Wir durchwandern das romantische Schaichtal – eines der schönsten Täler im Schönbuch – und kommen an einem Weiher vorbei. Abschließend besichtigen wir noch einen mächtigen Mammutbaum und passieren eine keltische Viereckschanze – die Tour verspricht also einen interessanten, ausgefüllten Wandertag.

Am Parkplatz finden wir das Wanderschild keltische Viereckschanze (471 m). Hier gehen wir nach rechts am Parkplatz entlang zum Schild Weinweg Nord (479 m), wo wir auch eine Informationstafel sehen. Wir biegen links ab und kommen zum Schild Weinweg Mitte (471 m) und einer Tafel, danach erreichen wir das Schild Weinweg Mitte (454 m). Hier gehen wir nach links in der Lichtung weiter, wobei wir rechts im Wald einen Blick auf die mächtigen Eichen werfen sollten.

Wir unterqueren beim Schild Weinweg Süd (443 m) Elektroleitungen, halten uns auf dem Schotterweg kurz rechts und am **Waldrand** ❶ wieder links. Kurz darauf folgen wir am Schild Lettengrube (434 m) dem Naturweg nach links in den **Wald** ❷. Im Anschluss queren wir wieder die Stromtrasse und kommen zum Schild **an der Orchideenwiese** (445 m). Hier halten wir uns rechts. Wir ignorieren den rechts abgehenden Weg, genauso wie den anschließend links abzweigenden Weg, und wandern geradeaus weiter.

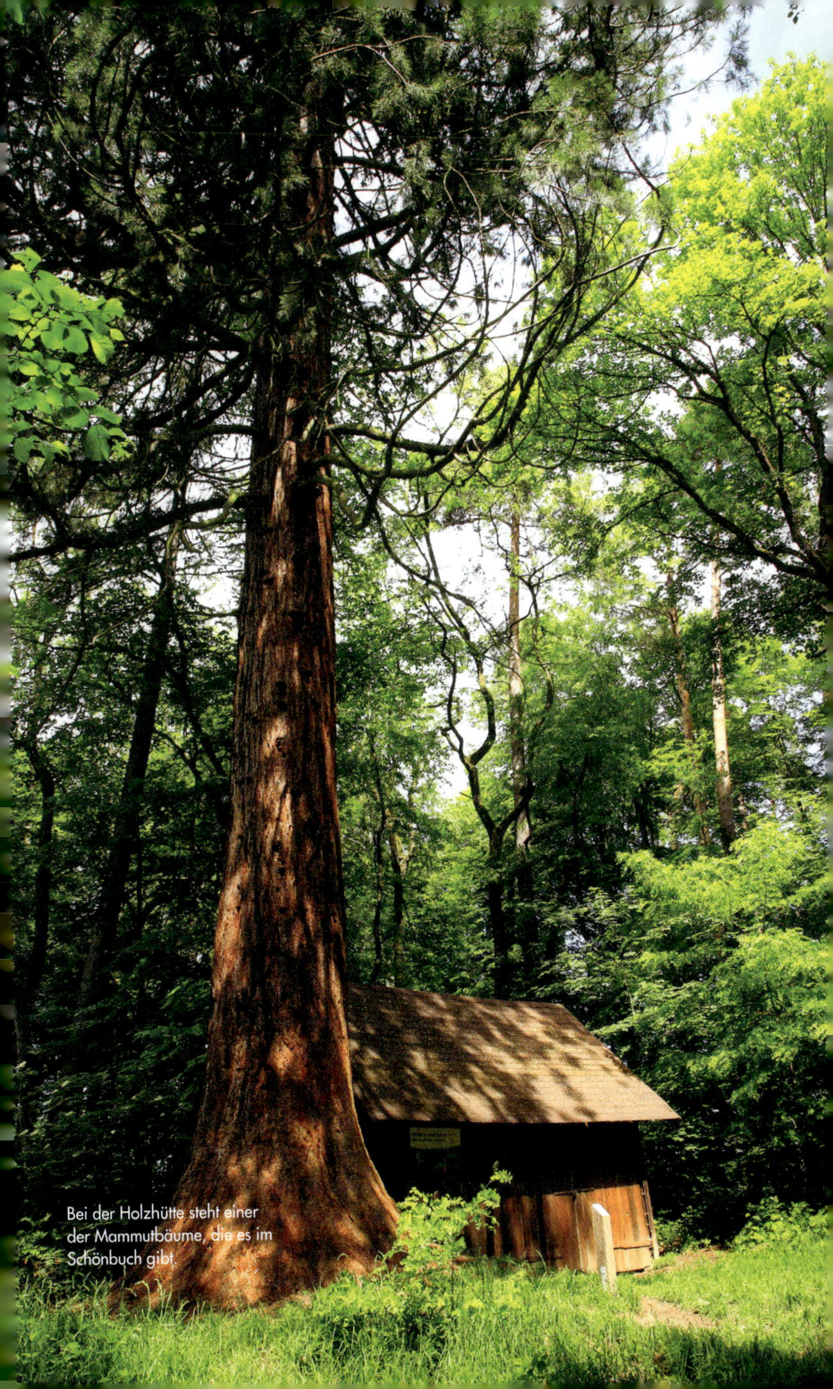

Bei der Holzhütte steht einer der Mammutbäume, die es im Schönbuch gibt.

Der Weg zieht nach links und wir gelangen zu einem **Rastplatz** 3 mit Tischen und Bänken, wobei wir durch die Schneise nach rechts hinab ins Schaichtal sehen können. Beim Schild Sülzleswasen (446 m) stoßen wir auf Tafel Nr. 5. Hier folgen wir dem rechts abzweigenden schmalen Pfad, der uns steil hinab ins Schaichtal bringt. Dort biegen wir am Schild Schaichtal West (391 m) links ab.

Unser Wanderweg zweigt gleich wieder links vom geschotterten Weg ab. Nun wandern wir durch ein wildes Stück Natur, kommen an einem Prallhang der Schaich vorbei und treffen auch danach noch weitere Male auf den Bach. Der Weg bietet uns immer wieder idyllische Ausblicke und Waldszenerien. Am Schild Am alten See (372 m) biegen wir rechts ab und gehen über die Schaich zum Waldrand. Dort wenden wir uns am Schild Am Damm (370 m) nach links. Der auffällige **Damm** 4 links des Weges diente einst zum

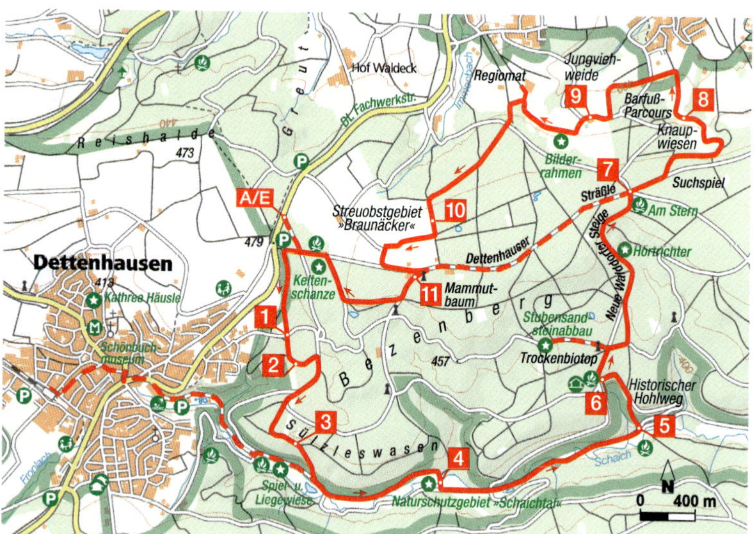

Aufstau der Schaich zu einem See. Die Mönche des Klosters Bebenhausen züchteten hier Speisefische. Sie durften an Fastentagen gegessen werden, denn Fisch galt nicht als Fleisch.
Nach einiger Zeit liegt rechts einer der Seen des Schaichtals. Hier hört man zur Laichzeit im Frühjahr lautes Froschgequake, etwas später im Jahr sieht man eine reiche Seerosenblüte. Später kommen wir zum Grill- und Rastplatz Walddorfer Brücke und zum Schild **Walddorfer Brücke West** (353 m) 5. Hier biegen wir links ab. Nun wandern wir durch einen Hohlweg hinauf zu einem querenden Forstweg und dem Schild Neubronnenklinge Nord (401 m). Wir zweigen links ab und stoßen nach einem weiten Linksbogen auf einen querenden Weg. Hier kann man beim Schild bei der Blockhütte (427 m) geradeaus zu einem schönen **Rastplatz** 6 mit Schutzhütte, Tischen und Bänken und Grillstelle spazieren.

Immer wieder trifft man im Tal auf die Schaich.

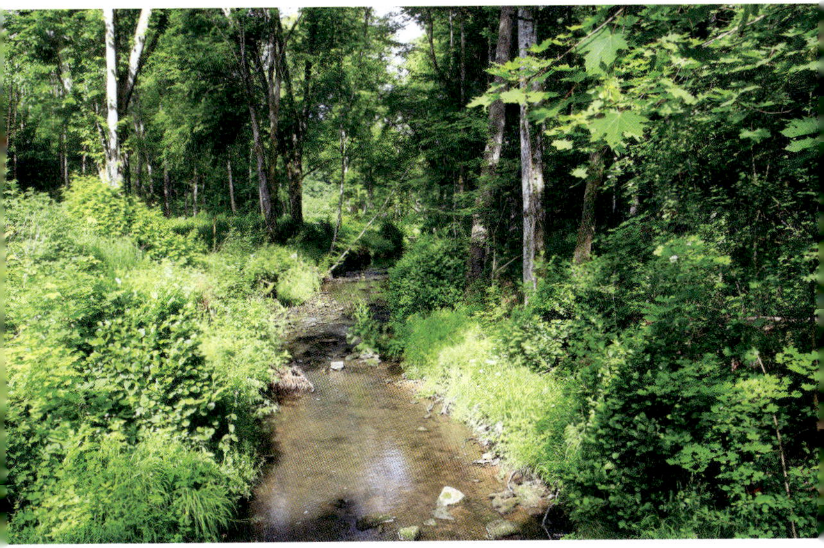

Ansonsten folgen wir dem Weg nach rechts weiter. Bald treffen wir auf **Exponate zum ehemaligen Stubensandsteinabbau** im Schönbuch. An diesen erinnern ein paar mächtige Stubensandsteinblöcke und eine Informationstafel. Außerdem sehen wir Beispiele der Verarbeitung, etwa einen Mühlstein und einen bearbeiteten Stein aus dem Ulmer Münster. Links des Weges entdecken wir den Rest eines ehemaligen Steinbruchs.

Rechte Seite oben: In einer Wiese steht die Skulptur eines Waldgeists.

Rechte Seite unten: In einem »Buch« sind die Pflanzen erklärt.

An diesem Baum erhält man Anregungen, über was es sich nachzudenken lohnt.

An der nächsten Kreuzung beim Schild nördlich Blockhütte (433 m) sehen wir einen alten Waldabteilungsstein, einen Rastplatz und die Holzskulptur »Waldgeist«. Nach links kann man einen Abstecher zu dem Stubensandsteinsteinbruch machen (600 m einfach). Dort steht auch eine Infotafel dazu.

Ansonsten biegen wir rechts ab. Gleich darauf am Schild Walddorferweg (435 m) zweigen wir links ab. Vorbei am Schild Hummelsklingensträßchen (435 m)

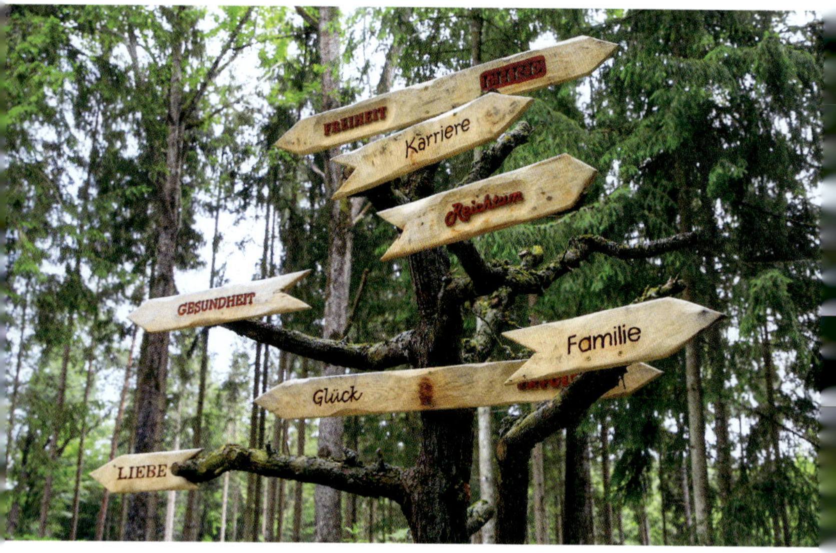

kommen wir zu einem Forstweg mit dem Schild Kuhstelle (442 m). Hier finden wir eine Tafel mit Erklärungen zum Sinn des Lebens und einen Baum, an dem Tafeln mit verschiedenen möglichen Lebenszielelen angebracht sind.

Wir biegen rechts ab, kommen an der Tafel »Hörtrichter« und einem solchen Trichter vorbei und erreichen das Schild **Am Stern** (497 m) 7. Wer will, kann die Tour hier abkürzen, indem er nach links weitergeht (gestrichelte Variante). Ansonsten folgen wir dem zweiten Weg, der nach rechts führt. Kurz darauf biegen wir am Schild Glashütter Viehweide (487 m) links ab, verlassen den Wald und gelangen zum Schild **Obere Knaupwiesen** (465 m) 8. Hier hat man über die Wiese einen ersten Blick nach Waldenbuch.

Beim Schild Mittlere Knaupwiesen (458 m) finden wir nicht nur eine Hollywoodschaukel, sondern auch das Gästebuch des Wanderwegs. Zudem ist hier der Blick in Richtung Waldenbuch viel umfassender. Danach folgen die Schilder Untere Knaupwiesen (442 m) und Untere Knaupwiesen (435 m). Nun wandern wir entlang von Kleingärten auf einem Asphaltweg bis zum Wasserbehälter Glashütte (400 m). Hier halten wir uns links.

An einem querenden Asphaltsträßchen biegen wir links ab und kommen zu Tafel Nr. 11 mit verschiedenen »Greifstationen« zum Thema Wald. Hier orientieren wir uns am Schild nordöstlich Scheithau (397 m) rechts und wandern am Waldrand

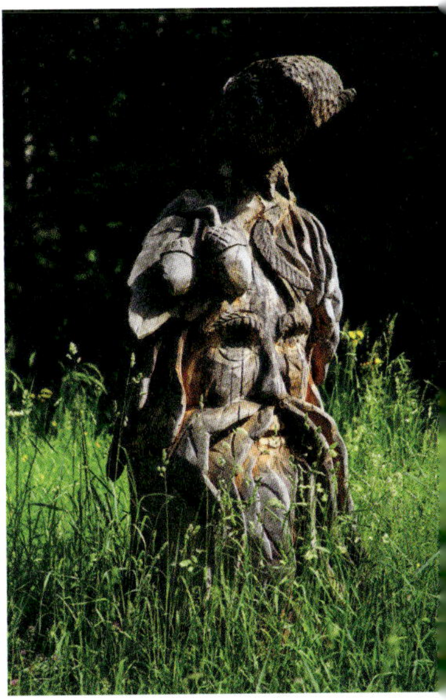

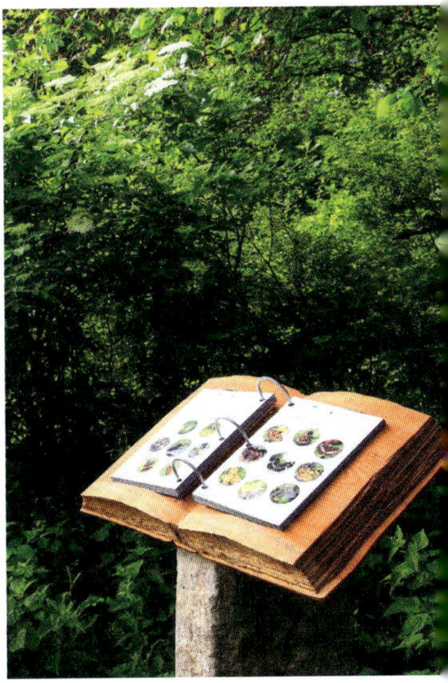

entlang bis zum Schild nördlich Scheithau (404 m). Dort wenden wir uns nach links. Es geht nun hinauf zu einem Schotterweg und zum Schild **beim Barfuß-Parcours** (425 m) 9. Der genannte Barfuß-Parcours liegt etwas weiter links, wir wandern aber nach rechts weiter.

Nach einer Baumallee kommen wir zu einem großen Holzhaus, wo man Tische und Bänke für eine Rast vorfindet. Danach biegen wir am Schild Waldjugendzeltplatz Jungviehweide (424 m) links ab und gehen durch die Wiese etwas bergauf. Am Schild **bei der Jungviehweide** (438 m) zweigen wir rechts ab und stoßen auf einen großen Bilderrahmen, welcher der Landschaft gleich ein ganz anderes Erscheinungsbild gibt. Von dem hölzernen Sofa aus kann man diesen Blick gut genießen. Hier sehen wir das Schild westlich Jungviehweide (439 m). Danach passieren wir die Schilder östlich Dreherinnen (433 m) und westlich Dreherinnen (434 m) und erreichen das Schild südlich Eichenhof (425 m). Ein Abstecher führt etwa 100 m nach rechts zum Eichhof. Dort findet man einen Rastplatz und einen Regiomaten – einen Automaten, aus dem man Brot, Wurst, Süßigkeiten und gekühlte Getränke beziehen kann.

Ansonsten zweigen wir links ab. Im Wald halten wir uns am Schild Auchtert (431 m) links und gehen weiter hinauf. Beim Schild Kühnerin (450 m) wandern wir geradeaus weiter, nun auf einem Schotterweg. Nach dem Schild Lange Wiese (469 m) kommen wir zum Waldrand und biegen links ab. Bald erreichen wir das Schild Färbererlen (489 m) und **Infotafel 14** 10.

Wir spazieren nach rechts durch die Streuobstwiesen Braunäcker, dann zieht der Weg nach rechts zum Waldrand. Dort orientieren wir uns nach links. Vorbei am Wasserbehälter treffen wir auf das Schild **beim Mammutbaum** (492 m) 11. Hier entdecken wir auch

einen Rastplatz mit Tisch und Bänken sowie einer Grillstelle. Danach biegen wir rechts ab und stehen gleich beim Mammutbaum und einer Hütte.
Etwas später biegen wir am Schild Mädleshau (484 m) rechts ab. Vorbei an Tafel Nr. 16 kommen wir zum querenden Ochsenschachensträßchen (489 m). Wir halten uns rechts zum Waldrand, dort zweigen wir links ab. Kurz darauf erkennen wir links die Tafel zur keltischen Viereckschanze und sind dann auch schon bald wieder am Ausgangspunkt.

Idyllische Weiher, im Sommer mit Seerosen, charakterisieren das Schaichtal.

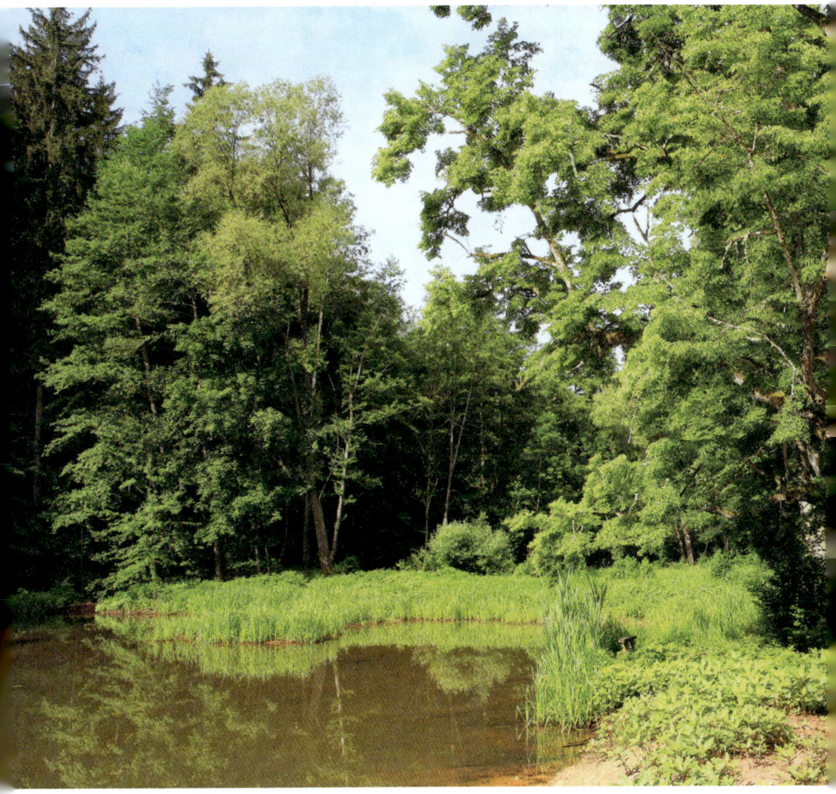

Register

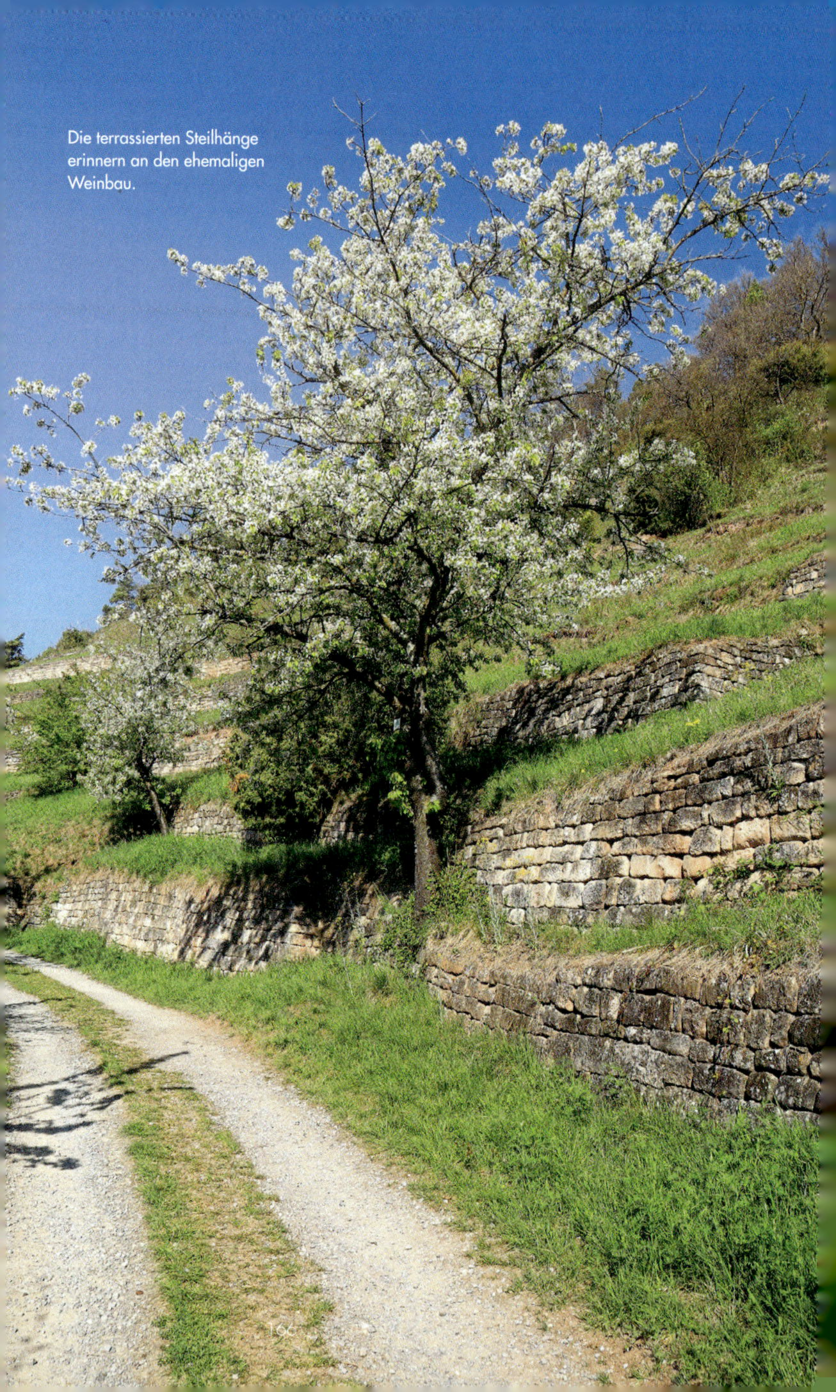

Die terrassierten Steilhänge erinnern an den ehemaligen Weinbau.

Ebenfalls erhältlich ...

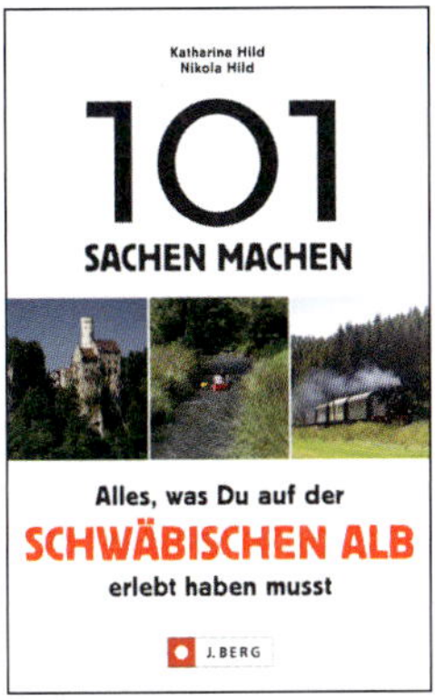

ISBN 978-3-86246-715-0

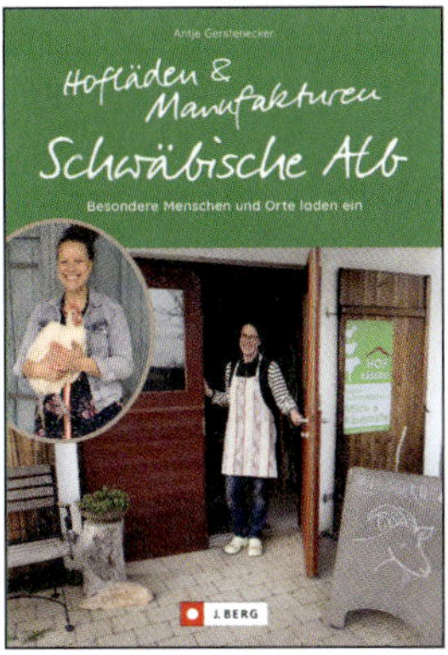

ISBN 978-3-86246-779-2

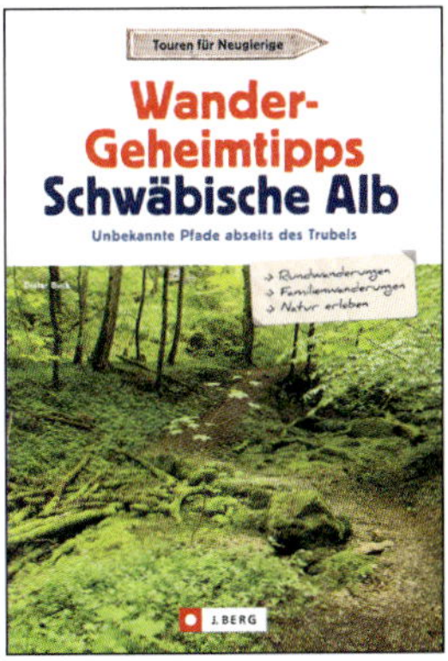

ISBN 978-3-86246-765-5

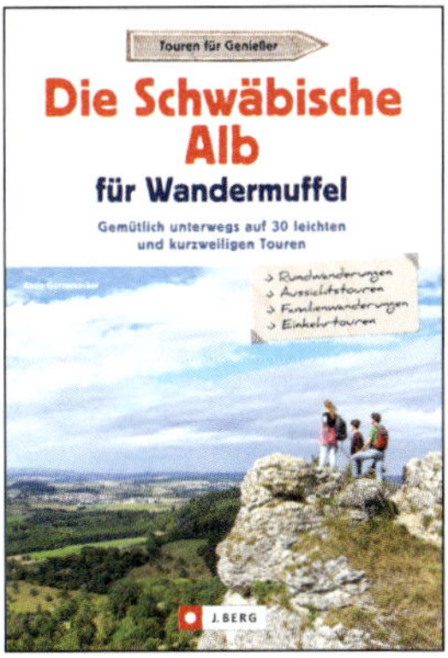

ISBN 978-3-86246-735-8

J. BERG

www.j-berg-verlag.de

Impressum

Verantwortlich: Miriam Gieler, Lea Niesler, Julia Vogl
Lektorat: Pamela Scholz
Satz: Eva-Maria Klaffenböck
Repro: Cromika / LUDWIG:media
Kartografie: Bruckmann Verlag GmbH, Heidi Schmalfuß
Herstellung: Bettina Schippel
Printed in Slovenia by Florjancic

★★★★★

Sind Sie mit diesem Titel zufrieden? Dann würden wir uns über Ihre Weiterempfehlung freuen. Erzählen Sie es im Freundeskreis, berichten Sie Ihrem Buchhändler, oder bewerten Sie bei Onlinekauf. Und wenn Sie Kritik, Korrekturen, Aktualisierungen haben, freuen wir uns über Ihre Nachricht an J. Berg Verlag, Postfach 40 02 09, D-80702 München oder per E-Mail an lektorat@verlagshaus.de.

Unser komplettes Programm finden Sie unter www.j-berg-verlag.de

In diesem Buch wird aus Gründen der besseren Lesbarkeit das generische Maskulinum verwendet. Weibliche und anderweitige Geschlechteridentitäten werden dabei ausdrücklich mitgemeint, soweit es für die Aussage erforderlich ist.

Empfehlung der Redaktion
Sie sind auf der Suche nach weiterführender Literatur? Dann empfehlen wir Ihnen den Titel »Premiumwanderwege zwischen Alb und Bodensee« von Dieter Buck. Oder Sie werfen einen Blick in die Zeitschrift »Schöner Südwesten«. Hier werden Sie bestimmt fündig.

Bildnachweis: Alle Bilder im Innenteil und auf den Umschlagseiten stammen vom Autor mit Ausnahme des Autorenfotos (© Melanie Buck)
Umschlagvorderseite: Auf dem Raichberg
Umschlagrückseite: Idyllischer Weiher im Schaichtal

Die Deutsche Nationalbibliothek verzeichnet diese Publikation in der Deutschen Nationalbibliografie; detaillierte bibliografische Daten sind im Internet über http://dnb.d-nb.de abrufbar.

2. aktualisierte und erweiterte Nachauflage

Infanteriestraße 11a
80797 München

ISBN 978-3-86246-704-4